AF469544

TABLE

DES

PEINTURES, SCULPTURES ET GRAVURES

EXPOSÉES AUX

SALONS DU XVIIIᵉ SIÈCLE

TABLE

DES

PEINTURES, SCULPTURES ET GRAVURES

EXPOSÉES AUX

SALONS DU XVIIIᵉ SIÈCLE

DE 1673 A 1800

PAR

JULES GUIFFREY

Extrait des *Archives de l'Art français*, nouvelle période,
tome IV, 1ᵉʳ fascicule, 1910.

PARIS
1910

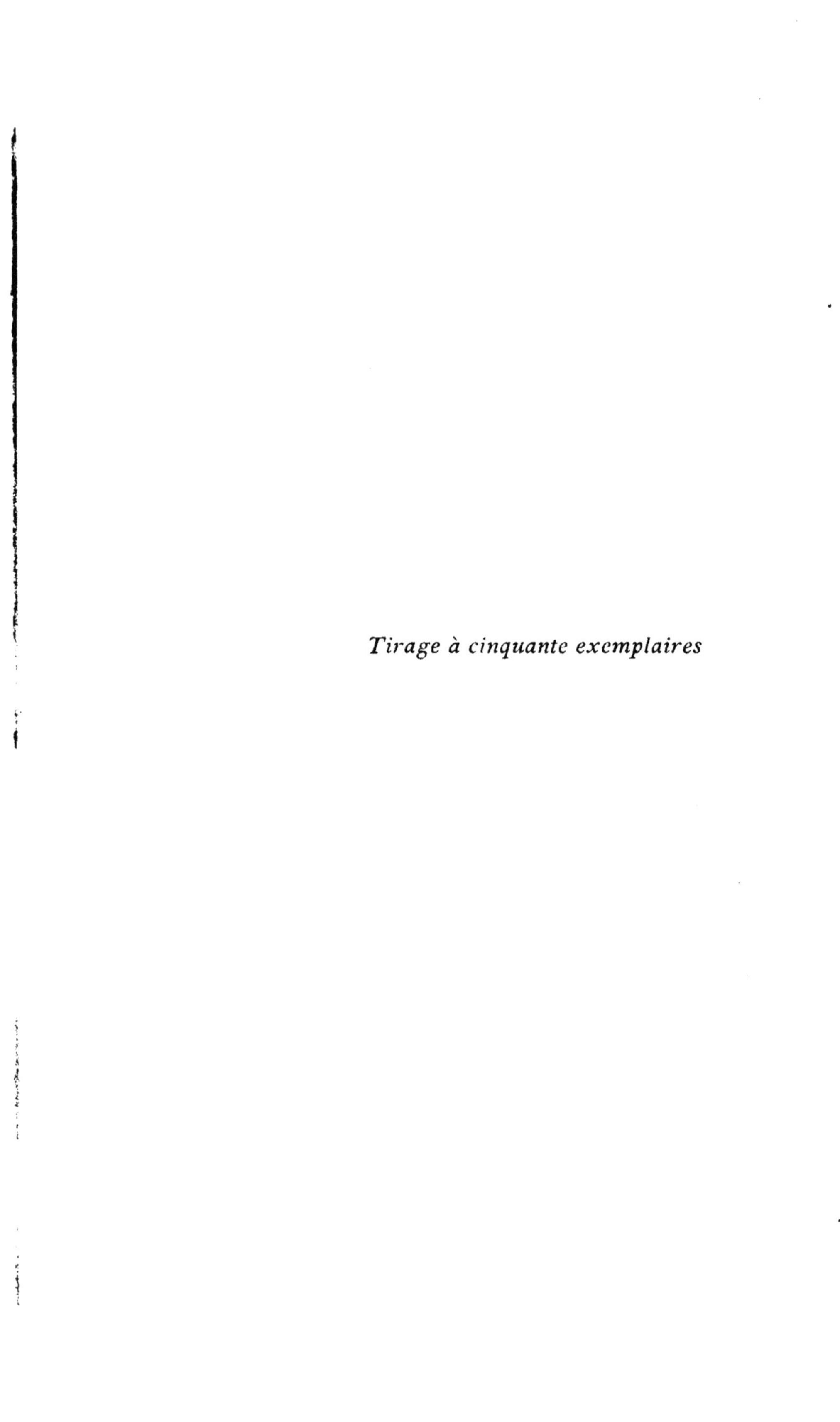

Tirage à cinquante exemplaires

AVIS AU LECTEUR

La présente table complète les deux autres précédemment publiées : la première, celle des artistes exposants, a paru en 1873 dans le format de la collection des livrets de l'ancienne Académie, réimprimés par nos soins de février 1869 (Salon de 1673) à janvier 1872 (Salon de 1800, 42ᵉ et dernier livret). La seconde table était consacrée aux portraits peints, sculptés, dessinés et gravés, exposés au cours du xviiiᵉ siècle; cette nomenclature a été publiée il y a une vingtaine d'années dans la *Revue de l'Art français* de janvier et février 1889[1].

Ces différents répertoires avaient été préparés par nous pendant l'impression des livrets. Leur rédaction occupa les longues heures du siège de Paris en 1870-71. Nous avons longtemps hésité à publier ce travail, car il fallait passer beaucoup de temps à le revoir. L'opinion des personnes consultées sur l'utilité de cette publication a triomphé de nos hésitations. Nous avons donc contrôlé tous les articles; nous ne saurions pourtant espérer en avoir fait disparaître toutes les imperfections. En outre, certains sujets reviennent si souvent, sous une désignation très vague, qu'il y a peu de chance de reconnaître les œuvres auxquelles

---

1. Il en a été fait un tirage à part non mis dans le commerce. Il est facile de recourir à la *Revue de l'Art français*.

ils se rapportent. Comment identifier les peintures portées sous les rubriques *Enfant*, *Femme*, *Fille*, *Homme*, *Jeune fille*, *Mère*, *Paysages*, *Scènes familières*, *Têtes*, *Soleil couchant*, *Vases* ? Certains noms propres ont donné des articles très chargés; nous ne pouvions que reproduire scrupuleusement toutes les particularités inscrites au livret, ainsi qu'on peut en juger par les articles *Amour*, *Flore*, *Jésus-Christ*, *Psyché*, *Vénus*, *Vierge*, etc., etc. On a observé strictement l'ordre alphabétique, ce qui a entraîné parfois d'étranges résultats; mais notre préoccupation constante a été de faciliter le travail du chercheur. L'orthographe des originaux a été scrupuleusement respectée; le lecteur ne s'étonnera donc pas de certaines irrégularités.

Les amateurs qui prendront la peine de parcourir les pages de la présente récapitulation y rencontreront des indications curieuses sur les transformations du goût au xviiie siècle et sur les influences diverses auxquelles la peinture a dû se soumettre. Au début, la Mythologie, les Dieux de l'Olympe partagent la faveur des artistes avec les scènes de l'Ancien et du Nouveau Testament. Les sujets d'histoire contemporaine sont rares. Vers le milieu du xviiie siècle, les sujets familiers, les paysages, les épisodes tirés de l'histoire de France envahissent peu à peu les Salons. Puis, sous l'influence de Rousseau, de Diderot, du roman passionnel et larmoyant, la sensibilité à la mode fait son apparition dans les scènes d'intérieur et partage le succès des Salons avec les souvenirs de l'histoire romaine. Les sujets traités par les artistes correspondent toujours aux préoccupations du grand public, aux variations du goût. C'est ce qui se pro-

duit dans tous les temps; c'est vrai au xviiie siècle comme de nos jours. Et, à ce point de vue, notre publication rendra peut-être quelques services.

Les numéros renvoient aux pages de la réimpression des livrets, dont les collections originales sont si rares. Impossible d'ailleurs de désigner certaines œuvres sous un numéro, puisque, dans les premiers catalogues, les tableaux, pas plus que les statues, ne sont numérotés.

Les sujets des œuvres exposées sont imprimés en caractères italiques; les noms propres, noms d'hommes ou noms de lieux, sont en romaine ordinaire. La moitié de cette table est consacrée aux Salons révolutionnaires; on a respecté les désignations des livrets, quelque vagues et indéterminées qu'elles fussent. C'est même la difficulté de classer clairement ces sujets qui a longtemps retardé la publication qui voit aujourd'hui le jour.

TABLE

DES

TABLEAUX, SCULPTURES ET GRAVURES

DES SALONS DU XVIIIᵉ SIÈCLE

A

Aaron et Moïse : 1738, p. 16, 23.

Abailard : 1789, p. 24.

Abbaye, modèle en relief : 1791, p. 42.

Abbé de *** (en pied) : 1738, p. 16.

Abdolonyme : 1737, p. 25; -38, p. 26.

Abel (Mort d') : 1763, p. 21; -75, p. 22; -85 (marbre), p. 49; -91, p. 13, 14; -93, p. 62.

— *(Naissance d')* : 1775, p. 22.

Abigaïl : 1699, p. 20; 1739, p. 15; -50, p. 35.

Abondance (l') : 1704, p. 13, 14, 16; -42, p. 27 (modèle); -73, p. 39 (modèle); -77, p. 15; -95, p. 37; 1800, p. 81.

— *(Corne d')* : 1704, p. 13; -73, p. 37, 40.

— *(l') et l'Agriculture* : 1799 (bas-relief), p. 68.

— *(l') et la Paix régnant sur les peuples* : 1775, p. 25.

— *(l') répand ses bienfaits sur les arts mécaniques* : 1763, p. 14.

Abraham (Repas d') : 1771, p. 24.

— *(Retour d') au pays de Chanaan)* : 1765, p. 15.

— *(Sacrifice d')* : 1704, p. 21, 23, 28; -46, p. 12; -53, p. 29.

— *et Agar* : 1759, p. 24; -67, p. 41; -77, p. 48; -81, p. 13, 28; -85, p. 56.

— *et les trois anges* : 1737, p. 21; -47, p. 19; -63, p. 14; -93, p. 19.

— *offrant des présents à Rébecca* : 1699, p. 23; 1704, p. 29, 32; -40, p. 12.

Abreuvoir (l') : 1800, p. 14.

— *(l') des chasseurs* : 1741, p. 27.

— *(l') hollandais* : 1750, p. 28.

Abus de la crédulité (l') : 1787, p. 58.

Académie d'architecture : 1793, p. 27.

Académie de Saint-Luc de Rome : 1783, p. 13; -85, p. 11; -87, p. 11.

Académie des Inscriptions et belles-lettres : 1789, p. 42, 43; -93, p. 50.

Académie du Manège : 1742, p. 30.

Académie française : 1743, p. 24 ; -81, p. 46.

Académie royale de chirurgie : 1789, p. 55.

Académies peintes ou dessinées d'après nature : 1743, p. 37 ; -65, p. 33 ; -69, p. 26 ; -71, p. 37 ; -79, p. 41 ; -81, p. 39, 56 ; -83, p. 38, 40, 41 ; -85, p. 34 ; -87, p. 31, 36 ; -91, p. 21, 32 ; -93, p. 30 ; -95, p. 37 ; -99, p. 61 ; 1800, p. 42.

Accapareur (le Petit) : 1798, p. 57.

Accident du chasseur (l') : 1748, p. 26.

Accordée de village (l') : 1761, p. 5 ; -71, p. 50.

Accouchée (l') : 1745, p. 19, 33.

A celui qui donne, Dieu lui redonne : 1793, p. 54.

Acheloüs (Combat d'Hercule et d') : 1673, p. 32 ; -99, p. 14 ; 1704, p. 13, 31, 39 ; -63, p. 14.
— Voir *Hercule*.

Achille (statue) : 1781, p. 53.
— *(Colère d')* : 1750, p. 29.
— *(Départ d')* : 1738, p. 28.
— *(Éducation d')* : 1755, p. 27 ; -69, p. 25 ; -79, p. 31 ; -83, p. 39 ; -91, p. 27 ; -98, p. 81.
— *(Priam demandant à) le corps d'Hector* : 1783, p. 13.
— *(Thétis visitant le tombeau d')* : 1745, p. 27.
— *blessé par Pâris* (statue) : 1789, p. 5.
— *combattant les fleuves du Xante et du Simoïs* : 1783, p. 31.
— *délivrant Iphigénie* : 1798, p. 25.
— *et Briséis* : 1781, p. 11 ; -93, p. 20.
— *partant venger Patrocle* : 1753, p. 16.
— *plongé dans le Styx* : 1789, p. 51 ; -91, p. 32.

Achille reconnu par Ulysse : 1769, p. 12 ; -73, p. 45 ; -89, p. 12 ; -91, p. 50 ; -93, p. 20 ; -96, p. 41.
— *sauvé par Junon et Vulcain* : 1765, p. 15.
— *se montrant fait fuir les Troyens* : 1781, p. 16.
— *trainant le corps d'Hector* : 1785, p. 24.

Acis et Galathée : 1704, p. 14.
— *et Polyphème* : 1699, p. 20.

Aconce et Cydippe : 1793, p. 70 (groupe), 106.

Actéon changé en cerf : 1775, p. 41 ; -95, p. 37.
— *surprenant Diane au bain* : 1737, p. 20 ; -42, p. 15 ; -69, p. 29 ; -71, p. 13 ; -77, p. 41 (statue) ; -79, p. 13 ; -81, p. 19 ; -91, p. 27 ; -95, p. 69 (statue).

Actes des Apôtres : 1699, p. 12 ; -96, p. 89.

Action de grâce pour la convalescence du Dauphin (pierre gravée) : 1753, p. 26.

Action militaire (Une) (terre cuite) : 1748, p. 19.

Adam et Ève : 1699, p. 20 ; 1704, p. 21, 23, 35, 41 ; -40, p. 14 ; -55, p. 35, 38 ; -69, p. 26 ; -77, p. 49 ; -87, p. 59 ; -91 (terre cuite), p. 34 ; -95, p. 15 ; -96, p. 41.
— *chassés du Paradis* : 1798, p. 14, 41.

Adélaïde (Aumônier de Mme) : 1755, p. 18.
— (Cabinet de Mme) : 1775, p. 14.

Adhémar (Cabinet du comte d') : 1785, p. 23.

Adieux d'un villageois et de sa femme à leur nourrisson : 1777, p. 26.

Admète : 1777, p. 24.

Adonis (Départ d') : 1777, p. 16.
— *(Mort d')* : 1704, p. 37, 38 ; -43, p. 32 ; -69, p. 24 ; -75,

p. 41; -77, p. 16, 28; -83, p. 19; 1800, p. 85.

Adonis (Naissance d') : 1704, p. 43.

— *changé en anémone* : 1769, p. 25; -71, p. 15.

— *et la nymphe Echo* : 1704, p. 39.

— *et Vénus* : 1704, p. 26, 27, 41; -38, p. 13; -42, p. 15; -45, p. 30; -65, p. 32; -67, p. 30; -85, p. 32; -96, p. 19; -98, p. 47, 74.

Adoration des Bergers : 1750, p. 23; -53, p. 34; -55, p. 38; -57, p. 33; -71, p. 11; -75, p. 20; -83, p. 6, 49; -87, p. 57; -89, p. 40; -91, p. 44.

Adoration des Rois ou des Mages : 1699, p. 18, 21; -1704, p. 35; -37, p. 24; -39, p. 12; -41, p. 19; -55, p. 38; -59, p. 13; -61, p. 25; -63, p. 30; -81, p. 18, 37; -85, p. 37.

Adrien (Vue de la villa) : 1775, p. 32.

Aérostat (Allégorie pour consacrer la découverte de l') : 1793, p. 65.

— *(Monument à la gloire de l')* : 1791, p. 26.

Aetès, père de Médée : 1748, p. 31.

Affaires étrangères (Dépôt des) à Versailles : 1763, p. 21.

Affreuse nouvelle : 1796, p. 32.

Africain mordu par un serpent (statue) : 1793, p. 59.

Africaine (Dame en) : 1769, p. 16.

Afrique (l') : 1745, p. 22; -61, p. 20; -87, p. 44.

Agamemnon : 1740, p. 29; -81, p. 11, 12.

Agar chassée par Abraham : 1704, p. 32; -67, p. 41.

— *consolée par l'ange* : 1699, p. 15; 1750, p. 12; -59, p. 24; -96, p. 40.

Agar et Ismaël : 1704, p. 13, 14, 38; -48, p. 22; -71, p. 24.

— *présentée à Abraham* : 1777, p. 48; -81, p. 13, 28; -85, p. 56.

Agatis choisissant Céphalide pour épouse : 1777, p. 43.

Age d'or : 1740, p. 23; -42, p. 23.

— *viril* : 1745, p. 35.

Ages (les Quatre) : 1740, p. 28.

Agésilas décapité par ordre d'Agis : 1793, p. 110.

— *jouant avec ses enfants* : 1779, p. 12.

Agis rétablissant les lois de Sparte : 1793, p. 110.

— *(Mort d')* : 1789, p. 39.

Aglaure changée en pierre : 1763, p. 13; -67, p. 40; -79, p. 20.

Agriculture (l') : 1742, p. 35.

— *(l') et le Commerce* : 1767, p. 14.

— *(l') représentée par un père et sa fille visitant un laboureur* : 1798, p. 68, 69.

Agrigente (Vue du tombeau d'), servant de fonts baptismaux dans la cathédrale de Girgenti : 1781, p. 35.

Agrippine portant les cendres de Germanicus : 1779, p. 23.

Ah! si je te tenais : 1793, p. 42.

Aigles fondant sur des cignes : 1753, p. 18.

Aiguillon (Cabinet du duc d') : 1789, p. 18.

Aillet de Couronne. Voir Haillet de Couronne.

Air (l') : 1745, p. 27.

— *(l') tenant un caméléon* (statue) : 1771, p. 41.

Aix (Chambre des Comptes d') : 1747, p. 34.

Aix-la-Chapelle (Paix d') : 1750, p. 23.

Ajax : 1799, p. 52.

— *(Combat d') et d'Ulysse* : 1785, p. 51 (bas-relief).

Ajax échappant au naufrage : 1793, p. 31.
— *frappé de la foudre :* 1793, p. 47.
— *se donnant la mort :* 1738, p. 31 (statue) ; -91, p. 39 (terre cuite).
Albane (l') : 1699, p. 25 ; -1790, p. 83.
Albano (Costume d') : 1793, p. 27, 42.
— *(Vue de la campagne et de la villa d') :* 1773, p. 25 ; -75, p. 18 ; -85, p. 34 ; -87, p. 24 ; -93, p. 24, 25, 112 ; -98, p. 54 ; -99, p. 54.
Albinus faisant monter les Vestales dans son chariot : 1773, p. 37 ; -75, p. 25 ; -77, p. 15.
Alceste (Adieux d') à son mari : 1785, p. 40.
— *(Mort d') :* 1791, p. 17.
— *condamnant Mentor et Télémaque à l'esclavage* (même tableau exposé deux fois) : 1777, p. 27 ; -79, p. 33.
— *implorant Apollon pour la santé d'Admète :* 1777, p. 24.
— *rendue à son mari par Hercule :* 1785, p. 17.
Alchimiste (Un) : 1748, p. 27.
Alcibiade (Mort d') : 1791, p. 10.
— *et Aspasie :* 1798, p. 51.
— *et sa maîtresse :* 1781, p. 12.
— *et Socrate :* 1777, p. 36 ; -85, p. 41.
— *et Timandra :* 1796, p. 16.
— *se promenant sous le portique :* 1777, p. 13.
Alcine : 1740, p. 14.
Alcione : 1747, p. 19 ; -71, p. 45.
— Voir **Ceyx**.
Alembert (Allégorie à la gloire de M. d') : 1777, p. 43.
Alexandre (Bustes d') : 1699, p. 12 ; 1737, p. 25 ; -83, p. 51.
— *(Histoire d') :* 1747, p. 6.

Alexandre (Mariage d') et de Roxane : 1745, p. 18.
— *(Statue d') dans le temple d'Hercule :* 1767, p. 13.
— *(Tête d') :* 1771, p. 45 (médaillon).
— *(Victoires d') :* 1673, p. 29, 31.
— *consultant l'oracle de Delphes :* 1789, p. 10.
— *coupant le nœud gordien :* 1746, p. 14.
— *domptant Bucéphale :* 1787, p. 46 ; -93, p. 69 (groupe).
— *et Abdolonyme :* 1738, p. 26.
— *et Apelles :* 1739, p. 17 ; -45, p. 21 ; -65, p. 34 ; -73, p. 14.
— *et Bétis :* 1787, p. 12, 13.
— *et Calanus :* 1779, p. 29.
— *et Ephestion :* 1789, p. 59 ; -91, p. 16.
— *et la femme de Darius mourante :* 1785, p. 12.
— *et le médecin Philippe :* 1747, p. 15 ; -73, p. 46 ; -79, p. 40.
— *et Porus :* 1738, p. 19.
— *faisant mettre l'Iliade dans une cassette :* 1755, p. 14.
— *faisant ouvrir le tombeau de Cyrus :* 1751, p. 20, 21.
— *résistant au sommeil :* 1755, p. 14.
— *vainqueur de soi-même :* 1781, p. 51. — Voir **Diogène**.
Alexandre-Sévère : 1699, p. 14 ; 1704, p. 12.
Alexandre VII (Tombeau d') : 1789, p. 18.
Alexandrie (Lazaret projeté à) : 1799, p. 77.
Alipe, ami de saint Augustin : 1755, p. 13.
Allégorie à la gloire de M. d'Alembert : 1777, p. 43.
— *à la gloire de M. Orry :* 1743, p. 22-24.
— *à la gloire de J.-J. Rousseau :* 1791, p. 40.

Allégorie à la gloire des princes : 1777, p. 22.
— *à la gloire du Roi* : 1746, p. 28 ; -53, p. 24.
— *à la Peinture* : 1791, p. 33.
— *de la Liberté, avec le duc d'Orléans* : 1791, p. 39 (sculpture).
— *de M. de La Fayette* : 1791, p. 41 (groupe).
— *de la maison de Bouillon de la Tour d'Auvergne* : 1750, p. 23.
— *de Washington et de la Liberté* : 1791, p. 41 (groupe).
— *en l'honneur du maréchal de Belle-Isle* : 1767, p. 18.
— *relative à la dévotion du Sacré-Cœur* : 1783, p. 21.
— *sur l'Amitié chassant la Mort* : 1783, p. 45 (bas-relief).
— *sur l'avènement de Henri IV* : 1753, p. 25.
— *sur le commerce* : 1787, p. 43, 44 ; -93, p. 34.
— *sur la convalescence de la comtesse d'Artois* : 1783, p. 58.
— *sur le Dix-Août* : 1799, p. 36.
— *sur le duc d'Orléans* : 1779, p. 53.
— *sur l'établissement du Muséum dans la galerie des Plans au Louvre* : 1783, p. 18.
— *sur la famille de la comtesse de Brionne* : 1773, p. 24.
— *sur la Générosité et la Vigilance* : 1745, p. 27.
— *sur l'instruction publique* : 1795, p. 37.
— *sur la jonction de l'Océan et de la Méditerranée* : 1750, p. 18, 19 (terre cuite).
— *sur la liberté accordée aux arts par édit du mois de mars 1777* : 1781, p. 30.
— *sur la liberté des nègres* : 1796, p. 38.
— *sur la lumière du Messie pénétrant les Mages de l'ancienne loi* : 1742, p. 32.
Allégorie sur la naissance du Dauphin : 1783, p. 20, 25.
— *sur la naissance d'une fille de la Dauphine* : 1750, p. 33, 34.
— *sur le pacte de famille* : 1763, p. 32.
— *sur la paix* : 1737, p. 30 ; -67, p. 12 ; -71, p. 12.
— *sur la paix d'Aix-la-Chapelle* : 1750, p. 23.
— *sur la paix de 1783* : 1785, p. 17, 18.
— *sur la paix ramenée par la Victoire* : 1755, p. 31 (groupe).
— *sur la publication de la paix en 1749* : 1761, p. 12.
— *sur la réunion de la Lorraine à la France* : 1738, p. 16-18.
— *sur la réunion de la Provence à la France* : 1747, p. 34.
— *sur le roi de Pologne* : 1767, p. 33.
— *sur la Révolution française* : 1791, p. 27.
— *sur la vie de feu Mgr le Dauphin* : 1767, p. 41, 42.
Allégories : 1761, p. 32 ; -65, p. 12, 40 ; -91, p. 36 ; -93, p. 104, 106, 109 ; -95, p. 34, 40, 48, 52 ; -98, p. 22, 28 ; -99, p. 53, 55.
— *sur les règnes des rois de France* : 1765, p. 39 ; -67, p. 38 ; -69, p. 38 ; -73, p. 46.
Allégorique (Groupe) (terre cuite) : 1791, p. 33.
— *(Tempête)* : 1793, p. 29.
Allemande jouant de la harpe : 1769, p. 12.
Alliance de la France et de l'Autriche (agathe-onix) : 1759, p. 32.
Alliances (les) de la France : 1763, p. 21.

Alpes (*Vue des*) : 1771, p. 25;
-93, p. 23; -95, p. 22, 36.
Alphée et la nymphe Aréthuse :
1764, p. 29; -69, p. 14; -71,
p. 13; -79, p. 30.
Alsace (*Vue d'*) : 1796, p. 21.
Amadis (*le fils d'*) *sauvé par
un ermite* : 1793, p. 12.
— *rencontrant un ermite* :
1793, p. 9.
Amalthée : 1764, p. 13.
Aman (*Histoire d'*) : 1737,
p. 21; -42, p. 13; -53, p. 14;
-55, p. 13; -59, p. 12; -75,
p. 42; -77, p. 49.
Amant (*l'*) *curieux* : 1771, p. 25.
Amante abandonnée : 1781,
p. 13.
*Amants cherchant à réunir des
noms gravés sur un arbre
rompu* : 1799, p. 52.
— (*les*) *curieux* : 1777, p. 48.
— *devant un tombeau* : 1795,
p. 28.
— *unis par l'Hymen et cou-
ronnés par l'Amour* : 1781,
p. 13.
Ambarvales (Procession nom-
mée) : 1751, p. 12.
Ambassadeur turc (*Entrée et
sortie de l'*) : 1746, p. 17,
18.
— (*Réception de l'*) : 1745, p. 36.
— *avec son fils et sa suite* :
1738, p. 13, 14.
— *présentant au Roi ses lettres
de créance* : 1765, p. 43 (médaille).
*Ambassadeurs romains deman-
dant à l'aréopage d'Athènes
les lois de Solon* : 1799, p. 48.
Amboise (*Vues du château d'*) :
1771, p. 24.
Amelin (Cabinet de M.) : 1759,
p. 16.
Amérique (*l'*) : 1761, p. 20;
-63, p. 35; -87, p. 44.
— (*Guerre d'*) : 1793, p. 40.
Ames du purgatoire (*Passage
des*) *au ciel* : 1761, p. 27.

Ami (*l'*) *des hommes* : 1759, p. 33.
Amiens (Académie d') : 1787,
p. 49; -89, p. 45.
Amimone et Neptune : 1757,
p. 13.
Aminte (*l'*) *du Tasse* : 1779,
p. 50.
Amiral (*l'*) *d'Hollande, de
Malthe, de Livourne, vaisseaux* : 1738, p. 32.
Amis (*les Deux*) : 1759, p. 23.
Amitié (*l'*) : 1765, p. 34 (marbre); -89, p. 47 (marbre);
-91, p. 38 (esquisse en terre);
-95, p. 71 (terre cuite).
— (*Vue de l'ile et du temple
de l'*) : 1796, p. 90.
— (*l'*) *consolant l'Amour* :
1800, p. 19, 20.
— (*l'*) *embrassant l'Amour* :
1773, p. 37 (groupe).
— (*l'*) *et l'Amour*. — Voir
Amour.
— (*l'*) *pleurant à la porte d'une
prison* : 1796, p. 25.
— (*l'*) *pleurant sur un tombeau* : 1767, p. 37 (modèle);
-73, p. 38 (terre cuite); -89,
p. 43 (marbre).
— (*l'*) *pressant contre son sein
un ormeau sec et l'arrosant* :
1796, p. 72 (terre cuite).
— (*l'*), *sous la figure de Pollux,
chasse la Mort prête à frap-
per une jeune personne dans
la fleur de l'âge* (bas-relief) :
1783, p. 45.
Amour (*l'*) : 1737, p. 24; -53,
p. 21 (marbre); -57, p. 28
(marbre); -63, p. 34 (pierre);
-65, p. 32; -67, p. 33; -81,
p. 26; -91, p. 36 (statue);
-93, p. 11; -96, p. 73 (statue).
— (*l'Amitié et l'*) : 1757, p. 18;
-73, p. 37 (groupe), 43; -75,
p. 37; -91, p. 35; -93, p. 43
(groupe), 101; -95, p. 19,
49; -99, p. 69. — Voir *Amitié*.
— (*l'Aurore et l'*) : 1753, p. 25.

Amour (Bacchus et l') : 1704, p. 23; -38, p. 19; -75, p. 37.
— *(Châtiment de l')* : 1755, p. 19.
— *(Combat de la Chasteté et de l')* : 1781, p. 13.
— *(Daphnis et Chloé présentés à l')* : 1737, p. 19.
— *(les Dieux coupant les ailes à l')* : 1737, p. 25.
— *(Ecole de l')* : 1793, p. 9.
— *(Education de l')* : 1737, p. 14, 33; -38, p. 24, 25; -41, p. 24; -45, p. 18; -50, p. 20; -51, p. 23; -55, p. 13, 27; -69, p. 12; -77, p. 51; -79, p. 13, 49.
— *(Egarements de l')* : 1795, p. 30.
— *(Epoux offrant leur enfant à l')* : 1791, p. 24, 32.
— *(Femme couvrant d'un bandeau les yeux de l')* : 1795, p. 55.
— *(Femme sur un lit repoussant l')* : 1771, p. 35.
— *(la Fidélité déchirant le flambeau de l')* : 1773, p. 28.
— *(Invocation à l')* : 1787, p. 20.
— *(Jeune fille cachant l')* : 1761, p. 28.
— *(Jeune fille fustigeant l')* : 1793, p. 69 (terre cuite).
— *(Jeune fille repoussant l')* : 1793, p. 104.
— *(Leçon à l')* : 1795, p. 25.
— *(Nymphe couronnant l')* : 1773, p. 32.
— *(Nymphe surprise par l')* : 1793, p. 71 (terre cuite).
— *(Offrande ou sacrifice à l')* : 1773, p. 44 (vase); -77, p. 27; -93, p. 110; -96, p. 34; -99, p. 30.
— *(Origine de l')* : 1738, p. 21; -48, p. 21.
— *(Pouvoir de l')* : 1779, p. 42 (terre cuite).
— *(Psyché qui veut tuer l')* : 1704, p. 29.
— *(Serment d')* : 1769, p. 30.

Amour (Télémaque et l') : 1737, p. 21; -46, p. 15; -93, p. 36.
— *(le Temps arrachant les ailes à l')* : 1673, p. 30.
— *(Tête de l')* : 1781, p. 47; -85, p. 33; -93, p. 69.
— *(Toilette de l')* par les Grâces : 1795, p. 37.
— *(Triomphe de l')* : 1796, p. 34.
— *(l') accouplant des colombes* : 1757, p. 29.
— *(l') adolescent* : 1795, p. 68 (esquisse).
— *(l') aiguisant ses flèches* : 1750, p. 15; -98, p. 42.
— *(l') allumant son flambeau à l'autel de l'Amitié* : 1773, p. 12.
— *(l') appuyé sur un casque, tenant son arc* : 1789, p. 21.
— *(l') à qui on coupe les ailes* : 1779, p. 46 (bas-relief); -83, p. 50 (bas-relief); -95, p. 30.
— *(l') avec la marotte de la Folie* : 1795, p. 70 (marbre); -96, p. 75 (marbre).
— *(l') avec les armes de Mars* : 1739, p. 23 (terre cuite).
— *(l') aveugle conduit par la Folie* : 1751, p. 30 (terre cuite).
— *(l') ayant cassé la corde de son arc* : 1798, p. 15.
— *(l') baisant un pigeon* : 1704, p. 19.
— *(l') battant le tambour avec son flambeau* : 1783, p. 20.
— *(l') brisant son arc* : 1755, p. 27.
— *(l') caché* : 1796, p. 45.
— *(l') captif et vainqueur de Diane* : 1769, p. 29.
— *(l') caressant sa mère* : 1765, p. 26.
— *(l') cassant son arc* : 1757, p. 30 (sculpture).
— *(l') chassant les mauvais songes* : 1799, p. 27.
— *(l') chassé par la Prudence* : 1798, p. 12.

Amour (*l'*) *chérubin* : 1739, p. 69 (terre cuite).

— (*l'*) *chez Anacréon* : 1750, p. 15, 16; -73, p. 31; -79, p. 15.

— (*l'*) *conduisant deux amants au temple de l'Hymen* : 1799, p. 61.

— (*l'*) *conjugal de Chelonis, femme de Cleombrotus* : 1787, p. 43.

— (*l'*) *consolant la Peinture des écrits de ses ennemis* : 1781, p. 12.

— (*l'*) *consolé par l'Amitié* : 1800, p. 19, 20.

— (*l'*) *courant après des papillons* : 1796, p. 38.

— (*l'*) *couronnant l'Amitié* : 1793, p. 58 (marbre).

— (*l'*) *couvert de fleurs par de jeunes Grecques* : 1773, p. 12.

— (*l'*) *couvrant les Heures d'un voile* : 1796, p. 74.

— (*l'*) *de l'Astronomie* : 1787, p. 39.

— (*l'*) *de la gloire militaire nourri par l'Espérance et l'Immortalité* : 1785, p. 38.

— (*l'*) *de la patrie* : 1771, p. 42 (plâtre); -93, p. 104.

— (*l'*) *dérobant une rose* : 1796, p. 25.

— (*l'*) *désarmant Armide* : 1738, p. 13; -47, p. 18.

— (*l'*) *désarmé par Diane* : 1737, p. 14.

— (*l'*) *désarmé par Vénus* : 1795, p. 41.

— (*l'*) *des Arts ornant la Terre* : 1745, p. 6, 31.

— (*l'*) *dominateur des Elémens* : 1769, p. 34 (plomb).

— (*l'*) *enchainant de fleurs un griffon* : 1748, p. 21 (esquisse).

— (*l'*) *enchainant de guirlandes Hercule et Hébé* : 1738, p. 24.

— (*l'*) *enchainé et désarmé* : 1763, p. 25.

Amour (*l'*) *enchainé par l'Amitié* : 1791, p. 35 (terre cuite).

— (*l'*) *enchainé par Vénus* : 1771, p. 40 (terre cuite).

— (*l'*) *endormi* : 1755, p. 16; -67, p. 41; -91 (statue), p. 31 (marbre), 38 (plâtre).

— (*l'*) *endormi, couvert de fleurs par de jeunes Grecques* : 1773, p. 12.

— (*l'*) *enfant* : 1783, p. 50 (plâtre).

— (*l'*) *enivré par la Folie et un Satire* : 1798, p. 71 (groupe).

— (*l'*) *enivré par une nymphe* : 1779, p. 15.

— (*l'*) *enlevant l'objet qu'il aime* : 1798, p. 17.

— (*l'*) *enlevant une jeune fille* : 1798, p. 32.

— (*l'*) *en sentinelle* : 1779, p. 51.

— (*l'*) *est un enfant trompeur* : 1793, p. 107.

— (*l'*) *éteignant son flambeau* : 1773, p. 26.

— (*l'*) *et la Folie* : 1793, p. 9.

— (*l'*) *et les Grâces*. Voir *Grâces*.

— (*l'*) *et les Grâces dérobant la ceinture de Vénus* : 1795, p. 46.

— (*l'*) *et l'Hymen*. Voir *Hymen*.

— (*l'*) *et l'Innocence* : 1795, p. 62; -96, p. 43.

— (*l'*) *et Mars disputant sur le pouvoir de leurs armes* : 1765, p. 18.

— (*l'*) *et Psyché* : 1699, p. 21, 22; 1739, p. 16; -40, p. 25; -41, p. 30; -43, p. 12; -61, p. 15; -69, p. 13; -71, p. 13; -75, p. 11; -81, p. 48 (esquisse); -93, p. 50, 51 (groupe), 63 (plâtre), 65 (plâtre); -96, p. 18, 55, 68 (groupe), 73. — Voir *Psyché*.

— (*l'*) *et Vénus* : 1738, p. 16; -39, p. 12; -41, p. 28; -42, p. 29; -43, p. 24, 25; -53,

p. 20; -71, p. 13; -73, p. 14; -79, p. 13; -89, p. 23; -91, p. 13; -96 (terre cuite), p. 76.

Amour (l') faisant danser une jeune fille : 1798, p. 32.

— *(l') filial :* 1798, p. 45.

— *(l') foulant aux pieds l'aigle de Jupiter* (modèle) : 1779, p. 46.

— *(l') fuyant l'esclavage :* 1789, p. 9.

— *(l') guettant le moment de lancer un trait :* 1796, p. 76 (plâtre).

— *(l') jouant à colin-maillard avec les Grâces :* 1798, p. 64.

— *(l') jouant de la lyre :* 1800, p. 86.

— *(l') lançant des traits :* 1761, p. 31 (modèle); -69, p. 37 (plâtre); -71, p. 32; -85, p. 49 (statue).

— *(l'), le Plaisir et la Volupté :* 1798, p. 22.

— *(l') menaçant :* 1746, p. 13; -55, p. 36; -61, p. 13.

— *(l') mettant son carquois :* 1795, p. 42.

— *(l') navigateur :* 1799, p. 86 (sardoine-onix).

— *(l') nourri par l'Espérance :* 1761, p. 25; -69, p. 35 (terre cuite).

— *(l') nouvellement éclos :* 1796, p. 76 (terre cuite).

— *(l') paternel :* 1775, p. 28; -77, p. 48; -95, p. 24.

— *(l') piqué par une abeille :* 1738, p. 25; -40, p. 25; -42, p. 26; -59, p. 19.

— *(l') pleurant sur le portrait de Psyché :* 1795, p. 47.

— *(l') porté par les Grâces :* 1791, p. 12.

— *(l') présentant des fleurs et cachant une flèche :* 1793, p. 65 (statue).

— *(l') présentant le portrait de*

Sapho à la Poésie érotique : 1791, p. 46.

Amour (l') ranimant Aminte dans les bras de Sylvie : 1779, p. 50.

— *(l') rassemblant les colombes du char de Vénus :* 1755, p. 31.

— *(l') réduit à la raison :* 1793, p. 101; -95, p. 84.

— *(l') rémouleur :* 1767, p. 15.

— *(l') répandant d'une main des fleurs sur le globe et de l'autre y mettant le feu :* 1787, p. 40.

— *(l') répandant ses bienfaits :* 1785, p. 37.

— *(l') sautant après son carquois :* 1795, p. 55.

— *(l') se faisant un arc de la massue d'Hercule :* 1746, p. 18 (modèle).

— *(l') se plaignant à sa mère de la piqûre d'une abeille :* 1799, p. 57.

— *(l') se reposant sur ses armes :* 1759, p. 18.

— *(l') surpris :* 1799, p. 43.

— *(l') sur un dauphin :* 1799, p. 20.

— *(l') taillant son arc :* 1800, p. 79.

— *(l') tenant deux urnes :* 1793, p. 58.

— *(l') tenant son arc et méditant :* 1750, p. 14.

— *(l') vainqueur :* 1771, p. 41 (terre cuite); -96, p. 76 (marbre).

— *(l') vainqueur de la Force :* 1793, p. 69 (groupe).

— *(l'), Vertumne et Pomone* (groupe) : 1704, p. 35.

Amours : 1704, p. 12.

— *(Danse d') :* 1796, p. 83.

— *(Nid d') volé par une nymphe :* 1779, p. 16.

— *enchaînés par les Grâces :* 1789, p. 54.

— *en gaîté :* 1750, p. 28.

Amphion : 1798, p. 52.
— *jouant de la lyre* : 1785,
p. 45 (terre cuite).
Amphitrite (*Neptune et*) : 1737,
p. 26 (sculpture); -38, p. 24;
-47, p. 18; -50, p. 23; -71,
p. 35; -79, p. 20.
— (*Temple de Neptune couronné par le temple d'*) :
1771, p. 31.
— (*Triomphe d'*) : 1743, p. 13;
-77, p. 21; -81, p. 19.
— *sur les eaux* : 1737, p. 19;
-53, p. 34.
Ampoule (*Sainte*) : 1742, p. 27.
Amsterdam (*Portraits de
bourgmestre d'*) : 1763, p. 21.
— (*Vue d'*) : 1775, p. 23.
Amusemens champêtres : 1737,
p. 16; -55, p. 36; -77, p. 29;
-96, p. 22.
— *de la vie privée* : 1746, p. 20;
-47, p. 30; -50, p. 28.
— *de l'enfance* : 1761, p. 19;
-99, p. 90.
Anacharsis (*Voyages d'*) :
1796, p. 89; -98, p. 52; 1800,
p. 21.
Anachorètes en prière : 1737,
p. 30; -69, p. 24.
Anacréon : 1793, p. 56; -96,
p. 60.
— (*les Plaisirs d'*) : 1767, p. 30.
— (*Tête d'*) : 1755, p. 17.
— *caressé par les Muses* :
1773, p. 14.
— *caressant l'Amour* : 1773,
p. 31.
— *chantant les amours* : 1795,
p. 28.
— *chantant Vénus* : 1779, p. 15.
— *et les Grâces* : 1779, p. 30.
— *et Lycoris* : 1787, p. 25; -98,
p. 17.
— *recevant l'Amour* : 1750,
p. 15.
— *opéra* : 1800, p. 30.
*Anaïs apparaissant à Numa
Pompilius* : 1793, p. 35.
Anaxagore. Voir *Périclès*.

Anchin (*Tableaux pour l'abbaye d'*) : 1779, p. 37, 38.
Anchise (*Enée portant*) : 1699,
p. 13 (groupe); 1704, p. 21
(groupe), 26 (groupe); -51,
p. 30.
Androclès caressé par le lion :
1795, p. 47.
— *pansant le lion* : 1789, p. 48
(plâtre).
Andromaque (*Adieux d'Hector et d'*) : 1699, p. 20; 1737,
p. 26, 27; -50, p. 29; -69,
p. 41; -91, p. 30.
— (*Regrets d'*) *sur le corps
d'Hector* : 1783, p. 39; -85,
p. 11; 1800, p. 88.
— (*Sujet tiré de la tragédie
d'*) : 1793, p. 53; -99, p. 83;
1800, p. 35.
— *s'efforçant de sauver Astyanax* : 1704, p. 16; -63, p. 26;
-83, p. 20.
Andromède : 1737, p. 33 (groupe).
— *attachée au rocher* : 1799,
p. 44.
— *délivrée par Persée* : 1767,
p. 15; -77, p. 25; -83, p. 39,
40; 1800, p. 69.
Ane avec un homme qui dort :
1775, p. 17.
— *chargé de légumes* : 1741,
p. 16.
— *chargé de reliques* : 1755,
p. 35.
— *mort* : 1800, p. 27.
Ange : 1742, p. 34 (statue);
-45, p. 32 (statue); -61, p. 31
(statue).
— (*Tête d'*) : 1765, p. 12.
— *annonçant aux bergers la
naissance de Jésus* : 1769,
p. 27; -75, p. 25.
Angélique et Mandricard :
1755, p. 37.
— *et Médor* : 1737, p. 14; -41,
p. 19; -45, p. 25; -53, p. 32;
-65, p. 12; -71, p. 28; -87,
p. 40, 58.

Angers (Portrait de Monsieur donné à la ville d') : 1775, p. 15.

Anges (*Groupes* d') : 1704, p. 12-14; -40, p. 30; -42, p. 27; -55, p. 38; -96, p. 18.

— *ramassant les corps des Innocents* : 1777, p. 16.

Angiviller (Cabinet du comte d') : 1775, p. 25, 28; -83, p. 19; -87, p. 33.

— (Cabinet de la comtesse d') : 1783, p. 35; -87, p. 21.

— (Requête de Ducis à Mme d') : 1783, p. 10.

Angleterre (*Retour de chasse du roi* d') : 1704, p. 38.

Angoulême (Manufacture de porcelaines d') : 1798, p. 13, 22, 43, 59.

Animaux (*Tableaux* d') : 1748, p. 27; -53, p. 18; -55, p. 17; -57, p. 18; -61, p. 17; -65, p. 17, 21; -67, p. 27, 33; -71, p. 28; -73, p. 28, 32; -75, p. 17, 20; -81, p. 24; -87, p. 21, 22; -91, p. 33; -93, p. 20; -95, p. 23; -98, p. 27; -99, p. 25; 1800, p. 27, 41.

— *au repos* : 1789, p. 36.

— *buvant à une fontaine* : 1799, p. 67.

— *dans l'intérieur d'une grotte* : 1789, p. 33.

— *en marbre* : 1777, p. 46.

— *étrangers* : 1737, p. 18; -39, p. 16, 17.

— *passant dans une barque* : 1767, p. 27.

— *passant une rivière* : 1785, p. 38.

— *sauvages* : 1741, p. 17.

Annibal : 1769, p. 24; -81, p. 12.

Annonciation (l') : 1740, p. 15; -43, p. 16; -46, p. 12, 14; -48, p. 23; -59, p. 12; -67, p. 37; -71, p. 17; -75, p. 26;

-81, p. 18; -87, p. 57; -93, p. 30; -99, p. 84.

Antée et Hercule : 1779, p. 51.

Anthon (Cabinet du baron d') : 1787, p. 25.

Antibes (*Vue du port* d') : 1757, p. 19.

Antigone implorant le pardon de son frère : 1795, p. 38. — Voir *Œdipe*.

Antinoüs (statue) : 1799, p. 73.

Antiochus dictant sa dernière volonté : 1781, p. 50; -85, p. 37.

— *et Stratonice* : 1737, p. 22; -45, p. 26; -69, p. 41; -77, p. 43; -79, p. 40; -85, p. 32, 37.

— *renvoyant à Scipion son fils* : 1787, p. 14.

Antiochus Epiphane et Popilius : 1779, p. 12.

Antiope. Voir *Jupiter*.

Antiquaire (*Un*) : 1800, p. 49.

Antoine (*Mort* d') : 1789, p. 39.

— *après s'être frappé laisse panser sa blessure* : 1787, p. 36.

Antonin (*Temple* d') : 1793, p. 33.

Antre de rochers : 1799, p. 58.

Anvers (le *Siège* d') : 1771, p. 52.

— (*Vues des environs* d') : 1781, p. 50.

Apelle (l'*Ecole* d') : 1800, p. 19.

— *à qui Alexandre donne Campaspe* : 1739, p. 17; -65, p. 34; -73, p. 14.

— *peignant Campaspe* : 1745, p. 21.

Apennins (*Vue des*) : 1796, p. 31, 32.

Apis : 1765, p. 31.

Apollon : 1673, p. 35 (statue).

— *ou les Beaux-Arts* : 1769, p. 34; -99, p. 20.

— (galerie d') au Louvre : 1673, p. 10-12; 1747, p. 6, 14; -69, p. 26; -71, p. 37; -75, p. 25; -81, p. 23, 31.

Apollon (*le Roi sous la figure d'*) *protégeant les Arts* : 1753, p. 33.
— (*M. Jeliotte sous la figure d'*) : 1755, p. 18.
— (*Société des enfants d'*) : 1789, p. 56.
— (*Temple d'*) *dans le parc d'Enghien* : 1781, p. 27.
— *avec divers génies* (groupe) : 1741, p. 15.
— *avec le génie des Arts* : 1771, p. 27.
— *berger* : 1795, p. 20.
— *blessé par l'Amour* : 1793, p. 36.
— *chantant la gloire des grands hommes* : 1771, p. 13.
— *couronnant la Vérité* : 1771, p. 13.
— *couronnant le Génie de la Peinture et de la Sculpture* : 1748, p. 28.
— *dans son char* (cornaline) : 1799, p. 87.
— *en exil* : 1791, p. 26.
— *et Clitie* : 1769, p. 14.
— *et Daphné* : 1673, p. 32 (bas-relief); 1704, p. 41; -96, p. 19; 1800, p. 79.
— *et Hyacinthe* : 1745, p. 30.
— *et Issé* : 1738, p. 16.
— *et la Sibylle de Cumes* : 1704, p. 39; -47, p. 18; -55, p. 15; -73, p. 34; -75, p. 11; 79, p. 31; -93, p. 22.
— *et Latone* : 1737, p. 29; -38, p. 15.
— *et les Muses* : 1704, p. 15; -43, p. 16; -57, p. 24, 25.
— *et Marsyas* : 1757, p. 30 (groupe); -79, p. 51.
— *et Pan.* Voir *Pan.*
— *et Uranie* : 1798, p. 49.
— *inspirant Homère* : 1796, p. 49.
— *instruisant l'Amour* : 1737, p. 14.
— *ordonnant au Sommeil et à la Mort de transporter en Lycie le corps de Sarpédon* : 1781, p. 32.
Apollon se couchant dans le sein de Thétis : 1699, p. 16.
— *se reposant après avoir tué le serpent Python* : 1704, p. 13, 14.
— *tuant les enfants de Niobé* : 1775, p. 25.
— *voulant reprendre un trépied emporté par Hercule du temple de Delphes* : 1791, p. 49.
Apothéose d'Hercule. — Voir *Hercule.*
— *de deux princes, fils du roi d'Angleterre* : 1787, p. 57.
— *d'un guerrier* : 1793, p. 34.
Apôtres (*les Douze*) : 1704, p. 16.
Apprêts d'un déjeuner : 1757, p. 18.
Après-dinée (*l'*) : 1742, p. 31; -73, p. 28; -77, p. 30.
Aqueduc (*Restes d'un*) : 1787, p. 30.
— (*Ruines d'un*) : 1761, p. 33.
Aqueducs : 1793, p. 112.
Aquilon (buste) : 1789, p. 50.
Arabe (*Jeune*) : 1771, p. 29.
Arabes campés près des Pyramides : 1799, p. 19.
Arabesques : 1791, p. 13, 44, 53.
Arbelles (*Bataille d'*) : 1673, p. 29.
Arbois (*Eglise des dames Ursulines d'*), plans et élévation : 1779, p. 46.
Arbouville (Cabinet du marquis d') : 1783, p. 26.
Arc antique de Suze : 1798, p. 13.
Arc de triomphe à la gloire des défenseurs de la patrie : 1799, p. 81.
Arcade ornée de deux figures, bas-relief : 1738, p. 30.
Arc-en-ciel (*l'*) : 1741, p. 29; -71, p. 25.
Arche (*l'*), *dans le temple de*

Dagon, cause la peste aux Philistins : 1779, p. 20.

Archimède : 1785, p. 41; -89 (statue), p. 49; -91, p. 23.

— (*Découverte du tombeau d'*) : 1787, p. 37.

— (*Mort d'*) : 1787, p. 54 (statue).

— *au bain* : 1793, p. 100.

— *pendant le siège de Syracuse* : 1793, p. 8, 24 (statue).

Architecture (*l'*) : 1738, p. 27; -42, p. 36; -43, p. 22; -57, p. 23; -69, p. 25; -75 (bas-relief), p. 38; -93, p. 66.

— (*Dessins d'*) : 1793, p. 97.

— (Ouvrage élémentaire sur l') : 1798, p. 78.

— (*Tableaux d'*) : 1673, p. 33; 1704, p. 45; -37, p. 15, 16, 18, 22; -38, p. 15; -39, p. 15; -41, p. 20, 32; -42, p. 20-22; -43, p. 21; -45, p. 26; -48, p. 22; -50, p. 22; -51, p. 25; -53, p. 24, 27; -55, p. 22; -57, p. 27; -59, p. 22; -63, p. 18, 25; -67, p. 19, 24, 25; -69, p. 21, 22; -71, p. 17; -73, p. 21, 22; -75, p. 16, 20; -83, p. 23, 26; -93, p. 27, 35, 54; -95, p. 24, 29; -96, p. 30.

Archives nationales : 1795, p. 66.

Arcole (*le Pont d'*) : 1798, p. 63.

Arcs de Constantin et de Titus : 1799, p. 23.

— *de Triomphe* : 1771, p. 31; -77, p. 21; -93, p. 98; -95, p. 81.

Arcueil (*Aqueduc d'*) : 1745, p. 20; -53, p. 18; -75, p. 31.

— (*Vues d'*) : 1746, p. 17; -53, p. 18.

Arcy (*Vue de la grotte d'*) : 1793, p. 111.

Arenberg (Duc d') : 1781, p. 28.

Aréthuse et le fleuve Alphée. Voir *Alphée.*

Aréthuse (*Vue de la fontaine*) : 1775, p. 32.

Argens (*Tombeau du marquis d'*) : 1775, p. 35.

Argenson (Cabinet du comte d') : 1750, p. 19.

Argenteuil (Eglise d') : 1763, p. 30.

Argentière (*Plan de l'abbaye de l'*) : 1781, p. 26.

Argonautes (*les*) : 1739, p. 15.

Argus et Mercure : 1704, p. 40; -41, p. 28 (plâtre); -45, p. 25; -50, p. 13; -63, p. 19; -65, p. 30; -95, p. 59; -96, p. 76 (terre cuite).

Ariane (*Triomphe de Bacchus et d'*) : 1757, p. 35.

— *abandonnée* : 1789, p. 49 (statue); -93, p. 53: -96, p. 33, 37.

— *donnant le peloton de fil à Thésée* : 1793, p. 56.

— *et Bacchus* : 1699, p. 23; 1704, p. 23 (groupe); -39, p. 21; -42, p. 15; -43, p. 16; -57, p. 22; -69, p. 14.

Arioste (*Sujets tirés de l'*) : 1755, p. 37; -87, p. 55.

Aristé désespéré de la perte de ses abeilles : 1767, p. 37.

— *et Protée* : 1704, p. 11.

Aristène : 1793, p. 106.

Aristomène délivré de captivité par une femme : 1799, p. 23.

— *et les femmes de Sparte* : 1787, p. 31.

Aristophane composant les Nuées : 1789, p. 52.

Arithmétique (*l'*) : 1742, p. 36.

Armes de la comtesse Du Barry : 1773, p. 40 (bas-relief).

— *du Roi* : 1740, p. 29 (terre cuite); -45, p. 37; -61, p. 31 (sculpture); -71, p. 42 (modèle), 46.

Armide et Renaud : 1699, p. 17; 1704, p. 23; -37, p. 25,

33 (groupe); -38, p. 13; -41,
p. 12; -42, p. 25; -47, p. 18;
-65, p. 31; -67, p. 15; -71,
p. 28; -75, p. 10; -83, p. 55;
-87, p. 16; -95, p. 43, 68 (bas-
relief); -96, p. 49; -98, p. 38.
Armide (Abandon d') : 1779,
p. 30; -85, p. 15, 16.
— *(Défaite d')* : 1795, p. 52.
— *(Jardins d')* : 1796, p. 24, 49.
— *(Opéra d')* : 1751, p. 13.
— *désarmée par l'Amour :* 1747,
p. 17.
— *détruisant son palais :* 1738,
p. 12.
— *évanouie à la suite du départ
de Renaud :* 1740, p. 25.
Arras (les Victimes d') : 1796,
p. 68.
Arria et Pœtus : 1785, p. 25,
26; -96, p. 48, 60, 74 (ivoire).
Artemise : 1791, p. 15.
— *au tombeau de Mausole :*
1765, p. 15; -93, p. 70 (stuc);
-98, p. 57.
— *buvant les cendres de son
époux :* 1704, p. 13.
— *combattant avec Xerxès :*
1699, p. 17.
*Arthemise montrant à Mirza
le cadavre de leur amant
Illissus* : 1800, p. 62.
*Artistes réunis dans l'atelier
d'Isabey* : 1798, p. 15.
Artois (Cabinet du comte d') :
1779, p. 26, 46; -83, p. 33;
-87, p. 17, 20, 24.
— (Médailles des villes d') :
1750, p. 26.
— (Peintre du comte d') : 1781,
p. 14; -87, p. 13.
— (Sculpteur du comte d') :
1783, p. 53.
Artois (Mariage du comte d')
(médaille) : 1775, p. 43.
Art militaire (Dessins sur l') :
1743, p. 37.
Arts (Attributs des) : 1740,
p. 20, 21; -42, p. 35; -43,
p. 39; -53, p. 34; -65, p. 17;
-69, p. 15; -79, p. 47 (bas-relief).
Arts (Monument consacré aux) :
1798, p. 53.
— *(les) écrivant le nom de
Drouais sur son tombeau :*
1793, p. 62 (bas-relief).
— *(les Quatre) libéraux* : 1753,
p. 36; -73, p. 14.
Ascagne : 1704, p. 26; -37,
p. 23; -42, p. 33.
Ascension. Voir *Jésus-Christ.*
Ascolies (la Fête des) : 1775,
p. 27.
*Asdrubal (la Femme d') égor-
geant ses enfants* : 1793,
p. 55.
Asiatique (Une jeune) : 1738,
p. 13.
— *(Tête dans le costume)* : 1771,
p. 27.
— *méditant sur une lecture :*
1773, p. 21.
Asie (l') : 1761, p. 20; -73,
p. 27; -87, p. 44.
Aspasie au milieu des savants :
1673, p. 35; -99, p. 16; 1795,
p. 17; -96, p. 21, 22.
— *(Socrate chez)* : 1798, p. 51.
— *(Tête d') et de Périclès,*
(calcédoine) : 1799, p. 87.
Assemblée des notables : 1787,
p. 58.
— *de philosophes :* 1789, p. 52.
— *nationale* : 1789, p. 55;
-91, p. 40.
— *nationale (Monument de
l')* : 1793, p. 73.
— *nationale (Salle de l')* : 1793,
p. 97.
Assomption : 1673, p. 33; -90,
p. 15; 1704, p. 12, 17; -37,
p. 12; -39, p. 14, 15; -42,
p. 34; -43, p. 16; -45, p. 16;
-47, p. 25, 26; -50, p. 20;
-57, p. 24; -59, p. 15, 24;
-71, p. 30, 32; -73, p. 17;
-75, p. 12, 19.
Assuérus (Repas donné par) :
1763, p. 12.

Assuérus et Esther : 1699,
p. 17; 1704, p. 22; -40, p. 18;
-42, p. 13; -63, p. 18; -67,
p. 41, -75, p. 42; -83, p. 55.
— *prononçant l'arrêt de mort
d'Aman* : 1753, p. 14; -77,
p. 49.
Astrée (Sujet tiré de l') : 1750,
p. 20.
Astronome (Un) : 1787, p. 45.
Astronomie (l') : 1746, p. 15;
-81, p. 45 (groupe); -83,
p. 54 (bas-relief); -96, p. 83.
*Astyanax défendu par Andro-
maque et découvert par
Ulysse* : 1704, p. 16; -63,
p. 26; -83, p. 20.
Atalante et Hippomène : 1699,
p. 22; 1704, p. 20; -65, p. 13;
-91, p. 44 (terre cuite).
— *et Méléagre* : 1750, p. 21;
-51, p. 13.
Atelier de menuisier : 1775,
p. 12.
— *d'un peintre* : 1755, p. 15;
-91, p. 20, 25; -96, p. 20,
47; -98, p. 26, 69; 1800, p. 15.
— *de restauration d'antiques* :
1783, p. 25.
— *de salpêtrier* : 1777, p. 19.
— *de teinturier en soie* : 1775,
p. 16.
Athalie et Joas : 1699, p. 19;
1704, p. 22; -41, p. 12, 13.
Athamas (Fureur d') : 1799,
p. 29.
Athènes (Vue de la ville d') :
1800, p. 21.
Athénienne (la Vertueuse) :
1765 : p. 40.
Athéniens (Acte civique des) :
1793, p. 37.
Athlète phrygien (statue) :
1793, p. 66.
*Athlètes domptant un lion et
un ours* (terre cuite) : 1737,
p. 31.
Atlas des 83 départements :
1791, p. 39.
Attaque (Une) : 1745, p. 21.

Attaque d'armée : 1799, p. 60.
— *de hussards* : 1783, p. 42.
— *d'un moulin retranché* : 1796,
p. 65; -98, p. 61.
— *d'un pont* : 1759, p. 19.
— *d'un poste* : 1796, p. 54.
— *d'un village* : 1793, p. 19.
Attente de l'amant : 1793, p. 11.
Attributs de chasse et gibier,
sur taffetas : 1798, p. 23.
— *de la peinture, la sculpture
et l'architecture* : 1771, p. 29;
-93, p. 52.
Atys (la Fureur d') : 1775,
p. 29.
Auberge : 1779, p. 23; 1800,
p. 26.
Aubert (Cabinet de M.) : 1777,
p. 10.
Aubin (Cabinet de M.) : 1787,
p. 21.
Aubry (Cabinet du président) :
1783, p. 51.
Aubusson (Manufacture d') :
1759, p. 15.
Augereau au pont d'Arcole :
1798, p. 63.
*Auguste au milieu des beaux-
arts* : 1746, p. 16.
— *et Cinna* : 1787, p. 18; -96,
p. 34.
— *et Cléopâtre* : 1746, p. 15,
16; -89, p. 60.
— *fermant le temple de Janus* :
1757, p. 11, 12; -65, p. 11.
Augustin (Cabinet de M.) :
1789, p. 21.
Augustins (Tableaux pour
l'église des) de la place des
Victoires : 1750, p. 14; -51,
p. 13; -53, p. 14.
Aumône (l') : 1777, p. 33.
Aurélien (Triomphe d') : 1783,
p. 41.
Auriac (Chiens appartenant à
Mme d') : 1753, p. 19.
Aurore (l') : 1742, p. 24, 25;
-46, p. 23, 24 (terre cuite);
-53, p. 25; -63, p. 31.
— *(Lever de l')* : 1793, p. 51.

Aurore (*l'*) *chassant la nuit :* 1771, p. 33.

— (*l'*) *et Céphale :* 1739, p. 19; -41, p. 24; -42, p. 28; -47, p. 6; -53, p. 29; -55, p. 35; -59, p. 15; -63, p. 34; -77, p. 10; -83, p. 40; 96, p. 41.

— (*l'*) *et Diane :* 1793, p. 68 (bas-relief).

— (*l'*) *et Titon :* 1763, p. 16; -65, p. 41; -83, p. 41.

— (*l'*) *invoquant l'Amour :* 1753, p. 25.

— (*l'*) *pleurant sur le tombeau de Memnon :* 1777, p. 38.

Autel (*Modèle d'*) : 1742, p. 26, 27; -43, p. 20.

Auteuil (*la Mare d'*) : 1796, p. 21.

Autolion blessé par l'ombre d'Ajax : 1785, p. 33.

Automne (*l'*) : 1738, p. 31; — -40, p. 26; -41, p. 27; -47, p. 18, 28; -51, p. 29; -83, p. 18; -87, p. 23; -99, p. 42.

Autriche (*Alliance de la France et de l'*) : 1759, p. 32.

Autruche : 1800, p. 83.

Autun (*Monument antique d'*) : 1747, p. 27.

— (*Vue d'une porte d'*) : 1750, p. 24.

Auxerre (*Tableaux pour la cathédrale d'*) : 1745, p. 16; -73, p. 34.

Avallon (*Vue d'*) : 1746, p. 23, 24.

Avare (*Un*) : 1775, p. 14.

— (*l'*) *et ses enfants :* 1769, p. 28.

— *mort sur son trésor :* 1793, p. 46.

Aved (*Cabinet de M.*) : 1761, p. 17.

Aveu du sentiment (*l'*) : 1799, p. 87.

Aveugle (*Un*) : 1753, p. 21; -61, p. 33.

— *demandant l'aumône à deux perroquets :* 1791, p. 11.

— *trompé :* 1755, p. 29; -57, p. 31.

Aveyron (*le Sauvage de l'*) : 1800, p. 45.

Avezzano (*Vue de la ville d'*) : 1793, p. 18.

Avignon (*Vue de la ville d'*) : 1759, p. 21.

Avril (*Cabinet de M.*), graveur : 1789, p. 25.

Axiane s'efforçant d'arrêter le char de Pluton : 1740, p. 29 (terre cuite).

B

Baal : 1742, p. 28.

Babylone (*Prise de*) : 1751, p. 19.

Bacchanale : 1738, p. 15; -40, p. 20; -46, p. 13, 28; -47, p. 22; -48, p. 19, 20; -65, p. 36; -73, p. 43 (terre cuite); -75, p. 25, 27; -83, p. 33; -87, p. 55; -89, p. 52, 53; -91, p. 24, 40, 49; -95, p. 55; -98, p. 57.

— *d'enfants :* 1771, p. 43; -73, p. 44.

Bacchante (*Bustes ou têtes de*) : 1765, p. 37; -67, p. 30; -69, p. 37; -71, p. 45; -73, p. 41; -77, p. 29; -79, p. 45; -81, p. 48; -83, p. 41; -85, p. 29, 31; -91, p. 38; -95, p. 69.

Bacchante (*Réveil de*) : 1795, p. 47; -96, p. 53.

— *avec un enfant et une chèvre :* 1779, p. 42.

— *couchée avec des enfants* (terre cuite) : 1793, p. 61.

— *enchaînant l'Amour :* 1777, p. 28.

Bacchante endormie : 1763, p. 14; -79, p. 15; -91, p. 32; -93, p. 71 (terre cuite); -96, p. 69; -99, p. 66.

— *et Bacchus :* 1765, p. 35 (modèle).

— *faisant danser des enfants :* 1787, p. 25; -95, p. 69 (terre cuite).

— *ivre* (statue) : 1793, p. 61.

— *jouant avec des enfants :* 1738, p. 25; -93, p. 105; -95, p. 71 (terre cuite).

— *jouant des cymbales* (statue) : 1773, p. 40; -93, p. 67.

— *jouant du triangle* (terre cuite) : 1793, p. 70.

— *montée sur un bouc* (statue) : 1798, p. 77.

— *portant un Faune* (statue) : 1796, p. 72.

— *portant un Satyre enfant* (plâtre) : 1795, p. 64.

— *pressant du raisin* (terre cuite) : 1793, p. 70.

— *sacrifiant à l'Amour :* 1799, p. 30.

Bacchantes : 1704, p. 35 (bronze).

— *(Deux) :* 1791, p. 16, 47; -93, p. 19, 23, 26, 69 (terre cuite), 108; -95, p. 34, 43, 54; -96, p. 69, 72 (marbre et plâtre); -98, p. 71 (pendule).

— *(Jeux de)* (terre cuite) : 1796, p. 76.

Bacchus : 1748, p. 19; -65, p. 35 (groupe); -87, p. 53 (statue); -89, p. 51 (buste); -96, p. 36; 1800, p. 42, 86 (camée).

— *(Éducation de) :* 1745, p. 18; -77, p. 16.

— *(Fête de) :* 1745, p. 25; -46, p. 25, 29; -47, p. 6, 18; -51, p. 21; -59, p. 14; -83, p. 18, 33, 54; -87, p. 23, 53; -91, p. 52; -95, p. 15.

— *(Naissance de) :* 1699, p. 23; 1704, p. 26, 31; -46, p. 29;

-53, p. 34; -57, p. 27; -61, p. 30.

Bacchus (Orgie de) (terre cuite) : 1793, p. 65.

— *(Repos de) :* 1769, p. 30.

— *(Triomphe de) :* 1739, p. 23; -50, p. 15; -57, p. 6, 35; -69, p. 26; -81, p. 41; -99, p. 25.

— *apporté aux Corybantes par Mercure :* 1777, p. 15; -83, p. 18.

— *et l'Amour :* 1704, p. 23; -38, p. 19; -75, p. 37.

— *et Ariane :* 1739, p. 21; -42, p. 15; -43, p. 16; -57, p. 22; -69, p. 14.

— *et Cérès accompagnant Vénus :* 1704, p. 19, 45.

— *nourri par les déesses de la terre :* 1773, p. 14.

— Voir *Hébé.*

Bacha faisant peindre sa maîtresse : 1748, p. 25.

Bachaumont (M. de) : 1746, p. 25.

Bagatelle (Pavillon de) : 1779, p. 46.

Baïes : 1738, p. 30.

— *(Golfe de) :* 1793, p. 15.

Baigneuses : 1704, p. 35; -40, p. 30; -41, p. 15; -59, p. 13; -61, p. 31 (statue); -63, p. 38; -67, p. 15, 35 (statue); -69, p. 26; -71, p. 12, 16, 22; -75, p. 30, 38 (plâtre); -77, p. 35; -79, p. 34; -83, p. 18; -85, p. 27; -87, p. 40; -89, p. 21; -91, p. 48; -95, p. 23; -96, p. 46, 54, 70, 73 (sculpture), 75 (terre cuite); -98, p. 30, 46; -99, p. 36, 49; 1800, p. 17.

Bailleul (Portrait de M.) et de son épouse : 1750, p. 30.

Bailly (Cabinet de M.) : 1789, p. 19.

Bain de femmes à Constantinople : 1785, p. 34.

— *public :* 1798, p. 57.

Bal (*Déshabillé de*) : 1737, p. 13.
— (*Toilette de*) : 1737, p. 14.
— *de paysans* : 1791, p. 20.
— *masqué et paré dans la grande galerie de Versailles* : 1750, p. 27.
— *paré* : 1773, p. 50.
Balanceuses : 1799, p. 31.
Balançoire (*la*) : 1777, p. 35.
— *russe* : 1769, p. 20.
Balbeck (*Ruines du portique du temple de*) *à Héliopolis* : 1767, p. 25.
Ballon de MM. Charles et Robert (*Vue de la place Louis XV au moment du départ du*) : 1785, p. 20.
Baltimore (Vue d'une forêt près) : 1798, p. 66.
Bambochades : 1704, p. 32; -41, p. 30; -43, p. 29; -45, p. 22; -46, p. 19; -48, p. 20; -69, p. 23.
Bandits (*Troupe de*) *dans des ruines* : 1773, p. 35.
Bandol (Cabinet du marquis de) : 1759, p. 25.
— (Golfe de) : 1755, p. 24.
Bapeaume (*Un pont sur la rivière de*) : 1793, p. 53.
Baptême de Constantin : 1742, p. 29. — Voir Constantin.
Baraque de pêcheurs normands : 1793, p. 15.
Barberini (*Vue des jardins*) : 1771, p. 24.
Barbet (*Un*) *et une perdrix* : 1742, p. 18.
— *surprenant des canards* : 1748, p. 18.
— *surprenant un héron* : 1748, p. 19.
Barcelonnette (*le Départ de*) : 1769, p. 28.
Baron, comédien : 1737, p. 24.
Barque (*la*) *du pêcheur* : 1750, p. 28.
— (*Gens dans une*) : 1738, p. 21.

Barras : 1798, p. 70.
Barry (*Bas-relief des armes de la comtesse du*) : 1773, p. 40.
Barry (Cabinet de la comtesse du) : 1771, p. 40, 44; -73, p. 13.
Bartymore (Maison de lord) : 1793, p. 39.
Bas-reliefs peints : 1737, p. 13, 17, 28; -38, p. 15; -40, p. 17; -41, p. 18; -43, p. 19; -46, p. 23; -50, p. 23; -51, p. 22; -55, p. 13, 17; -63, p. 30; -71, p. 15, 29; -73, p. 29; -77, p. 17, 24; -81, p. 40, 41; -83, p. 33; -85, p. 27, 28; -87, p. 22, 24, 25, 27; -89, p. 17, 18; -91, p. 12, 13, 19, 23, 24, 29, 46, 49; -93, p. 34, 39, 44, 46, 105; -95, p. 16, 31, 53, 55; -98, p. 32, 59, 84, 88; -99, p. 30; 1800, p. 81.
Basan : 1793, p. 111.
Bassan, peintre : 1793, p. 44.
Basse-cour : 1745, p. 35; -75, p. 20; -83, p. 42; -95, p. 23.
Bassin de vermeil : 1737, p. 13.
Bassuel (Cabinet de M.), chirurgien : 1746, p. 22.
Bastien et Bastienne : 1755, p. 19.
Bastienne : 1755, p. 36.
Bastille (la) : 1789, p. 26, 27; -93, p. 59.
— (Plan d'une place et d'un monument sur le terrain de la) : 1793, p. 72, 93; -95, p. 74; -96, p. 78.
Bastille (*Démolition de la*) : 1789, p. 16.
— (*Fête des Sans-Culottes sur les ruines de la*) : 1793, p. 59.
— (*la Liberté sous les ruines de la*) : 1791, p. 39 (sculpture).
— (*Modèles de la*) : 1791, p. 42; -95, p. 76; -99, p. 78.
— (*Prise de la*) : 1791, p. 33 (bas-relief); -93, p. 51; -95, p. 58.

Basville (*Vue du château de*) :
1796, p. 61.

Batailles (*Sujets de*) : 1753,
p. 36; -55, p. 28; -57, p. 13;
-63, p. 31; -65, p. 23; -67,
p. 21, 27, 32; -83, p. 42; -91,
p. 45; -93, p. 15; -95, p. 48,
53, 86; -98, p. 57; 1800, p. 27.
— Voir *Combats*.

— *contre des Turcs* : 1738,
p. 27, 28; -71, p. 26.

→ *de cavalerie* : 1738, p. 14;
-45, p. 22; -46, p. 18; -53,
p. 36; -59, p. 19; -63, p. 27;
-93, p. 100.

— *de cuirassiers* : 1737, p. 30;
-45, p. 21, 22.

Bâtiment attendant la marée :
1793, p. 13.

Bâtiments antiques : 1791, p. 29.

— *du Roi* (*Jeton des*) : 1739,
p. 25.

Batteux (Abbé) : 1771, p. 51.

Baucis. — Voir *Philémon*.

Baudoin (Cabinet de M.) :
1773, p. 45; -75, p. 40; -77,
p. 47, 48.

Bayard (*Continence de*) : 1777,
p. 13.

— (*Courtoisie de*) *à Brescia* :
1783, p. 16.

— (*Mort de*) : 1781, p. 26, 27.

Bayeux : 1799, p. 39.

Bayonne (Tableaux pour la
cathédrale de) : 1769, p. 24,
25, 30.

Bayonne (*Vues de*) : 1761,
p. 20-22.

Bazinville (Cabinet de M. de) :
1755, p. 17.

Beaudeau (Abbé) : 1785, p. 47.

Beaufleury (Cabinet de M. de) :
1777, p. 43.

Beaugency : 1743, p. 24.

Beaujon (Cabinet de M. de),
banquier de la cour : 1773,
p. 50.

Beaumarchais (*Vue du jardin de*) : 1791, p. 33.

Beaurepaire (*Mort de*) : 1793,
p. 54, 55.

Beauvais (Modèles pour la
manufacture de) : 1739, p. 15,
16; -42, p. 14; -67, p. 23.

Beauvais (*Environs de*), paysage : 1742, p. 14.

— (*Siège de*) *en 1472* : 1781,
p. 37, 38.

— (*Vues de*) : 1745, p. 20, 35;
-46, p. 17; -47, p. 30; -48,
p. 19; -50, p. 18; -83, p. 44.

Beauvarlet (Cabinet de M.),
graveur : 1777, p. 10; -79,
p. 35.

Beauveau (Prince de) : 1767,
p. 34.

Beck (Général) : 1771, p. 21.

Beignets (*les*) : 1783, p. 58.

Bélisaire : 1767, p. 30; -73, p. 42
(tête); -85, p. 30, 50 (tête);
-89, p. 50 (buste); -91, p. 41
(terre cuite); -93, p. 53; -95,
p. 33, 36, 60; -99, p. 72
(plâtre); 1800, p. 83.

— *recevant l'aumône* : 1777,
p. 36; -81, p. 56.

— *recevant l'hospitalité d'un
paysan* : 1785, p. 30; -96,
p. 56.

— *revenant aveugle dans sa
famille* : 1775, p. 24; -79,
p. 49.

Belle après-dinée (*la*) : 1781,
p. 49.

Belle-Isle (*Allégorie en l'honneur du maréchal de*) : 1767,
p. 18.

Belles-lettres (*Attributs des*) :
1740, p. 20; -47, p. 25.

Belleville : 1741, p. 22.

Bellevue (Tableaux et statues
pour le château de) : 1750,
p. 14, 17, 20; -51, p. 28 (statue); -53, p. 36; -55, p. 14;
-67, p. 14, 16, 29; -69, p. 13;
-85, p. 28.

Bellin (Jean), peintre : 1793,
p. 42.

Bellocq (Cabinet de Mme) : 1742, p. 18.

Bellone présentant à Mars les rênes de ses chevaux : 1767, p. 14.

Belloy (Dessins pour le théâtre de M. de) : 1775, p. 41.

Benda (Ile de) : 1745, p. 19.

Benedetto di Castiglione : 1769, p. 12.

Benedicite (le) : 1740, p. 21; -45, p. 34; -46, p. 20; -61, p. 17.

Bénédictin (Un) : 1791, p. 69.

Bénédictins (Tableaux pour les couvents de) : 1755, p. 28; -57, p. 24; -59, p. 12; -71, p. 32; -79, p. 33; -81, p. 33.

Bénédiction (la) des troupeaux à Rome : 1787, p. 42.

— *(la) paternelle* : 1769, p. 28.

Bénitier : 1765, p. 35 (sculpture).

Benjamin (Coupe de Joseph trouvée dans le sac de) : 1748, p. 14.

Berceau (le) : 1767, p. 23.

Bercy (Cabinet du marquis de) : 1783, p. 44.

Bérénice : 1673, p. 29; 1795, p. 84.

Berger (statue) : 1779, p. 48; -87, p. 54 (marbre).

— *(Paysage avec)* : 1739, p. 20; -47, p. 27; -71, p. 25.

— *(Serments et présents du)* : 1773, p. 47.

— *endormi* : 1748, p. 29 (statue; -51, p. 30 (marbre); -81, p. 24.

— *et bergère* : 1748, p. 16; -50, p. 15; -95, p. 20.

— *jouant de la flûte* : 1789, p. 36.

— *rassemblant son troupeau* : 1775, p. 19.

— *se reposant (statue)* : 1769, p. 35.

— *tentant le sort pour savoir s'il est aimé de sa bergère* : 1761, p. 26.

Berger traçant le portrait de sa bergère : 1793, p. 103.

— *tuant un serpent* : 1783, p. 50 (plâtre).

Berger (M.) : 1746, p. 17.

Bergère allaitant son fils : 1777, p. 16.

— *(la) des Alpes* : 1763, p. 22; -75, p. 28.

— *(la) prévoyante* : 1773, p. 48.

Bergères : 1777, p. 35.

Bergeret de Grancourt (Cabinet de M.) : 1765, p. 13, 32; -67, p. 28, 29; -69, p. 27; -75, p. 14.

Bergerie : 1793, p. 53.

Bergers, avec un troupeau, poursuivis par des maraudeurs : 1769, p. 23.

— *à la fontaine* : 1757, p. 34.

— *conduits par l'Ange* : 1793, p. 33.

— *d'Arcadie* : 1791, p. 50; -96, p. 15.

— *se disputant le prix du chant* : 1795, p. 27.

Berghem, peintre : 1741, p. 29; -53, p. 31, 34; -65, p. 42; -67, p. 41; -71, p. 47; -73, p. 45; -75, p. 40; -77, p. 51; -81, p. 53; -91, p. 34.

Beringhen (Cabinet de la marquise de) : 1783, p. 26.

Berlin (Académie de) : 1753, p. 23; -93, p. 20, 105.

Bermont (Ruines du château de) en Franche-Comté : 1785, p. 39.

Bernard (Cabinet du président) : 1787, p. 13, 24; -89, p. 20, 60.

—, l'aîné (Cabinet de M.) : 1742, p. 16.

Bernardin de Saint-Pierre : 1789, p. 14; -93, p. 52; 1800, p. 24.

Bernardins (Ordre des) : 1743, p. 39.

Bernardins (Ruines de l'église des) : 1775, p. 16.
— (*Vues de l'église des*) : 1791, p. 30; 1800, p. 22.
Berni (Vue du château de), près Péronne : 1781, p. 37.
Berruer (Cabinet de M.), sculpteur : 1789, p. 21.
Berry (Aumônier de la duchesse de) : 1738, p. 25.
Besançon : 1737, p. 19.
Besenval (Cabinet du baron de) : 1765, p. 25; -71, p. 12; -73, p. 13, 20, 24.
Bethsabé au bain : 1739, p. 14, 15; -53, p. 35; -71, p. 12; -73, p. 14.
Bétis, Satrape de Darius, traîné autour des murs de Gaza : 1787, p. 12, 13.
Betzky (M. de) : 1759, p. 31.
Bezenval. — Voir Besenval.
Bible (Lecture de la) : 1755, p. 30.
Bibliothèque du Roi (la) : 1745, p. 17; -46, p. 15; -77, p. 45, 46; -83, p. 52.
— (Projet de) dans la Madeleine : 1799, p. 77.
— nationale (Plan d'une) dans le palais du Luxembourg : 1795, p. 80.
— publique (Projet de) : 1795, p. 76.
Biblis changée en fontaine : 1773, p. 33.
Bienfaisance (la) recevant l'encens de la Reconnoissance : 1795, p. 68.
Bignon (Abbé) : 1741, p. 26.
Bioche (Cabinet de M.) : 1789, p. 34.
Biton. — Voir *Cléobis*.
Blanche de Castille : 1773, p. 12, 13, 15, 26.
Blanchisseuse : 1761, p. 26; -75, p 27.
— *de bas de soie* : 1777, p. 35.
Blandusie (la Fontaine de) : 1755, p. 19.

Blanfrat (Partie du port de) : 1793, p. 39.
Bloemart (Abraham), peintre : 1793, p. 42.
Blois (Tableaux pour la cathédrale de) : 1787, p. 39; -89, p. 34.
— (Tableau pour le séminaire de) : 1783, p. 36.
Bohémienne en couche : 1750, p. 29.
Bohémiens (les) : 1746, p. 26.
— (*Marche de*) : 1769, p. 11.
Boisset (Cabinet de M.) : 1767, p. 27.
Boissière (M. de la), fermier général : 1753, p. 31.
Boissy-d'Anglas au 1er prairial : 1796, p. 30.
Boiteux (Guérison du) à la porte du Temple : 1738, p. 23; -42, p. 14.
Boiveau-Laffecteur (Cabinet de M.) : 1796, p. 26.
Bologne (Académie de) : 1789, p. 42.
— (Institut de) : 1789, p. 34, 57.
Boinbarde (Cabinet de M. de) : 1753, p. 21.
Bon (le) et le mauvais exemple : 1796, p. 37.
Bon ménage (le) : 1789, p. 36.
Bonaparte (le général) : 1799, p. 77, 78.
— (Cabinet de Mme) : 1799, p. 77.
Bonaparte : 1798, p. 72 (buste); -99, p. 73 (statue).
— (*Allégorie sur*) : 1800, p. 83.
— (*Esquisse sur le passage de*) à Lyon : 1798, p. 72.
— (*Temple de la Victoire dédié à*) : 1799, p. 76.
— *couronné par la Victoire* : 1800, p. 67.
— *en Égypte* : 1799, p. 56; 1800, p. 18.
Bonheur (le) du ménage : 1779, p. 53.

Bonheur (le) d'une mère : 1796, p. 42.

Bonne aventure (la) : 1767, p. 22, 23; -75, p. 30; -87, p. 30.

Bonne Éducation (la) : 1757, p. 33.

Bonne mère (la) : 1779, p. 53; -93, p. 10.

Bonneuil (Vue de) : 1747, p. 27.

Bonneval (M. de) : 1742, p. 32.

Bonneville (Cabinet de), peintre : 1795, p. 86.

Bons amis (les) : 1777, p. 48.

Bonsecours (Mausolées pour l'église de), à Nancy : 1747, p. 32; -71, p. 39.

Bonté (la) et la Générosité : 1765, p. 14.

Bontems, valet de chambre du roi : 1742, p. 26.

Booz et Ruth : 1791, p. 48; -93, p. 15.

Bordeaux : 1742, p. 5; -75, p. 43; -79, p. 43; -89, p. 31.

— (Académie de) : 1767, p. 34; -85, p. 31.

— (Projet de monument triomphal pour) : 1798, p. 78.

Bordeaux (Plafond de la nouvelle salle de spectacle de) : 1777, p. 30-33.

— *(Sculptures pour la salle de spectacle de) :* 1775, p. 36; -77, p. 44.

— *(Siège de) par Clovis :* 1737, p. 20.

— *(Vue de la place projetée à) :* 1787, p. 35; -91, p. 32.

— *(Vue de la place royale de) :* 1739, p. 20.

— *(Vues du port et de la ville de) :* 1739, p. 20, 21.

Borée et Orithie : 1773, p. 32; -75, p. 26; -91, p. 32; 1800, p. 79.

— *et Phébus :* 1738, p. 27.

Borghèse (Vue des jardins) : 1771, p. 23; -73, p. 25; -87, p. 25; -96, p. 89.

Boscry (Cabinet de M.), architecte : 1753, p. 21.

Bossette (Cabinet de M. de) : 1763, p. 29.

Boston (Évacuation de) : 1789, p. 54.

Both (Jean), peintre : 1743, p. 33.

Bouche de la Vérité : 1791, p. 37; -93, p. 66 (bas-relief).

Boucher (Cabinet de M.), peintre : 1763, p. 34; -69, p. 20.

Boudeuse (Une) : 1777, p. 29; -95, p. 48.

Boufon (le) des chasseurs : 1745, p. 26.

Bougival (Vue d'un four à) : 1800, p. 40.

Bouillé : 1795, p. 18.

Bouillette (Cabinet de M.) : 1765, p. 20.

Bouillon (Esquisse allégorique de la maison de) : 1750, p. 23.

— *(Mariage de la princesse de) :* 1743, p. 21.

Boule-dogue se jetant sur un cygne : 1747, p. 20; -51, p. 22.

Boulogne (Vue du bois de) : 1753, p. 18; -93, p. 30, 46, 112; 1800, p. 49.

— *(Vue des environs de) :* 1747, p. 29.

Boulogne-sur-Mer (Tableau pour la cathédrale de) : 1789, p. 31.

Boullongne (Cabinet de M. de), ancien contrôleur général : 1765, p. 20.

Boullongne de Prénainville (Cabinet de M.) : 1777, p. 21.

Bouquet : 1763, p. 18; -83, p. 37.

Bouquetin de Barbarie : 1739, p. 12.

Bouquets sculptés, en marbre, en bois ou en plâtre : 1781,

p. 43; -93, p. 36, 59; -95, p. 65.

Bourdon (Sébastien), peintre : 1773, p. 48.

Bourgogne (Duc de) : 1767, p. 14.

— (Duchesse de) : 1755, p. 33.

— (Etats de) : 1740, p. 27; -46, p. 30.

Bourgogne (Médailles sur le canal de) joignant les deux mers : 1785, p. 52, 53.

— (*Pressoir de*) : 1769, p. 12.

Bouthillier (Cabinet du marquis de) : 1777, p. 21.

Boutin (Cabinet de M.) : 1771, p. 44; -89, p. 18.

Bouvreuil : 1793, p. 102.

Boyer de Fonscolombe (Cabinet de M.) : 1757, p. 26, 27.

Boyer-Fonfrède (Cabinet de M.) : 1798, p. 50.

Braconnier (la Liberté du) : 1793, p. 109.

Brancas (Cabinet du comte de) : 1769, p. 33.

Brandt, peintre : 1787, p. 59.

Bréemberg, peintre : 1777, .p. 48.

Brest (Statue et projets de places pour) : 1773, p. 43; -91, p. 25; -98, p. 80.

Brest (Vue du goulet et de la rade de) : 1800, p. 40.

— (*Vue du port de*) *au moment de l'embarquement de Hoche* : 1798, p. 23.

— (*Vues du port et de la rade de*) : 1795, p. 36; -96, p. 27, 38.

Bretagne (Ducs de) : 1755, p. 33.

— (Etats de) : 1746, p. 30; -55, p. 37.

— (Parlement de) : 1765, p. 41.

— (Tableau pour un château en) : 1775, p. 19.

Breteuil (Cabinet de l'abbé de) : 1769, p. 20; -75, p. 29.

— (Cabinet du baron de) : 1773, p. 14, 20; -77, p. 16; -87, p. 30.

Breughel de Velours, peintre : 1773, p. 45; -81, p. 50.

Briare (Jeton du canal de) : 1746, p. 30.

Brie-la-Ville (Environs de) : 1795, p. 54.

Brienne (Cabinet du comte de) : 1779, p. 26.

Brionne (Cabinet de la comtesse de) : 1773, p. 28.

Briséis emmenée de la tente d'Achille : 1781, p. 11.

Brissac (le Maréchal de) : 1779, p. 35.

Britannicus, tragédie : 1793, p. 37, 92.

Brochant (Cabinet de M.) : 1773, p. 24.

Broderies : 1793, p. 98, 99, 101; -95, p. 87; -96, p. 85.

Brou (M. de), garde des sceaux : 1771, p. 39.

Brouillard (Un) : 1795, p. 20, 58.

— (*Ville par un temps de*) : 1798, p. 12.

Brouille (la) : 1798, p. 82; 1800, p. 80.

Bruges (Académie de) : 1785, p. 18; -89, p. 12.

— (Tableau pour l'église de) : 1783, p. 21.

Bruges (Vue de) : 1781, p. 50.

Bruière (Cabinet de M. de la) : 1745, p. 19.

Brunoy : 1761, p. 30.

— (Cabinet du marquis de) : 1775, p. 40.

— (Statue pour l'église de) : 1775, p. 35.

Brunswick (Mort du duc Léopold de) : 1787, p. 39.

Brutus : 1763, p. 16; -85, p. 48; -93, p. 68 (statue); -96, p. 34, 74 (plâtre), 80.

— (*Lucrèce présentant à*) *le*

poignard dont elle s'est frappée : 1759, p. 16.

Brutus (Séparation de) et de sa femme Porcie : 1799, p. 26.

— (Translation du corps de) : 1793, p. 58; -95, p. 46.

— condamne ses fils à mort : 1741, p. 31; -89, p. 23; -91, p. 49; -95, p. 46; -98, p. 82.

— jurant la mort de César (statue) : 1793, p. 64.

—, Lucrétius et Collatinus jurent de venger la mort de Lucrèce, 1771, p. 30.

— revenant chez lui après la condamnation de ses fils : 1791, p. 25.

Bruxelles (Académie de) : 1773, p. 49.

Bruxelles (Salle pour un club à) : 1793, p. 33.

— (Vues des environs de) : 1781, p. 50.

Buc (Vue de) : 1799, p. 61.

Bûcherons (les) : 1755, p. 35.

Buffet (Un) : 1704, p. 43; -37,

p. 19, 27; -40, p. 19, 20; -47, p. 25; -51, p. 22.

Bureau chargé d'une figure de marbre et de divers attributs : 1773, p. 29.

Bures de Villiers (Cabinet de M. de) : 1785, p. 34, 41.

Burgeat (Cabinet de M.) : 1755, p. 19.

Buri : 1779, p. 34.

Buse culbutant un lièvre : 1750, p. 16; -55, p. 21.

Bustes de bronze (Tableaux représentant des) : 1757, p. 18.

— d'étude : 1783, p. 54.

— exécutés à fresque : 1781, p. 34.

Butor avec une perdrix et un chien : 1748, p. 18.

Buvette (la) des Dames : 1750, p. 28.

Buveur de bière : 1777, p. 29.

Buveurs : 1738, p. 25; -45, p. 28; -77, p. 34.

— flamands : 1771, p. 35.

Byblis changée en fontaine : 1793, p. 50.

Byzance : 1743, p. 31.

C

Cabak (le), guinguette moscovite : 1767, p. 23; -69, p. 20.

Cabaret : 1767, p. 21; -69, p. 22; -75, p. 14; -79, p. 23; -93, p. 103; -96, p. 31; -98, p. 29; -99, p. 90.

Cabaretier : 1740, p. 27.

— avertissant un cavalier que son cheval est prêt : 1779, p. 23.

— nettoyant son broc : 1738, p. 14.

Cabinet d'étude : 1742, p. 20.

Cabinet des Médailles : 1746, p. 15.

Cabinet du Roi : 1781, p. 53.

Cacus (Combat de) et d'Hercule : 1755, p. 35; -61, p. 32.

Cadeau (le) : 1793, p. 45.

Cadix (César à) : 1767, p. 13.

— (Vue de la ville de) : 1799, p. 62.

Cadran avec figures allégoriques (sculpture) : 1771, p. 42.

Caen (Vue de l'église Saint-Etienne à) : 1799, p. 39.

Café (Extérieur de) : 1799, p. 19.

— turc : 1796, p. 24.

Caffieri (Cabinet de M.), sculpteur : 1759, p. 16.

Caïn (Fuite de) : 1793, p. 14.

— *après la mort d'Abel* : 1791, p. 13.

Caisse d'Escompte (Médaille de la) : 1781, p. 51; -83, p. 56.

— *(Perspective de la)* : 1791, p. 26.

Caïus Gracchus (Mort de) : 1798, p. 41.

Calabre (Cabinet de M.) : 1755, p. 21.

Calabrese (Le), peintre : 1763, p. 26.

Calais (Prise de), figurée par un guerrier terrassant un léopard, etc. : 1793, p. 64.

— *(Siège de)* : 1777, p. 38; -79, p. 37; -91, p. 39. — Voir Eustache de Saint-Pierre.

Calais (Ville de) : 1767, p. 39, 40.

Calanus (Mort de) : 1779, p. 28, 29.

Calendrier (le) des vieillards : 1742, p. 29.

Calisto et Jupiter. — Voir *Jupiter.*

Callimachus inventant le chapiteau corinthien (esquisse) : 1785, p. 45.

Calliope : 1745, p. 18; -98, p. 49.

— *(Tête de)* : 1791, p. 29.

Callirhoé. — Voir *Corésus.*

Calme (Un) : 1795, p. 54.

— *d'un beau matin* : 1791, p. 21.

Calonne (Cabinet de M. de) : 1785, p. 28.

Calvière (Cabinet du marquis de) : 1750, p. 28.

Calypso et Télémaque : 1737, p. 21; -39, p. 12; -43, p. 13; -46, p. 12, 13, 15; -48, p. 14; -61, p. 19; -69, p. 14; -73, p. 48; -75, p. 19, 43; -77, p. 15, 16; -79, p. 43 (bas-relief); -81, p. 19, 50; -83, p. 19; -89, p. 11, 20; -93, p. 36.

Camaldules (les) : 1777, p. 10.

Cambray (M. de) : 1743, p. 13.

Cambyse et le mauvais juge (dessins) : 1779, p. 43.

— *tuant le dieu Apis* : 1765, p. 31.

Camées peints : 1783, p. 33; -85, p. 28; -87, p. 25; -91, p. 37; -93, p. 18, 19, 106; -99, p. 20; 1800, p. 44, 53.

Camille (Un jeune), tête marbre : 1783, p. 50.

— *assiégeant la ville de Veïes* : 1771, p. 40.

— *chassant Brennus* : 1796, p. 57.

Camoens (les Lusiades de) : 1799, p. 28.

Camp (Vue d'un) : 1791, p. 52; -95, p. 15, 86; -96, p. 19, 28.

— *de gardes suisses* : 1737, p. 16; -45, p. 22; -46, p. 18.

Campaspe : 1739, p. 17; -65, p. 34 (bas-relief, marbre).

Campo Vaccino (le) : 1743, p. 37; -73, p. 25.

Cana (Noces de) : 1747, p. 19; -81, p. 16.

Canadien et sa femme pleurant sur le tombeau de leur enfant : 1781, p. 38; -93, p. 110; -95, p. 69.

Canal bordé de colonnades et d'escaliers : 1783, p. 25.

— *(Plan du) de Paris à Dieppe* : 1796, p. 77.

Cananéenne (la) : 1739, p. 21. — Voir *Jésus-Christ.*

Canard (Développement du) (modèles en cire coloriée) : 1793, p. 101.

— *accroché contre une planche* : 1753, p. 27.

Canards : 1757, p. 33; -87, p. 23.

— *se reposant au soleil* : 1753, p. 18.

Canaux (*Plan des*) *à curer en France* : 1796, p. 78.

Candace (*la reine de*) : 1742, p. 13.

Candaule : 1775, p. 22.

Candélabres : 1789, p. 50; -93, p. 66 (plâtre); -95, p. 78.

Candeur (*la*) : 1775, p. 10; -95, p. 85.

Candide, conte : 1787, p. 58.

Cange remercié par les personnes qu'il a obligées : 1796, p. 46.

Cannes (*Bataille de*) : 1765, p. 31; -69, p. 24.

Cannes à sucre (*Voiture de*) : 1738, p. 23, 24.

Canon (la Terre de) : 1777, p. 50.

Cantorbéry : 1748, p. 19.

Capitole : 1763, p. 16.

Capitole (*Cour du*) : 1779, p. 26.

— (*Vue de la prison du*) : 1793, p. 30.

Capoue (*Exécution des sénateurs après la prise de*) : 1779, p. 19.

Caprarole (*Vues de*) : 1771, p. 23; -75, p. 19.

Captivité (*la Douce*) : 1763, p. 16.

Capucin posant des scapulaires à des jeunes filles : 1800, p. 48.

— *prêchant au peuple, à Rome* : 1783, p. 26.

Capucins de la place Vendôme : 1795, p. 76.

Caracalla (*Ruines du palais de*) : 1791, p. 23. — Voir *Sévère.*

Caravage (Le), peintre : 1767, p. 42.

Caravanes : 1761, p. 16; -63, p. 17; -65, p. 27; -69, p. 11, 26; -71, p. 27, 28; -73, p. 28; -79, p. 15; -93, p. 12, 15, 21; -95, p. 84.

Cariatides : 1777, p. 44 (plâ-

tre); -81, p. 31; -98, p. 75 (plâtre bronzé); -99, p. 74 (sculpture).

Caricatures : 1746, p. 6; -99, p. 6.

Carlini, sculpteur : 1796, p. 74.

Carmélites (Couvent des) : 1787, p. 57.

— de Limoges : 1785, p. 32.

Carnaval (*le*) *des rues de Paris* : 1757, p. 14.

Caron : 1746, p. 28 (plâtre).

— (*Barque de*) : 1793, p. 30.

Carrache (Annibal), peintre : 1673, p. 33; 1781, p. 51; -87, p. 59; -89, p. 56; -96, p. 82; 1800, p. 79.

Carrier (le Jugement de) : 1795, p. 38.

Carrière (*Extraction des marbres d'une*) : 1791, p. 21.

Cars (Cabinet de M.) : 1759, p. 17.

Cartes géographiques (*Dessins dans le genre des*) : 1799, p. 16; 1800, p. 15.

Cartes (*Jeune homme s'amusant avec des*) : 1737, p. 15.

Carthage : 1704, p. 31; -51, p. 13; -53, p. 14; -69, p. 24; -79, p. 16.

Casa Maria (*Vue de*) : 1795, p. 27; -96, p. 31.

Casanova (Cabinet de Mme) : 1783, p. 24.

Cascade : 1767, p. 27; -77, p. 20; -79, p. 26; -87, p. 24; -91, p. 45; -93, p. 56; -95, p. 22, 53; -99, p. 14.

Caserne de cavalerie (*Plan et élévation d'une*) : 1800, p. 76, 77.

Casin italien : 1781, p. 25.

Casoar : 1800, p. 83.

Cassandre, enlevée par Ajax, implore le secours de Minerve (groupe) : 1787, p. 51.

—, *roi de Macédoine* : 1747, p. 16.

Cassas (Voyage de Syrie et de

Phénicie par) : 1796, p. 85;
-98, p. 84.

Cassel (Siège de) : 1781, p. 38.

*Castel Saint-Heli (Vue de) dans
la Sabine* : 1796, p. 31.

Castellamare (Vue de) : 1799,
p. 64.

Castiglione (Benedetto da),
peintre : 1757, p. 35.

Castillon (le Père), jésuite :
1769, p. 38.

Castlemain (Mylord, comte
de) : 1750, p. 29.

Castor descendant aux enfers :
1763, p. 35.

— *et Pollux :* 1738, p. 24.

— *ou l'étoile du matin* (plafond) : 1781, p. 23.

*Castrie (Tombeaux de la baie
de)* : 1798, p. 84.

Catane (Vue de) : 1781, p. 35.

Catilina (Conspiration de) :
1793, p. 44.

— *recevant le serment des
conjurés :* 1798, p. 56.

Caton le Censeur : 1795, p. 20.

Caton d'Utique (Mort de) :
1783, p. 54 (statue); -85,
p. 43, 55; -87, p. 46; -93,
p. 56; -95, p. 45; -96, p. 23.

Caucase (Prométhée sur le) :
1738, p. 31.

Caumartin (Cabinet du chevalier de) : 1763, p. 27.

*Cause du mouvement de la
terre dans l'écliptique :* 1793,
p. 52.

Cava (Vue de) : 1796, p. 69.

Cavaillon (Evêque de) : 1750,
p. 27.

Cavalerie (Garde avancée de) :
1737, p. 16.

Cavalier dans un manège :
1738, p. 28.

— *habillé à l'ancienne mode :*
1781, p. 24.

— *rajustant sa botte :* 1767,
p. 21.

— *tartare :* 1775, p. 17.

Cavalier terrassant un lion :
1789, p. 59.

Cavaliers (Deux) : 1775, p. 17;
-79, p. 25.

— *à la porte d'une masure :*
1793, p. 9.

— *du manège :* 1753, p. 30.

— *en route :* 1798, p. 29.

Caylus (Cabinet du comte de) :
1745, p. 22; -59, p. 15; -67,
p. 38.

— (Prix) : 1796, p. 13.

— (Procédé de peinture à la
cire du comte de) : 1775,
p. 16, 25, 28; -59, p. 20.

Cazin (Plan d'un) : 1795, p. 77.

Cazuel ou *Cazuer*, oiseau :
1745, p. 19.

Ceix, mari d'Alcyone : 1747,
p. 19; -93, p. 24.

Celano (Vue du lac de) : 1796,
p. 89.

Cène (la) : 1704, p. 16; -96,
p. 83.

Centaures : 1741, p. 20; -96,
p. 73 (groupes en terre).

Centenier (le). — Voir *Jésus-
Christ.*

Céphale (statue) : 1798, p. 73.

— *et l'Aurore :* 1739, p. 19;
-41, p. 24; -42, p. 28; -53,
p. 29; -55, p. 35; -59, p. 15;
-63, p. 34; -77, p. 10; -83,
p. 40.

— *et Procris :* 1704, p. 43
(groupe); -55, p. 32 (sculpture); -65, p. 24; -73, p. 26.

Céphalide : 1777, p. 43.

Cerbère : 1759, p. 30.

Cérès (Buste de) : 1775, p. 21;
-95, p. 69 (terre cuite).

— *(Cyané montrant à) la ceinture de sa fille :* 1704, p. 26.

— *(Fête à)* : 1783, p. 33; -89,
p. 19, 57.

— *(Offrande à)* : 1765, p. 41.

— *(Portrait avec les attributs
de)* : 1779, p. 27.

— *(Proserpine ornant de fleurs*

la statue ou le buste de) :
1757, p. 15; -63, p. 15.
Cérès (*Repos de*) : 1741, p. 14;
-93, p. 70 (statue).
— (*Sacrifice à*) : 1791, p. 31;
1800, p. 27.
— (*Temple de*) : 1751, p. 12.
— (*Vengeance de*) : 1795, p. 84.
— (*Vénus, Bacchus et*) : 1704,
p. 19, 45.
— *et Triptolème* : 1769, p. 13.
— *implorant le soleil* : 1775,
p. 24.
Cerf (*Tête de*) : 1741, p. 17;
-42, p. 16.
— *aux abois* : 1704, p. 18; -37,
p. 12; -42, p. 17, 18; -51, p. 22;
-77, p. 27.
— *se mirant dans l'eau* : 1747,
p. 21.
Cerises : 1791, p. 28.
César (Commentaires de) :
1798, p. 33.
César (*Mort de*) : 1763, p. 16.
— *recevant la tête de Pompée* :
1767, p. 14.
— *traversant le Bosphore* :
1793, p. 48.
— *trouvant à Cadix la statue
d'Alexandre* : 1767, p. 13.
Cette (*Vue de*) : 1757, p. 20;
-93, p. 100.
Ceyx et Alcyone : 1793, p. 24.
Chabot (Cabinet du duc de) :
1783, p. 19, 44, 59.
Chaillot (*Vue de*) : 1743, p. 21;
-71, p. 36; -81, p. 39.
Chaire pour Saint-Sulpice :
1755, p. 31; -81, p. 28; -87,
p. 18.
Chalgrin (Cabinet de M.) :
1777, p. 43.
Chalon-sur-Saône (Tableaux
pour la cathédrale de) :
1779, p. 16; -81, p. 15.
Châlons-sur-Marne (Médaille
pour le prix de l'Académie
de) : 1783, p. 56.
Chalut (Cabinet de M. de) :
1787, p. 40, 41, 45.

*Cham se retirant dans le dé-
sert* : 1789, p. 52.
Chambourci (*Vue de*) : 1796,
p. 50.
Chambre des Comptes : 1739,
p. 24; -85, p. 20.
— des Enquêtes : 1753, p. 20.
— des Requêtes au Palais :
1777, p. 20.
Chambre rustique italienne :
1795, p. 22.
Chameau : 1800, p. 83.
Chamounix (*Vue de la vallée
de*) : 1795, p. 87; -98, p. 30.
Champ-de-Mars (*Frise exécu-
tée au*) : 1791, p. 51.
— *au moment de la prestation
du serment civique* : 1791,
p. 27; -93, p. 40.
Champcenetz (Cabinet de la
marquise de) : 1783, p. 21.
Champeaux (*Vue de*), près
Montmorency : 1795, p. 16.
*Championnet entrant à Na-
ples* : 1799, p. 61.
Champs-Élysées (*Vues des*) :
1740, p. 22; -41, p. 22; -95,
p. 81; -96, p. 78; -98, p. 79.
Champs-Elysées (Obélisque
pour les) : 1799, p. 79.
Chancelier (Cabinet de M. le)
[Maupeou] : 1769, p. 15.
— (Mausolée de M. le) [Séguier]
par les membres de l'Aca-
démie : 1673, p. 36.
Chanorier (Cabinet de M. de) :
1787, p. 30.
Chantal (*Mme de*) *recevant de
saint François l'institut de
son ordre* : 1789, p. 12.
Chantelu (*Vue du château de*),
près Rouen : 1747, p. 29.
Chanteurs ultramontains (*les*) :
1785, p. 36.
Chantilly (Forêt de) : 1765,
p. 27.
Chantilly (*Vues du château et
village de*) : 1781, p. 37.
Chapelle (*Intérieur de*) : 1800,
p. 30.

Chapelle (*Vue d'une petite*) : 1761, p. 19.

— *sépulcrale* : 1775, p. 38.

Chappe (Abbé), de Haute-Roche : 1771, p. 51.

Charenton (*Vue du pont de*) : 1751, p. 26.

Charentonneau (*Vue du moulin de*) : 1751, p. 26.

Charité (*la*) : 1753, p. 32 (bas-relief); -79, p. 13, 42 (groupe), 43 (marbre et bronze); -95, p. 68 (esquisse).

— (*la*) *romaine* : 1673, p. 27, 36; 1757, p. 23; -59, p. 23; -65, p. 15, 16; -77, p. 24; -83, p. 19, 21; -91, p. 16; -93, p. 32.

Charité (la) des Capucins : 1751, p. 28.

Charlatan : 1783, p. 39.

Charleroi (*Siège de*) : 1800, p. 46.

Charles (le duc) de Lorraine : 1753, p. 19.

— (Optique du citoyen) : 1798, p. 13.

— (Prince) : 1750, p. 16.

— (Prince) de Lorraine : 1781, p. 50.

Charles et Robert (*Départ du ballon de MM.*) : 1785, p. 20, 21.

Charmes (*les*) *de la vie champêtre* : 1757, p. 32.

Charost (Cabinet du duc de) : 1779, p. 30.

— (le duc de), gouverneur de Calais : 1767, p. 40.

Charpente (*Détails de la*) *de Philibert Delorme* : 1800, p. 77.

Charretier et sa femme : 1775, p. 27.

Chartres (Cabinet du duc de) : 1771, p. 12; -73, p. 14, 19; -75, p. 30; -83, p. 52.

— (Cathédrale de) : 1767, p. 37; -73, p. 41.

Chartres (*Vue de*) : 1793, p. 40.

Chartreuse de Gaillon (Modèles pour la chapelle de la) : 1769, p. 36; -73, p. 39.

— de Lyon. — Voir Lyon.

— de Montmerle : 1781, p. 17.

— de Paris (Tableaux pour la) : 1771, p. 33, 37; -85, p. 37; -89, p. 29.

— de Port-Sainte-Marie (Tableau pour la) : 1783, p. 21.

— de Valbonne. — Voir Valbonne.

Chartreux (*Habitation de*) : 1793, p. 19.

— *en méditation* : 1759, p. 13.

— *surpris* : 1793, p. 111.

Chasse (Cabinet de M. de) : 1753, p. 22.

Chasse (*Amour de la*) : 1741, p. 15, 26; -42, p. 29.

— (*Départ de*) : 1742, p. 31; -57, p. 32; -69, p. 23.

— (*Parties de*) : 1759, p. 31.

— (*Rendez-vous de*) : 1740, p. 29; -65, p. 27; -75, p. 17; -85, p. 39.

— (*Repos de*) : 1738, p. 15; -39, p. 20; -55, p. 21; -71, p. 27.

— (*Retour de*) : 1704, p. 37, 38, 39; -37, p. 18; -41, p. 22; -59, p. 17; -61, p. 19; -69, p. 23; -75, p. 17.

— (*Sujets de*) : 1769, p. 19; -95, p. 16.

— *au lion* : 1745, p. 21, 22; -69, p. 27.

— *au loup* : 1748, p. 18.

— *à l'oiseau* : 1740, p. 28; -57, p. 32; -69, p. 23.

— *à l'ours* : 1799, p. 63.

— *au sanglier* : 1704, p. 18; -45, p. 22.

— *au tigre* : 1745, p. 21; -73, p. 47.

— *aux canards* : 1704, p. 39.

— *dans le genre anglais* : 1793, p. 23.

— *dans une forêt* : 1781, p. 53.

— *de cerf* : 1738, p. 16, 23;

-41, p. 16; -48, p. 18; -51, p. 22; -95, p. 18; -99, p. 60.
Chasse de Diane : 1798, p. 29.
— *du crocodile* : 1775, p. 44.
Chasseresse, esquisse : 1748, p. 29.
Chasseur : 1799, p. 35; 1800, p. 50.
— (*le*), *le pâtre et le lion* : 1755, p. 35.
— (*le*) *fortuné* : 1740, p. 29.
— *indien* : 1740, p. 16.
— *perçant un cerf* : 1793, p. 109.
— *prenant un lion* : 1737, p. 24.
— *se reposant* (plâtre) : 1789, p. 52.
Chasseurs (*Tableaux de*) : 1704, p. 18; -38, p. 20; -43, p. 25; -45, p. 35.
Chasteté (*Combat de la*) *et de l'Amour* : 1781, p. 13.
Chat angola guettant un oiseau : 1761, p. 20.
— *cervier* : 1741, p. 16.
— *sauvage pris au piège* : 1761, p. 19.
Châtaignier (*le*) *de cent chevaux* : 1781, p. 35.
Château (*Vue d'un*) *en Lorraine* : 1783, p. 44.
— *au bord d'un lac* : 1785, p. 40.
— *de cartes* : 1741, p. 21; -98, p. 57.
— *d'eau* : 1793, p. 73, 112.
Châteauneuf (*Vue de*) : 1793, p. 41.
Châteauneuf de Randan : 1777, p. 12.
Château-Trompette (Monument pour remplacer le) : 1798, p. 78.
Châteauvieux (*Soldat du régiment de*) *sauvé du supplice*) : 1795, p. 18; -96, p. 23, 24.
Châtelet (*Vue du grand*) : 1798, p. 52.
— (*Vue du petit*) : 1795, p. 16.

Chats se battant : 1751, p. 27.
Chaumière (*Vue d'une*) *en Beauvoisis* : 1783, p. 44.
Chaumières : 1748, p. 24.
Chaumont (Cabinet de M. de) : 1779, p. 31.
Chavigny (Cabinet du marquis de) : 1775, p. 19.
Chélonis et Cléombrote : 1787, p. 43.
Chelsea (*Vue de*) : 1793, p. 39; -96, p. 61.
Chenard (Cabinet de M.) : 1799, p. 19; 1800, p. 20.
Chêne (*Vue d'un*), d'après nature : 1800, p. 41.
Cherbourg (*Intérieur d'un marché de*) : 1795, p. 49.
— (*Travaux de la rade de*), médaille : 1789, p. 54.
Chérémétof (Comte de) : 1789, p. 42.
Cheval (*Étude de*) : 1799, p. 27.
— (*Fable du*) *et du loup* : 1755, p. 20; -61, p. 20; -99, p. 68 (terre cuite).
— *anglais partant pour la course* : 1798, p. 48.
— *conduit par un nègre* : 1737, p. 16.
— *écorché* (cire) : 1789, p. 44.
— *effrayé par la foudre* : 1798, p. 68.
— *et charrette* : 1796, p. 19.
— *gardé par un chien* : 1791, p. 23.
— *marin et animaux aquatiques* : 1796, p. 62.
— *qu'on frotte après la course* : 1798, p. 68.
— *sauvage fuyant des animaux féroces* : 1798, p. 68.
Chevaux paissant dans une ile : 1798, p. 16.
Chèvre : 1789, p. 33.
Chèvres (*les Deux*) : 1747, p. 21.
Chevreuse (Cabinet du duc de) : 1741, p. 27; -61, p. 28.

Chevreuse (Vues de) : 1740, p. 22; -51, p. 25; -53, p. 24.
Chevrier jouant avec son chevreau : 1799, p. 42.
Chien (terre cuite) : 1793, p. 60.
— *(Petit)* : 1769, p. 27.
— *(Tête de)* : 1799, p. 57.
— *attaquant un cygne* : 1747, p. 21.
— *avec une jatte de lait* : 1751, p. 22.
— *barbet et canards* : 1742, p. 16; -45, p. 19; -48, p. 19; -50, p. 16, 17; -59, p. 21.
— *barbet et cygne* : 1740, p. 16.
— *basset avec un faisan et un lapin* : 1740, p. 15.
— *blanc prêt à se jeter sur un chat* : 1761, p. 32.
— *cherchant à sauver deux enfants dans un bateau dont la corde s'est cassée* : 1799, p. 52.
— *combattant avec une chatte* : 1742, p. 18.
— *couchant* : 1743, p. 19.
— *danois s'élançant sur une cane* : 1741, p. 18.
— *de chasse* : 1800, p. 86.
— *de chasse posant la patte sur un lièvre* : 1785, p. 24.
— *en arrêt* : 1740, p. 15; -48, p. 18, 19; -50, p. 17, 18; -51, p. 27.
— *épagneul*, grandeur nature : 1791, p. 45.
— *et chat dans une cuisine* : 1759, p. 21.
— *flairant du gibier* : 1748, p. 28; -55, p. 29.
— *gardant du gibier mort* : 1740, p. 17; -50, p. 26.
— *obéissant* : 1773, p. 17.
— *portant à son col le diner de son maitre* : 1751, p. 21.
— *près d'un chevreuil et autre gibier* : 1787, p. 22.
— *secouant des pierreries* : 1737, p. 20.

Chien, singe et chat : 1753, p. 21.
Chienne allaitant ses petits : 1753, p. 17.
— *braque et ses petits* : 1759, p. 31.
— *levrette* : 1777, p. 37.
— *sortant de sa loge* : 1748, p. 18.
Chiennes jouant : 1759, p. 19.
Chiens (les Deux) et l'âne flottant : 1747, p. 21.
— *(Deux) et un lièvre attaché à un arbre* : 1753, p. 18.
— *(Deux) et un panier à gibier* : 1750, p. 17.
— *(Deux), l'un endormi, l'autre veillant du gibier* : 1750, p. 18.
— *(Deux) se disputant la dépouille d'un sanglier* : 1757, p. 24.
— *(Portraits de)* : 1751, p. 22, 27; -53, p. 19.
— *couchants regardant un lièvre* : 1750, p. 17.
— *de chasse et faisan* : 1742, p. 16.
— *se disputant un os* : 1751, p. 27.
— *se battant en présence d'un chat* : 1755, p. 29.
Chiffre d'Amour (le) : 1787, p. 58.
Chimiste dans son laboratoire : 1737, p. 18; -46, p. 26; -79, p. 21; -89, p. 34; -91, p. 30, 51.
Chine (Empereur de la) : 1769, p. 38; -71, p. 46, 51.
Chinois (Seigneur anglais en habit de) : 1742, p. 12.
— *(Sujets)* : 1742, p. 14; -69, p. 38; -71, p. 46, 51.
Chinois tenant une flèche : 1763, p. 14.
Chiquenaude (la) : 1747, p. 31; -50, p. 29.
Chiron (le Centaure) et Achille :

1755, p. 27; -69, p. 25; -79,
p. 31; -83, p. 39.

*Chirurgie (le Roi ordonnant
la construction de l'Ecole
de) (bas-relief)* : 1773, p. 39.

Chloé et Daphnis : 1737, p. 14,
19; -41, p. 14; -42, p. 15;
-45, p. 18, 19.

— prise par les Mitiminiens :
1799, p. 85.

— se baignant : 1796, p. 19.

Choiseul (Cabinet du comte,
puis duc de) : 1750, p. 29,
34; -69, p. 21, 28, 35; -71,
p. 47; -73, p. 45, 48.

— (Cabinet de la duchesse de) :
1773, p. 16.

Choiseul-Gouffier (Cabinet du
comte de) : 1783, p. 25.

Choisy : 1742, p. 16.

— (Tableaux et sculptures
pour) : 1743, p. 14, 18, 19;
-45, p. 38; -46, p. 16, 18, 29;
-53, p. 15, 19; -57, p. 18;
-61, p. 20; -65, p. 12, 13,
14, 16, 19; -73, p. 23.

Choix indécis (le) : 1793, p. 105.

Chosroès, roi des Perses : 1748,
p. 15.

Chrétien, inventeur du Phy-
sionotrace : 1795, p. 30.

Christ : 1699, p. 13, 22 (groupe
bronze); 1739, p. 18; -42,
p. 14; -50, p. 15; -73, p. 41
(sculpture); -83, p. 40; -87,
p. 45; -91, p. 41 (ivoire).

— (Tête de) : 1747, p. 24; -91,
p. 16, 38 (marbre); -96, p. 84.

— à la colonne : 1704, p. 31.

— au jardin des Oliviers :
1699, p. 14, 16.

— avec la Vierge : 1699, p. 15.

— en croix. — Voir *Crucifix.*

*Christophe Colomb découvrant
l'Amérique* : 1763, p. 35.

Chute dangereuse (la) : 1777,
p. 52.

— des anges rebelles : 1767,
p. 32.

Chypre (Vue de l'île de) : 1789,
p. 20.

Cicéron (Œuvres de) : 1747,
p. 23.

*Cicéron découvrant le tombeau
d'Archimède* : 1787, p. 36.

Cidippe (statue) : 1793, p. 70.

Cignani (Carlo), peintre : 1787,
p. 61; -89, p. 56.

Cigoli, peintre : 1793, p. 43.

Cimon allaité par sa fille :
1765, p. 16.

*— invitant le peuple à entrer
dans ses jardins* : 1777, p. 9.

Cincinnatus (Ordre de) : 1785,
p. 47.

*Cincinnatus conduisant la
charrue* : 1799, p. 14, 33.

— nommé dictateur : 1779,
p. 17; -96, p. 29.

— revenant chez lui : 1795,
p. 23.

Cinna. — Voir *Auguste.*

Ciparis pleurant son cerf (cire) :
1793, p. 97.

Circé : 1787, p. 15.

Circoncision (la) : 1793, p. 42.

*Cirque (Projet de) pour la
place de la Révolution* : 1799,
p. 75.

Citrons (les) de Javotte : 1763,
p. 13.

*Civita - Castellana (Paysage
de)* : 1798, p. 15.

*Clagny (Démolition du châ-
teau de)* : 1771, p. 17; -73,
p. 22.

*— (Ruines de l'ancien château
de)* : 1775, p. 16; -85, p. 20.

Clair de lune : 1737, p. 16;
-39, p. 22; -40, p. 26; -41,
p. 25; -45, p. 30; -47, p. 24;
-48, p. 28; -50, p. 22, 24;
-63, p. 22; -69, p. 27; -71,
p. 16; -73, p. 47; -79, p. 21,
22; -81, p. 24, 39; -83, p. 23,
24, 31; -85, p. 27, 33; -87,
p. 19, 24, 30; -89, p. 37; -91,
p. 21, 30, 47, 48, 50, 51; -93,
p. 20, 28, 35, 37, 45, 98, 102,

107; -95, p. 15, 22, 36, 59;
-96, p. 29, 39, 50, 54, 70; -98,
p. 22, 59; -99, p. 26, 62;
1800, p. 14, 27, 40, 53, 64.
*Clairon (Mlle) peinte en Mé-
dée* : 1759, p. 13.
*Clarisse Harlowe (Scène tirée
de)* : 1791, p. 21.
Clavière (Cabinet de M. E.) :
1787, p. 40.
*Clélie passant le Tibre à la
nage* : 1673, p. 31; -99, p. 17;
1789, p. 26; -91, p. 36.
Cléobis et Biton : 1765, p. 38
(bas-relief); -79, p. 18; -96,
p. 74.
Cléopâtre : 1704, p. 23; -77,
p. 51; -83, p. 37.
— *(Mort de)* : 1761, p. 17; -69,
p. 29; -71, p. 33; -79, p. 41;
-85, p. 18; -89, p. 40; -91,
p. 10; -93, p. 70, 71; -96,
p. 42.
— *(Repas de) et d'Antoine* :
1741, p. 29; -55, p. 14; -98,
p. 48.
— *(Tête de)* : 1783, p. 35.
— *allant au-devant d'Antoine* :
1787, p. 39; -98, p. 48.
— *à Tarse* : 1757, p. 14.
— *au tombeau d'Antoine* : 1785,
p. 16.
— *endormie* : 1793, p. 111.
— *et Auguste* : 1745, p. 15, 16;
-95, p. 50.
Clermont d'Amboise (Cabinet
du marquis de) : 1789, p. 30.
Clesle (Cabinet du chevalier
de) : 1777, p. 35.
Clio : 1743, p. 15; -98, p. 49.
Clisson (Olivier de) : 1777,
p. 13.
Clitie : 1737, p. 33.
— *abandonnée par Apollon* :
1769, p. 14.
— *changée en tournesol* : 1769,
p. 28; -73, p. 33.
— *éprise du soleil* : 1796, p. 67.
Cloître (Intérieur de) : 1799,
p. 35.

*Clorinde (Herminie cachée
sous les armes de)* : 1753,
p. 34; -79, p. 41.
— *(Mort de)* : 1704, p. 29; -98,
p. 29.
Clos (Cabinet de M.) : 1781,
p. 13.
Clotilde et Clovis : 1742, p. 27
(bas-relief).
Clovis : 1737, p. 20; -42, p. 27
(bas-relief).
Clytemnestre : 1779, p. 47; -99,
p. 43.
*Cocagne du carnaval de Na-
ples en 1764* : 1767, p. 32.
Cochin (Cabinet de M.) : 1785,
p. 30.
Cochon d'Inde : 1745, p. 28;
-46, p. 23.
Cochu (Cabinet de M.) : 1779,
p. 18, 23; -83, p. 21; -87,
p. 12.
Coiffier (Crayon noir de velours de la composition du
citoyen) : 1796, p. 48.
Coiffures de femmes grecques :
1800, p. 66.
Coigny (Cabinet du chevalier
de) : 1781, p. 25.
Coligny devant ses assassins :
1787, p. 16.
Colin-maillard : 1737, p. 21;
-96, p. 61; -98, p. 58.
*Colisée (Vespasien faisant bâ-
tir le)* : 1673, p. 31.
— *(Vues du)* : 1739, p. 15; -47,
p. 27; -79, p. 26; -81, p. 25,
29; -83, p. 40; -95, p. 22, 53;
-96, p. 27; -99, p. 23.
Collations : 1737, p. 30; -87,
p. 21.
Collège royal (le) : 1740, p. 25;
-43, p. 28.
Collioure (Vue de) : 1798, p. 33.
Cologne : 1748, p. 8.
Colombe chérie : 1795, p. 13.
Colombes (les) de Vénus : 1800,
p. 72 (bronze).
Colonnade de Versailles : 1699,
p. 14.

Colonnade dorique : 1799, p. 32.

Colonnades dans des jardins : 1779, p. 26.

Colonne (Projet de) nationale : 1800, p. 78.

— *à élever à la Concorde pour une place publique* : 1793, p. 72.

— *départementale* : 1800, p. 78.

— *en acier poli* : 1793, p. 105.

— *triomphale à ériger sur la place de la Bastille* : 1793, p. 59.

Colonne (Place), à Rome : 1771, p. 31.

Combat de cavalerie : 1793, p. 14; -96, p. 19, 65; -98, p. 68; 1800, p. 60. — Voir *Bataille*.

— *de la Bayonnaise prenant à l'abordage le navire anglais « l'Ambuscad »* : 1799, p. 22.

— *du ceste* : 1791, p. 18.

— *d'enfants* : 1791, p. 13.

— *des Grecs et des Troyens sur le corps de Patrocle* : 1781, p. 15, 16.

— *de hussards* : 1793, p. 19; -96, p. 19.

— *d'oiseaux* : 1793, p. 54.

— *des premiers habitants de la terre* : 1799, p. 53.

— *naval livré par le comte d'Estaing* : 1789, p. 20.

— *près du Vieux-Château* : 1793, p. 91.

— *sur mer ou naval* : 1767, p. 27; -87, p. 19; -91, p. 22; 1800, p. 53.

Comédie (la) : 1738, p. 24; -48, p. 20; -50, p. 30; -65, p. 34 (sculpture); -67, p. 35 (marbre); -77, p. 44 (cariatide).

— *(la) et la Tragédie* : 1793, p. 38; -99, p. 85.

— *(la) française* : 1742, p. 21; -75, p. 34; -77, p. 42; -79, p. 45, 48; -81, p. 42, 44; -83, p. 52; -89, p. 43.

Comédie (la) italienne : 1742, p. 19; -89, p. 43.

Comédie (Nouvelle salle de), rue de Condé : 1781, p. 46.

Comédiens (Portraits de) : 1795, p. 86.

— *forains* : 1789, p. 35.

Commandement (le) des armées et la Paix : 1798, p. 76 (statues).

Commerce (le) : 1787, p. 53 (plâtre).

— *(le) et l'Industrie* : 1799, p. 68 (bas-relief).

Commissionnaire (le) : 1793, p. 13.

Commissionnaires auprès d'un feu de paille : 1791, p. 25.

Compagnie des Indes à Pondichéry : 1769, p. 30.

— des Indes hollandaises de Zélande : 1787, p. 51.

Compiègne (Chapelle du château de) : 1785, p. 14.

— (Château de) : 1738, p. 23.

— (Dessus de porte dans le château de) : 1785, p. 28.

— (Eglise Saint-Jacques à) : 1775, p. 12.

— (Forêt de) : 1741, p. 16.

Complaisance maternelle (la) : 1777, p. 52.

Concert : 1673, p. 34; 1704, p. 40; -67, p. 23; -69, p. 21; -77, p. 20; -93, p. 44; -96, p. 56.

— *bourgeois* : 1773, p. 50.

— *champêtre* : 1738, p. 15, 20; -47, p. 24; -59, p. 22.

— *de famille* : 1769, p. 39.

— *donné par le Grand Seigneur à sa maîtresse* : 1737, p. 13.

— *et famille de Téniers* : 1746, p. 26.

— *hollandais* : 1798, p. 48.

Conches (Eglise de), en Brie : 1781, p. 18.

Conciergerie du Palais (An-

cienne entrée de la) : 1781,
p. 22.

Conciergerie du Palais (Démolitions de la) : 1777, p. 19.

Concorde (Projet pour la place de la) : 1796, p. 79.

Concorde (la) : 1799, p. 73 (plâtre).

— *(Temple de la)*, à Rome : 1775, p. 32.

Condé (Cabinet du prince de) : 1767, p. 17; -81, p. 37, 49, 50; -83, p. 33.

— (le Grand) : 1771, p. 21; -87, p. 52 (statue).

— (Hôtel de) : 1785, p. 20.

— (Peintre du prince de) : 1781, p. 37; -87, p. 25.

— (Prince de) : 1743, p. 38.

— (Rendez-vous de chasse du prince de) : 1765, p. 27.

— (Vestiges de l'ancien hôtel de) : 1781, p. 22.

Condom (Evêque de) : 1741, p. 13.

Conducteur de bestiaux : 1798, p. 16.

Confessionnal (Un) : 1765, p. 23.

Confidente (la) : 1775, p. 42.

Conflans : 1761, p. 19.

Congé donné aux défenseurs de la patrie : 1798, p. 83.

Conquêtes du roi en Flandres : 1746, p. 18.

Conseil des chasseurs (le) : 1751, p. 28.

Conseils maternels (les) : 1777, p. 49.

Conserans (Cabinet de l'évêque de) : 1781, p. 44.

Conservatoire de musique : 1795, p. 26.

Consolation (la) de l'absence : 1785, p. 54.

— *(la) de la vieillesse* : 1769, p. 28.

Constance (Lac de) : 1796, p. 21.

Constance Chlore (Mariage de) : 1743, p. 31.

Constantin (Arc de) : 1783, p. 26; -96, p. 27.

— *(Histoire de)* (gravures) : 1742, p. 29; -43, p. 31, 38; -45, p. 34.

Constantin (Cabinet de M.) : 1796, p. 59.

Constantinople (Bains de) : 1791, p. 34.

— *(Rue de l'Hippodrome à)* : 1779, p. 24.

Construction d'un grand chemin : 1775, p. 13.

Consultation redoutée (la) : 1781, p. 40.

Contemplateur (le) : 1787, p. 41.

Contes de ma grand'mère : 1796, p. 46.

Conti (Abreuvoir du quai de), avec une partie du Pont-Neuf : 1775, p. 16.

— *(les Jardins)*, à Frascati : 1773, p. 25.

Conti (Cabinet du prince de) : 1777, p. 28.

Conti (Fête donnée sous la tente à l'Isle-Adam par le prince de) : 1777, p. 27.

— *(Salon des quatre glaces au Temple avec la cour du prince de)* : 1777, p. 28.

— *(Siège de Mons par le prince de)* : 1753, p. 25.

Contrat de mariage : 1796, p. 56.

Convention (Médaille de la) : 1795, p. 33.

Conversation : 1755, p. 14.

— *champêtre* : 1769, p. 29.

— *espagnole* : 1765, p. 41; -69, p. 40; -71, p. 33.

— *galante* : 1743, p. 33.

Convoi d'armée : 1793, p. 15; -96, p. 65; 1800, p. 51.

— *d'artillerie* : 1796, p. 54; -98, p. 61.

Cornwallis (Reddition de) : 1783, p. 25.

Coq (Un) : 1745, p. 27.
— (*Fable du*) : 1737, p. 15; -38, p. 22; -41, p. 21.
— *en broderie* : 1793, p. 98.
— *et poule blanche* : 1787, p. 23.
Coqs (les Deux) : 1751, p. 21.
— *se battant* : 1741, p. 16; -50, p. 16.
Coquette aux enfers : 1791, p. 31.
Coquillages et minéraux avec une figure en marbre blanc : 1789, p. 17.
Corbeil (Collégiale et pont de) : 1796, p. 39.
Corbeille de fleurs : 1759, p. 22; -71, p. 22; -77, p. 23; -79, p. 25; -85, p. 25; -87, p. 24; 89, p. 33; -93, p. 101; -96, p. 69, 70.
— *de fruits* : 1743, p. 39; -46, p. 23.
— *de raisins* : 1781, p. 26.
Cordeliers (Ruines des) : 1796, p. 50.
Corésus (le grand prêtre) se sacrifiant pour sauver sa fille Callirhoé : 1765, p. 31.
Coribantes : 1699, p. 16; 1704, p. 19; -61, p. 30.
Coriolan : 1793, p. 45.
— (*Adieux de*) *à sa femme* : 1781, p. 29.
— (*Départ de*) : 1787, p. 53; -93, p. 103.
— *cédant aux prières de sa femme et de sa mère* : 1747, p. 15; -89, p. 26.
— *défendu par la jeunesse de Rome* : 1795, p. 35.
Corinthienne (la Jeune) : 1765, p. 40.
Corise et le Satyre : 1787, p. 39.
Cormeille (Environs de) : 1785, p. 27.
Cornaline antique : 1737, p. 32.
Cornalines onix : 1757, p. 33.

Corneille (Pierre) : 1779, p. 42, 43 (statue).
Cornélie, mère des Gracques, montrant ses enfants : 1779, p. 11; -85, p. 41; -93, p. 49; -95, p. 40, 55, 84.
Coronis (Métamorphose de la nymphe) : 1796, p. 55.
— (*Mort de*) : 1753, p. 31 (bas-relief).
Corps de garde : 1699, p. 16, 22; 1757, p. 13; -73, p. 21; -77, p. 18; -81, p. 52; -83, p. 43; -87, p. 40; -93, p. 12, 18, 26; -96, p. 28, 67; 1800, p. 57.
Correction de Savetier : 1777, p. 29.
Corrège (Le), peintre : 1781, p. 26.
Corse (Médaille de la) : 1771, p. 47.
Cortès massacrant les Américains : 1793, p. 46.
Cosaques et Tartares : 1765, p. 28.
Cosme (Frère) : 1791, p. 39.
Cossé (Cabinet du chevalier de) : 1779, p. 13, 20.
— (Cabinet du comte de) : 1783, p. 26, 42.
— (Cabinet du duc de) : 1773, p. 45; -75, p. 40; -77, p. 47.
— (Cabinet du marquis de) : 1779, p. 13; -83, p. 42.
Costume (le Livre du) des anciens peuples : 1775, p. 42.
— *français* : 1791, p. 19, 20.
— *républicain* : 1793, p. 109.
Costumes de différents peuples : 1795, p. 83, 86.
Côte des deux Amants (Vue de la) : 1793, p. 18.
Cotentin (Vues du) : 1777, p. 48.
Côtes de Normandie : 1798, p. 25.
Cotte (Maison de M. de) : 1747, p. 28.
Coucher de la mariée (le) : 1767, p. 21.

Coucher du soleil : 1753, p. 15 ; -63, p. 22 ; -79, p. 21, 24 ; -83, p. 22 ; -87, p. 19, 24, 40, 41 ; -89, p. 14, 15, 37 ; -91, p. 47, 53 ; -93, p. 10, 13, 21, 22, 33, 98, 100, 107, 108 ; -95, p. 14, 20, 36 ; -96, p. 26, 58, 59, 62, 63, 69 ; -98, p. 12, 13, 14, 19, 37, 57, 59 ; -99, p. 16, 55, 58 ; 1800, p. 14, 15, 27, 40, 54, 56, 58, 64, 66.

Coup de tonnerre : 1741, p. 25 ; -45, p. 21 ; -79, p. 25.

Coup de vent : 1750, p. 22 ; -79, p. 25 ; -83, p. 24 ; -95, p. 21 ; 96, p. 70 ; -99, p. 32 ; 1800, p. 53, 89.

Coupeuse de choux (Une) : 1704, p. 41.

Coupole (Esquisse d'une) : 1771, p. 30.

Cour des Aides : 1785, p. 54 ; -87, p. 46.

Cour de village : 1761, p. 19.

Courlis : 1743, p. 28.

Courmont (Cabinet de M. de) : 1783, p. 26.

Couronnement du vainqueur : 1793, p. 68.

Courrier de Flandres : 1743, p. 33.

Course à cheval : 1799, p. 60.

— *aux environs de Long-champ* : 1800, p. 60.

— *de chars* : 1793, p. 98 ; -95, p. 61 ; -99, p. 40.

Couseuses (les) : 1773, p. 48 ; -98, p. 58.

Coustou (Cabinet de M.), le fils : 1745, p. 23.

Couture (Bénédictins de la), au Mans : 1779, p. 33 ; -81, p. 33.

Couturières faisant des guê-tres : 1793, p. 33.

Couvent copte (Vue d'un) : 1800, p. 24.

Covielle (le fils de) à sa croi-sée : 1800, p. 59.

Crainte (la) : 1777, p. 18.

Création du monde : 1753, p. 29 ; -83, p. 38.

Crébillon : 1795, p. 43.

Crèche (la) : 1800, p. 81.

Crécy (Château de) : 1753, p. 32.

Creil : 1673, p. 22 ; 1787, p. 41.

Créon, roi de Corinthe : 1748, p. 31.

Crésinus (Caius Furius) se disculpant d'une accusation de sorcellerie : 1773, p. 31 ; -75, p. 12, 13 ; -77, p. 13.

Créüse : 1704, p. 26 ; -48, p. 31, 32 ; -85, p. 18.

Creutzenach (*Salines de*) : 1796, p. 26.

Crèvecœur (Marquis de) : 1738, p. 20.

Crillon blessé recevant la lettre de Henri IV : 1781, p. 38.

Criminel vis-à-vis de lui-même : 1800, p. 80.

Crispe, fils de Constantin : 1743, p. 31.

Crispin (Un) : 1793, p. 15 (tête).

— (*Poisson en habit de*) : 1737, p. 28.

Croix (Descente de) : 1699, p. 17, 18 ; 1704, p. 29 ; -37, p. 22 ; -38, p. 14 ; -40, p. 15 ; -61, p. 20.

— (*Portement de*) : 1704, p. 44.

— (*la*) *apparaissant à Cons-tantin* : 1742, p. 29. — Voir *Crucifix, Exaltation.*

Cruche cassée (la) : 1785, p. 56.

Crucifix : 1699, p. 15, 18 ; 1704, p. 20 (bronze), 41 (bronze), 43 ; -37, p. 17, 26 ; -38, p. 29 ; -42, p. 31 (plâtre) ; -45, p. 33 (plâtre) ; -46, p. 21 ; -53, p. 19 (sculpture) ; -61, p. 27 ; -67, p. 21 ; -87, p. 21.

Ctésias et ses deux enfants attendant la mort : 1800, p. 50.

Cuisine : 1771, p. 17 ; -75, p. 27 ; -89, p. 17 ; -95, p. 20.

— *italienne* : 1767, p. 25.

Cuisinière : 1793, p. 11.
— *accrochant de la volaille :* 1798, p. 47.
— *écorchant une anguille :* 1783, p. 27.
— *plumant une volaille :* 1799, p. 22.
Cully (Vue du village de) : 1775, p. 23.
Culs de lampe : 1783, p. 49.
Cumes (la Sibylle de) et Apollon : 1755, p. 15; -73, p. 34; -75, p. 11; -79, p. 31.
— *(la Sibylle de) prédisant la venue de Jésus-Christ :* 1781, p. 19.
Cupidon : 1704, p. 22, 37 (marbre).
— *donnant un prix à un Amour qui lui apporte une colombe :* 1783, p. 42.
Curé moralisant ses paroissiens : 1789, p. 36.
Curiosité (Deux filles représentant la) : 1704, p. 27.
Curius Dentatus refusant les présents des Samnites : 1787, p. 32; -95, p. 19.
Curtius (Dévouement de) : 1799, p. 18.
Cyanippe (Mort de) et de sa fille : 1787, p. 35; -91, p. 22.
Cyanne montrant à Cérès la ceinture de sa fille : 1704, p. 26.
Cybèle : 1773, p. 16; -75, p. 29; -93, p. 52.
— *(Fête à) :* 1783, p. 54.
Cyclopes : 1739, p. 18.
— *(Vues des écueils des) :* 1781, p. 35.
Cydippe. — Voir *Aconce.*
Cygne (Combat d'un) et d'un dogue : 1737, p. 19.
Cyparisse pleurant son cerf : 1798, p. 71 (plâtre); 1800, p. 34.
Cyrus (Suite de l'Histoire de) : 1737, p. 16, 17, 18, 20, 22, 23; -51, p. 5, 14-21.
— *(Trahison de) envers son frère Artaxerxès :* 1793, p. 55.

D

Dacier (Mme) : 1769, p. 31.
Dagon (le Temple de) : 1779, p. 20.
Dalila. — Voir *Samson.*
Dame appuyée sur son balcon : 1748, p. 22.
— *à sa toilette :* 1746, p. 21.
— *assise sur un tertre :* 1791, p. 49.
— *au bain :* 1743, p. 12.
— *au clavecin :* 1745, p. 15.
— *avec son fils :* 1745, p. 15.
— *avec un manchon :* 1748, p. 22.
— *bienfaisante :* 1785, p. 56.
— *dessinant à l'encre de la Chine :* 1761, p. 14.
— *en costume de Pomone, de Thalie :* 1759, p. 12.
Dame en paysanne et son fils jouant avec un perroquet : 1745, p. 15.
— *faisant faire son portrait :* 1771, p. 36.
— *jouant de la harpe :* 1791, p. 45, 47.
— *lisant :* 1757, p. 13; -59, p. 19; -79, p. 35; -83, p. 59.
— *prenant son café :* 1704, p. 38; -39, p. 23; -42, p. 18; -57, p. 13.
— *prenant du thé :* 1739, p. 13.
— *recevant une lettre qui l'afflige :* 1777, p. 34.
— *variant ses amusements :* 1751, p. 24; -53, p. 29.
Damery (Cabinet de M.) : 1757,

p. 16, 22; -63, p. 29; -65, p. 25.

Dames de la ville allant boire du lait à la campagne : 1779, p. 35.

Dammartin (Tableau pour la collégiale de) : 1747, p. 26.

Dammartin (Ruines du château de) : 1781, p. 39.

Dampierre (Château de) : 1761, p. 28.

— (M.) : 1750, p. 16.

Danaé : 1704, p. 19; -95, p. 53.

— Voir *Jupiter*.

Danemark (Génie du), pendule : 1765, p. 35.

Danemark (Roi de) : 1765, p. 35.

Daniel : 1751, p. 14, 19.

— *dans la fosse aux lions :* 1737, p. 13.

— *et les vieillards :* 1779, p. 37; -91, p. 30.

Danse au tambourin : 1737, p. 21.

— *champêtre :* 1738, p. 20; -40, p. 31; -45, p. 23; -75, p. 14, 29.

— *russe :* 1769, p. 20.

Danses albanaises, arabes : 1799, p. 19.

Dante (Sujet tiré du) : 1800, p. 87.

Danube (Passage du), par l'armée française : 1800, p. 51.

Daphné. — Voir *Apollon*.

Daphnis et Chloé : 1737, p. 14, 19; -41, p. 14; -42, p. 15; -45, p. 18, 19; -95, p. 59; -96, p. 59; -98, p. 41; -99, p. 83, 86.

— *et Philis :* 1795, p. 14, 87; -96, p. 16; -99, p. 34; 1800, p. 14.

Darès. — Voir *Entelle*.

Dargenville (Cabinet de M.) : 1755, p. 35.

Darius : 1747, p. 15.

— *(Famille de) :* 1747, p. 31.

— *(Mort de) :* 1793, p. 31.

Darius (Mort de la femme de) : 1785, p. 12.

— *faisant chercher des trésors dans les tombeaux de Babylone :* 1777, p. 38.

Daucourt (Cabinet de M.) : 1789, p. 40.

Dauphin (Groupe d'un) et d'un enfant : 1795, p. 70 (sculpture).

— *portant un enfant sur son dos* (terre cuite) : 1738, p. 29, p. 30.

Dauphin (le), fils de Louis XV : 1740, p. 23; -47, p. 20; -53, p. 23.

Dauphin (Allégorie sur la vie du) : 1767, p. 41.

— *(Fêtes du mariage du) :* 1750, p. 27.

— *(Médaille du mariage du)* [*Louis XVI*] : 1771, p. 48.

— *(Mort du) environné de sa famille :* 1767, p. 14.

— *(Pierre gravée pour la convalescence du) :* 1753, p. 26.

— *(Tableaux pour l'appartement du) :* 1746, p. 15; -47, p. 21; -48, p. 20; -50, p. 12; -51, p. 21; -63, p. 22.

— *(Tombeau du) et de la Dauphine :* 1769, p. 5; -77, p. 39, 40.

— *(le) et la Dauphine occupés de l'éducation de leurs enfants :* 1771, p. 32.

— *(le) et la Dauphine allant vers le pont tournant des Tuileries :* 1773, p. 22.

Dauphin (Allégorie sur la naissance du), fils de Louis XVI : 1783, p. 20, 25.

— *(Fêtes de la ville de Paris, à l'occasion de la naissance du) :* 1783, p. 58, 59.

— *(Médailles sur la naissance du) :* 1783, p. 55.

Dauphine (Mᵐᵉ la) [Marie-Josèphe de Saxe] : 1747, p. 21;

-48, p. 15; -50, p. 12, 27, 33, 34; -67, p. 14.

Dauphine (Mme la) [Marie-Antoinette] : 1773, p. 50.

Dauphiné : 1748, p. 17.

David : 1753, p. 29.

— (*Peste de*) : 1779, p. 37.

— *et Abigaïl* : 1699, p. 20; 1739, p. 15; -50, p. 35.

— *et Bethsabée* : 1771, p. 12; -73, p. 14.

— *insultant à Goliath vaincu* : 1781, p. 18.

Dazincourt (Cabinet de M.) : 1761, p. 23.

Debrie (Jean), député : 1795, p. 6.

Dèce, empereur, 1743, p. 36.

Décor (*Paysage de*) : 1796, p. 26.

Décorations de théâtre : 1771, p. 31.

Dédale et Icare : 1673, p. 30; 1750, p. 32; -55, p. 16; -57, p. 16; -87, p. 59; -89, p. 49; -95, p. 31; -99, p. 41.

Défilé d'équipage : 1742, p. 30; -98, p. 29.

Defourcy (M.) : 1750, p. 16.

Deïphobe (*la Sybille*) : 1747, p. 18.

Déjanire : 1673, p. 32; -99, p. 14, 15; 1704, p. 13, 31, 39; -46, p. 21; -50, p. 32; 51, p. 23; -55, p. 26.

Déjeuner (*Apprêts d'un*) *rustique* : 1763, p. 29.

— *de chasse* : 1737, p. 12, 22; -39, p. 21.

— *des élèves* : 1783, p. 16.

— *d'enfants* : 1800, p. 23.

— *d'œufs frais* : 1796, p. 35.

— *flamand* : 1750, p. 29, 30; -93, p. 42.

— *frugal* : 1771, p. 15.

— *gras et maigre* : 1737, p. 31.

— *sous un berceau* : 1796, p. 38.

Déjeuners : 1761, p. 23; -63,

p. 19; -73, p. 24; -83, p. 37; -91, p. 21.

Dejoux (Cabinet de), sculpteur : 1795, p. 15.

Delasmatte (M.) : 1750, p. 16.

Délassement de paysans : 1750, p. 28.

Delille (Géorgiques traduites par) : 1798, p. 53.

Delepée (Mlle), la jeune : 1748, p. 6.

Délius à la campagne (paysage) : 1755, p. 19.

Delorme (Philibert), architecte : 1800, p. 77.

Déluge (*le*) : 1771, p. 31; -89, p. 23; -91, p. 22; -93, p. 56; -96, p. 41; -98, p. 24; 1800, p. 66.

Demande acceptée (*la*) : 1785, p. 55.

Déménagement : 1755, p. 15.

Démocrite : 1673, p. 31 (buste); 1746, p. 13; -91, p. 36 (plâtre).

Demoiselle avec une souricière et un chat : 1747, p. 28.

Démosthène (tête, agathe) : 1799, p. 86.

Denonville (Cabinet de M.) : 1742, p. 21.

Départ des cavaliers : 1755, p. 35.

— *d'un braconnier* : 1781, p. 15.

— *d'un dragon* : 1795, p. 35.

— *d'un volontaire* : 1793, p. 11.

— *pour la chasse* : 1800, p. 36.

— *pour la pêche* : 1751, p. 28.

— *pour le marché* : 1795, p. 57.

— *pour les frontières* : 1793, p. 16.

Depersennes (Cabinet de M.) : 1759, p. 23.

Dépit amoureux (*le*) : 1747, p. 31.

Dépouille d'un mort après un combat : 1781, p. 24.

Députations des villes grecques au temple de Delphes : 1798, p. 64.

Derniers moments d'une épouse chérie : 1785, p. 35.

Description des pierres gravées de S. A. S. Mgr le duc d'Orléans : 1779, p. 53.

Deshayes (la femme de), comédien : 1742, p. 19.

Desilles (Acte héroïque de) : 1795, p. 39.

Désir de plaire (le) : 1745, p. 34.

Désordre (le) d'un cabinet : 1769, p. 19; -89, p. 17.

Despréaux : 1755, p. 38.

Des Roches, lieutenant des gardes : 1771, p. 21.

Dessin (le) : 1742, p. 35; -43, p. 23; -46, p. 15.

Dessinateur (Un jeune) : 1759, p. 17; -65, p. 24; -73, p. 17; -95, p. 16.

— *d'après le Mercure de Pigalle* : 1753, p. 21.

— *taillant son crayon* : 1738, p. 25.

Dessins : 1743, p. 37; -45, p. 38; -48, p. 25; -55, p. 34; -59, p. 15, 20; -67, p. 28, 29, 32, 34, 38; -69, p. 27, 30, 36, 38; -71, p. 28, 29, 35, 37, 40, 43, 50; -73, p. 28, 32, 34; -75, p. 20, 21, 26, 27, 30, 41; -77, 10, 22, 33, 51; -79, 20, 31, 36, 39, 44; -81, p. 19, 33, 55; -83, p. 19; -85, p. 16, 23, 35-38; -87, p. 31; -89, p. 59; -91, p. 31-38, 40, 42-44, 46; -93, p. 9, 32, 41, 49, 51, 53, 54, 56, 98, 104, 112; -95, p. 15, 17, 22, 36, 42, 44-47, 49, 64, 65, 68, 74, 85; -96, p. 6, 18, 25, 40, 44, 46, 47, 56, 57, 59, 65, 71, 72, 84, 88, 89; -98, p. 21; -99, p. 44, 47; 1800, p. 42, 66, 71.

— coloriés : 1781, p. 25, 29, 33; -83, p. 26.

Dessus de boîtes : 1795, p. 16, 59; -96, p. 41, 51.

— de portes : 1743, p. 15, 21, 36, 37; -45, p. 17, 18; -48, p. 20; -50, p. 16; -51, p. 26; -53, p. 20, 36; -65, p. 16, 17; -69, p. 20; -71, p. 52; -75, p. 26; -81, p. 19; -85, p. 28.

Destin (le) : 1789, p. 50.

Destouches : 1739, p. 23.

Destruction d'un temple : 1789, p. 15.

— *d'une église gothique par le feu* : 1800, p. 78.

Deux-Ponts (*Figures pour le lit du prince de*) : 1781, p. 48.

Devants de cheminées : 1741, p. 17.

Dévideuse (la) : 1757, p. 34; -59, p. 25.

Devin (le) : 1796, p. 48.

— *(le) de village* : 1765, p. 26.

Devoir filial (le) : 1777, p. 34.

Dévote (la) : 1750, p. 30.

Dévouement à la patrie : 1793, p. 97 (bas-relief pour le Panthéon).

Diane : 1704, p. 29, 34 (bronze), 35; -47, p. 21; -53, p. 20; -71, p. 27; -77, p. 45 (buste); -83, p. 52 (statue); -96, p. 34; 1800, p. 86 (camée).

— (*Grand prêtre de*) : 1773, p. 41.

— (*Portraits de femme en*) : 1745, p. 26; -65, p. 19; -69, p. 21; 1800, p. 69.

— (*Repos de*) : 1704, p. 27; -38, p. 25; -43, p. 14, 16; -59, p. 30.

— (*Sacrifice à*) : 1795, p. 59.

— (*Temple de*), *à Nîmes* : 1785, p. 22; -87, p. 20.

— (*Vers sur la*) *de Houdon* : 1777, p. 5.

— *allaitée par Latone* : 1737, p. 29; -38, p. 15.

— *au bain* : 1737, p. 13, 19; -38, p. 22; -41, p. 29 (terre cuite); -42, p. 14, 26 (terre cuite); -73, p. 14; -79, p. 19; -98, p. 70 (terre cuite).

— *au bain surprise par Ac-*

téon : 1737, p. 20; -42, p. 15;
-57, p. 31; -69, p. 29; -71,
p. 13; -75, p. 41; -77, p. 41
(statue); -79, p. 13; -81, p. 19;
-91, p. 27; -93, p. 42; -95,
p. 37, 69 (plâtre); -96, p. 41.

Diane chassant : 1673, p. 34; -99,
p. 22; 1742, p. 26 (terre cuite);
-73, p. 12.

— *désarmant l'Amour* : 1737,
p. 14; -69, p. 29.

— *distribuant des flèches* (bas-
relief) : 1793, p. 68.

— *et Apollon tuant les enfants de Niobé* : 1775, p. 25.

— *et l'Aurore* (bas-relief) :
1793, p. 68.

— *et Endymion* : 1765, p. 15;
-69, p. 14; -71, p. 42 (groupe),
49; -75, p. 11, 27; -91, p. 49.

— *métamorphosant Aréthuse
en fontaine* : 1769, p. 14;
-79, p. 30.

— *préparant ses traits* : 1800,
p. 69 (buste).

— *sauvant Iphigénie* : 1740,
p. 29 (bas-relief).

— *terrassant un sanglier* :
1775, p. 37 (terre cuite).

*Dibutade traçant l'ombre de
son amant* : 1785, p. 45 (esquisse); -91, p. 50; -93, p. 17,
46.

Didon (Mort de) : 1753, p. 27;
-77, p. 51; -93, p. 47, 57.

— *et Enée* : 1704, p. 23; -37,
p. 23; -42, p. 33; -51, p. 13;
-85, p. 24; -91, p. 26.

Didot aîné (Dessins pour les
éditions de) : 1795, p. 65;
-96, p. 25, 59; -99, p. 83;
1800, p. 35.

Dieppe : 1743, p. 18.

Dieppe (Vues de) : 1747, p. 29.
-65, p. 19; -79, p. 49.

*Dieux (les) coupant les ailes à
l'Amour* : 1737, p. 25.

Dihl et Guerhard, fabricants
de porcelaines : 1798, p. 13,
22, 43, 59, 64; -99, p. 44;
1800, p. 46, 58.

Dijon (Académie de) : 1767,
p. 17; -85, p. 25; -87, p. 16;
-89, p. 13, 43.

— (Ecole de dessin de) : 1773,
p. 49.

Dîner (le) interrompu : 1771,
p. 26.

*Dinomaché pleurant sur les
cendres de son époux* : 1796,
p. 16.

Dioclétien : 1748, p. 17.

— *(Thermes de)* : 1771, p. 31.

Diogène : 1750, p. 33; -53, p. 30;
-85, p. 51 (statue); -91, p. 15,
36.

— *brisant sa tasse :* 1747, p. 6.

— *demandant l'aumône à une
statue :* 1767, p. 30; -93, p. 30.

— *et Alexandre :* 1793, p. 19.

— *trouvant un homme :* 1738,
p. 29.

Diogène-Laerce : 1747, p. 17.

Diomède : 1791, p. 38.

— *assailli par les Troyens :*
1759, p. 30.

— *blessant Mars :* 1781, p. 14.

— *blessant Vénus :* 1761, p. 24,
25; -75, p. 10; -96, p. 22.

— *mangé par ses chevaux :*
1753, p. 32.

*Dion (la femme de) nourris-
sant son enfant dans sa prison :* 1798, p. 54.

Discorde (la) : 1737, p. 28; -53,
p. 16.

Diseuse de bonne aventure :
1699, p. 16; 1796, p. 56, 62;
-98, p. 58; 1800, p. 62.

Dispute du Saint-Sacrement :
1796, p. 82.

Dites, s'il vous plaît : 1783,
p. 58.

Divertissement hollandais :
1748, p. 29; -50, p. 27.

Dix-Août (Journée du) : 1793,
p. 18, 40, 45 (médaille), 60
(terre cuite), 65; -99, p. 36.

Dix-huit brumaire ou la France sauvée : 1800, p. 19.

Docteur alchimiste : 1748, p. 6.

Dogue au repos : 1751, p. 22.

— *combattant contre un cygne* : 1737, p. 19.

— *saisissant un marcassin* : 1751, p. 27.

— *se jetant sur des oies* : 1769, p. 26.

Dogues combattant contre trois loups : 1753, p. 17.

— *se battant pour un quartier de mouton* : 1750, p. 17.

— *se jetant sur des animaux* : 1769, p. 26.

Dôle : 1673, p. 35.

Domine, non sum dignus (le) : 1759, p. 16.

Dominicain : 1791, p. 28.

Dominiquin (le), peintre : 1673, p. 34.

Don Quichotte : 1738, p. 28; -42, p. 15.

Don réciproque (le) : 1783, p. 21.

Dordrecht (Environs de) : 1798, p. 61; -1800, p. 60.

Dormeuse tenant un chat : 1767, p. 32.

Dors, mon enfant : 1779, p. 34.

Dorso (Fabius). — Voir : *Piété de Fabius Dorso*.

Douai (Collégiale de) : 1759, p. 15.

— (Parlement de) : 1765, p. 42; -69, p. 24.

Douane (Intérieur d'une) : 1775, p. 12.

Double (la) récompense du mérite : 1781, p. 34.

Douceur (la) : 1775, p. 10; -95, p. 69.

Douglas (M.) : 1746, p. 17.

Douleur (la) (buste) : 1767, p. 38.

Dragon (Groupe pour le bassin du), à Versailles : 1737, p. 26.

Drance (Glacier de la). — Voir Glacier.

Drapiers-merciers (Tableau pour la salle d'assemblée des) : 1781, p. 18.

Dresde (Académie royale de) : 1750, p. 12.

— (Cour de) : 1753, p. 31.

— (Galerie de) : 1753, p. 31; -57, p. 32, 34, 35.

Dreux : 1783, p. 46.

— (Cabinet de M. de), architecte : 1742, p. 17.

Drogman du roi de France : 1769, p. 20.

Droits de l'homme (les) : 1793, p. 109.

Drouais (Monument élevé à la gloire de) : 1793, p. 52, 62.

Dryade : 1771, p. 33.

Dubois (Cabinet de M.) : 1779, p. 17; -85, p. 19; -87, p. 19.

Duchesne (Antoine) : 1745, p. 36.

—, aîné : 1787, p. 60.

Duclos-Dufresnoy (Cabinet de M.), notaire : 1783, p. 44; -85, p. 40; -87, p. 25; -89, p. 37.

Dufresne (le sieur) : 1737, p. 26.

Dufresnoy (Cabinet de M.) : 1785, p. 27; -87, p. 19, 29, 41; -89, p. 30.

Duguesclin (statue) : 1799, p. 71.

— (Honneur rendus à) : 1777, p. 12; -83, p. 59.

Dumantoy (le Citoyen) (portrait) : 1795, p. 6.

Dumont (Cabinet de M.) : 1787, p. 42.

Dupin, fermier général : 1739, p. 20.

Dupinet (Cabinet de M.), chanoine : 1763, p. 35.

Duplaa (Cabinet de M. de), président du parlement de Pau : 1781, p. 47.

Duplessis (Georges) : 1787, p. 60.
Dupré (Tombeau de M.), Conseiller au Parlement : 1757, p. 35.
Dupuis (Cabinet de M.), jardinier du Roi : 1743, p. 18.
Dupuy, général : 1800, p. 77.
Duras (Duc de) : 1781, p. 53.
Duval (Cabinet de), marchand : 1799, p. 60.
Duvigeon, le jeune, peintre en miniature : 1741, p. 25.

E

Eacide, roi des Molosses : 1747, p. 15.
Eau (l') : 1737, p. 26 (buste); -40, p. 30; -42, p. 27 (terre cuite); -45, p. 27; -65, p. 36 (statue).
Ecce homo : 1704, p. 40; -93, p. 43.
Echevin vu jusqu'aux genoux : 1748, p. 22.
Echo (la Nymphe) : 1704, p. 39; -57, p. 30 (esquisse); -71, p. 13; -95, p. 67 (esquisse); -96, p. 67.
Eclipse de soleil : 1800, p. 73.
Ecluses de Slyckens près d'Ostende (plan) : 1799, p. 85.
Ecole (Projet d') centrale : 1796, p. 79.
— d'Athènes : 1796, p. 82.
— de Chirurgie : 1773, p. 39; -75, p. 36; -81, p. 22; -93, p. 23.
— de Médecine : 1799, p. 19; 1800, p. 84.
— des Beaux-Arts : 1673, p. 7; 1704, p. 6.
— du Modèle : 1767, p. 38.
Ecole royale militaire : 1769, p. 41, 42 (médaille); -71, p. 42, 46; -73, p. 37-40; -87, p. 51.
— (Chapelle de l') : 1773, p. 11-13, 15-17, 26, 30, 32; -79, p. 15.
Ecolier appuyé sur son livre : 1789, p. 27.
— *de Harlem (le Petit)* : 1785, p. 56.
— *dessinant* : 1738, p. 15.
Ecolier étudiant sa leçon : 1757, p. 27; -98, p. 16.
— *(l') maitre* : 1798, p. 40.
— *mangeant des raisins* : 1779, p. 40.
Econome (l') : 1755, p. 36.
Ecosseurs de légumes : 1757, p. 33.
Ecosseuses (les) de pois de la halle : 1757, p. 14.
Ecurie (Intérieur d') : 1777, p. 19; -95, p. 42.
— *arabe* : 1793, p. 12.
— *de la Poste* : 1753, p. 30.
Ecuries de la reine : 1759, p. 22.
— *(Ruines d')* : 1777, p. 18.
Ecuyer de manège : 1757, p. 32.
Edouard III, roi d'Angleterre : 1777, p. 38; -79, p. 37.
Education : 1789, p. 53; -98, p. 27.
— *des enfants à Sparte* : 1796, p. 43.
— *(l') des riches et celle des pauvres* : 1765, p. 14.
— *d'une jeune fille par sa mère* : 1777, p. 30.
— *d'un oiseau* : 1795, p. 20.
— *et récompense nationales* : 1796, p. 76.
— *(l') fait tout* : 1791, p. 40.
— *publique (bas-relief)* : 1793, p. 61.
Effet de nuit : 1800, p. 24.
— *de pluie* : 1798, p. 50; 1800, p. 66.
— *de tonnerre* : 1796, p. 34.
Egalité (l') : 1773, p. 40 (es-

quisse); -93, p. 58 (plâtre), 109.

Egalité (l') devant la loi (médaille) : 1795, p. 66.

Egée reconnaissant Thésée à son épée : 1793, p. 68.

Egérie (Fontaine de la nymphe), près de Rome : 1791, p. 19.

Eglé (la Nymphe) : 1704, p. 28; -38, p. 14; -43, p. 19; -69, p. 30; -71, p. 11, 13; -73, p. 35.

Eglise (l') foudroyant l'Hérésie : 1673, p. 33.

Eglise (Vue d'une) : 1785, p. 27.

— *(Vue d'une) flamande* : 1789, p. 41; -91, p. 29, 31.

— *gothique* : 1783, p. 44; -89, p. 40, 41; -91, p. 10, 20, 50, 51; -93, p. 32; -96, p. 40, 41.

— *souterraine* : 1800, p. 35.

Egypte (la Sainte-Famille en) : 1739, p. 15; -48, p. 16; -53, p. 14; -57, p. 15; -59, p. 14; -67, p. 16; -69, p. 24; -75, p. 25; -79, p. 20; -85, p. 16.

— *(Soudan d')* : 1737, p. 12.

— *(Vues d')* : 1795, p. 45.

Egyptienne (Femme) : 1769, p. 37.

Eléazar mis à mort par Antiochus : 1789, p. 20.

Electeur de Saxe (Peintre de l') : 1771, p. 47.

— palatin (Cabinet de l') : 1771, p. 16.

Electre : 1787, p. 29; -95, p. 43.

Eléments (les Quatre) : 1699, p. 25; 1737, p. 26 (bustes); -45, p. 27; -46, p. 17, 29; -51, p. 23; -57, p. 24.

— *(les) rendant hommage à l'Amitié* : 1783, p. 52.

Electricité (l') : 1777, p. 10.

Eléphant mâle : 1800, p. 83.

Elève (Jeune) : 1761, p. 24.

— *(l') curieux* : 1773, p. 17.

— *(l') modelant* : 1765, p. 24.

Elève (l') studieux : 1748, p. 21.

Elie (le Prophète) : 1773, p. 34.

— *(Sacrifice d')* : 1742, p. 28.

— *dans le désert* : 1789, p. 53.

Eliezer et Rébecca : 1737, p. 21; -40, p. 12.

Elisabeth de Ranfin, fondatrice du Refuge des filles pénitentes : 1769, p. 42.

Elisée (Plan d'un) à ériger près la barrière Monceaux : 1795, p. 73.

Elisée Maupertuis : 1795, p. 74.

Eloquence (l') : 1745, p. 37; -46, p. 15.

Emaux : 1783, p. 35; -91, p. 43; 1800, p. 60.

Embarquement de vivres : 1753, p. 31; -71, p. 47; -75, p. 40.

— *de troupes* : 1798, p. 62.

Embouchure de rivière : 1775, p. 16.

Embourney (Cabinet de M. d') : 1773, p. 24.

Embrasement du moulin (l') : 1745, p. 35.

Emile (Sujets tirés de l') de Rousseau : 1781, p. 50; -98, p. 88.

Emile et Sophie (terre cuite) : 1795, p. 67.

Emilie se disculpant d'avoir laissé éteindre le feu sacré : 1781, p. 30; -91, p. 21.

Emma portant son amant sur ses épaules : 1796, p. 44.

Emmaüs (les Disciples d') : 1673, p. 29; 1704, p. 26, 38; -37, p. 29; -38, p. 15; -42, p. 13; -46, p. 12, 19; -47, p. 19; 55, p. 15; -59, p. 14; -67, p. 16; -69, p. 23; -77, p. 37.

Emouchet terrassant un petit oiseau : 1763, p. 24.

Encoignure : 1793, p. 72.

Encyclopédie (Frontispice de l') : 1765, p. 38.

Endymion (Réveil d') : 1781, p. 28.

— *(Songe d')* : 1704, p. 23 (groupe); -93, p. 30.

— *et Diane* : 1765, p. 15; -69, p. 14; -71, p. 42 (groupe), 49; -75, p. 11, 27; -77, p. 52; -91, p. 49.

Enée : 1704, p. 31; -79, p. 18.

— *(Combat d') et de Mézence* : 1742, p. 34.

— *(Descente d') aux enfers* : 1740, p. 28.

— *(Eole dispersant la flotte d')* : 1699, p. 22.

— *(Songe d')* : 1793, p. 40.

— *(Vénus demandant à Vulcain des armes pour)* : 1704, p. 27, 28, 38; -46, p. 15; -47, p. 27; -59, p. 15; -71, p. 42 (statue); -77, p. 42.

— *(Vénus donnant des armes à)* : 1699, p. 21; 1704, p. 26 (groupe); -63, p. 37.

— *(Vénus implorant Neptune pour)* : 1751, p. 12.

— *défendu par Apollon contre Diomède* : 1796, p. 22.

— *déposant son père sur le mont Ida* : 1791, p. 53.

— *empêché par Créüse de retourner au combat* : 1785, p. 18; -93, p. 14.

— *et Didon* : 1704, p. 23; -37, p. 23; -42, p. 33; -51, p. 13, -91, p. 26; -95, p. 59; 1800, p. 22.

— *et la Sibylle* : 1800, p. 88.

— *et Vénus* : 1763, p. 37.

— *fuyant avec sa famille* : 1798, p. 21.

— *invoquant les dieux pour venger la mort de Pallas* : 1791, p. 14.

— *offrant des présents à Latinus* : 1783, p. 39.

— *portant son père Anchise* : 1699, p. 13 (groupe); -1704, p. 21 (groupe), 26 (groupe); -51, p. 30.

Enée sacrifiant sur le tombeau d'Anchise : 1798, p. 85.

Enéide : 1737, p. 23; -42, p. 33, 34; -43, p. 32; -46, p. 15; -79, p. 18; -89, p. 11.

Enfance (l') : 1740, p. 28.

Enfant (marbre) : 1793, p. 70.

— *assis (terre cuite)* : 1737, p. 31.

— *assis sur une coquille, jouant avec un homard (marbre)* : 1750, p. 19.

— *au milieu des amusements de son âge* : 1783, p. 16.

— *à une croisée, tenant un panier de fruits* : 1795, p. 25.

— *avec les attributs de l'Enfance* : 1737, p. 18.

— *avec les mains dans un panier* : 1747, p. 29.

— *avec un oiseau mort* : 1800, p. 36.

— *caressant un chien (statue)* : 1793, p. 63.

— *(l') chéri* : 1785, p. 54; -93, p. 38.

— *courant (statue)* : 1762, p. 35.

— *dans un nuage* : 1793, p. 35.

— *dans un paysage* : 1800, p. 26.

— *debout sur une croisée, retenu par sa mère* : 1793, p. 11, 12.

— *demandant pardon à sa mère* : 1775, p. 28.

— *dormant sur un oreiller (terre cuite)* : 1737, p. 33; 1779, p. 34.

— *échappant au naufrage en se faisant une nacelle des armes de l'Amour (statue)* : 1798, p. 72.

— *endormi* : 1765, p. 16; -93, p. 65.

— *endormi sur son livre* : 1755, p. 30.

— *et cheval dans une écurie* : 1793, p. 102.

— *étudiant son rudiment* : 1800, p. 35.

Enfant faisant des châteaux de cartes : 1789, p. 18.
— *gâté* : 1765, p. 25; -95, p. 20.
— *jardinier* : 1755, p. 37 (intaille); -57, p. 33.
— *jouant* : 1789, p. 34; -93, p. 102, 105; 1800, p. 60.
— *jouant avec l'Amour* : 1750, p. 28.
— *jouant avec une chèvre* : 1796, p. 62.
— *jouant avec un chien* (portrait) : 1791, p. 49.
— *jouant avec un nid d'oiseau* (groupe) : 1793, p. 97.
— *jouant avec ses pieds* (statue) : 1779, p. 47.
— *jouant avec une poupée et des cartes* : 1791, p. 26.
— *jouant avec des raisins* : 1781, p. 38.
— *pincé par une écrevisse* (plâtre) : 1740, p. 15; -41, p. 15.
— *pleurant* : 1773, p. 40; -93, p. 104.
— *(l') prodigue* : 1751, p. 28.
— *que sa bonne fait déjeuner* : 1751, p. 28.
— *qui ne sait pas sa leçon* : 1783, p. 24.
— *regardant des figures dans un livre* : 1798, p. 34.
— *sur le bras de sa nourrice* : 1798, p. 23.
— *sur un cheval de carton* : 1739, p. 22.
— *tenant une cage* : 1750, p. 20.
— *tenant d'une main un pigeon, de l'autre une cerise* : 1783, p. 27.
— *tenant un oiseau* (statue) : 1793, p. 63.
— *tenant un tambour* : 1787, p. 32; -91, p. 28.
Enfants (Trois) sur des nuées : 1699, p. 24.
— *allant à l'école* : 1796, p. 55.

Enfants à qui une femme jette des pommes : 1793, p. 9.
— *au bain* : 1799, p. 46.
— *avec des bateaux de cartes* : 1739, p. 22.
— *avec un mouton* : 1739, p. 13.
— *couchant un chat* : 1739, p. 22.
— *dérobant des marrons* : 1761, p. 26.
— *faisant un charivari* : 1793, p. 29.
— *faisant un concert* : 1751, p. 13.
— *faisant des tours de cartes* : 1743, p. 21.
— *jouant à la main chaude* (groupe) : 1799, p. 69.
— *jouant à l'herbette* : 1739, p. 13.
— *jouant au jeu de l'oie* : 1743, p. 20.
— *jouant avec un bouc* : 1748, p. 19 (terre cuite).
— *jouant avec des bulles de savon* : 1796, p. 28.
— *jouant avec une chèvre* : 1755, p. 17.
— *jouant avec des chevreaux* : 1777, p. 29.
— *jouant avec un chien* : 1769, p. 28; -73, p. 46; -93, p. 37; 98, p. 58.
— *jouant avec des Faunes* (bas-relief peint) : 1755, p. 13.
— *jouant avec un lion, avec une panthère* (bas-relief peint) : 1785, p. 27, 28.
— *jouant avec des raisins* : 1775, p. 41.
— *jouant une scène de l'opéra d'Armide* : 1751, p. 13.
— *pour une chapelle* : 1767, p. 38.
— *préparant un sacrifice* : 1785, p. 28.
— *recevant des récompenses* : 1763, p. 20.

Enfants renversés par une chèvre : 1777, p. 15.
— *s'amusant à faire jouer un chien sur une guitare* : 1765, p. 41.
— *se disputant un bouquet* : 1747, p. 28.
— *tenant un nid de fauvettes* : 1795, p. 25.
— *traînés par un chien* : 1796, p. 20.
Enfants - Trouvés (Chapelle des), à Paris : 1753, p. 34 ; -55, p. 38 ; -57, p. 34 ; -59, p. 33 ; -61, p. 34 ; -65, p. 23.
Enfer (les Tourments de l') : 1741, p. 20.
Enghien (Duc d') : 1771, p. 20.
— (Parc d') : 1781, p. 28.
Enlèvement des blessés après la bataille : 1793, p. 53.
— *de police* : 1755, p. 15.
— *du soulier de Rodope* : 1769, p. 31.
— *nocturne* : 1793, p. 38 ; -96, p. 32.
Enrôlement de quatorze volontaires du bourg de Menoulx : 1793, p. 93.
Entelle (Combat d') et de Darès : 1779, p. 18 ; -89, p. 11.
Entelles (Cabinet de Mme des) : 1787, p. 58.
Erato (la Muse) : 1741, p. 28 ; -46, p. 20 ; 1800, p. 43, 51.
— *couronnée par l'Amour* : 1796, p. 18.
Erasistrate (le médecin) découvrant la maladie d'Antiochus : 1745, p. 26 ; -69, p. 41 ; -77, p. 43 ; -79, p. 40.
Entrée de l'évêque d'Orléans à Orléans : 1745, p. 17.
— *d'un bois* : 1798, p. 66.
— *d'un port* : 1769, p. 22 ; -77, p. 17 ; -89, p. 14.
Entretien (l') : 1748, p. 29 ; -50, p. 29.
— *sentimental* : 1793, p. 21.

Environs d'un port : 1798, p. 29.
Eole : 1699, p. 22 ; 1743, p. 13 ; 75, p. 25.
Epagneul et braque se désaltérant : 1755, p. 29.
Epaminondas refusant les présents d'Artaxerxès : 1791, p. 21.
Ephèse : 1741, p. 14.
Ephestion. — Voir *Alexandre*.
Epicière flamande : 1800, p. 59.
Epine (Ruines du château de l') : 1793, p. 53.
Epîtres et Evangiles (Volume des) pour la chapelle du roi : 1767, p. 21 ; -69, p. 19 ; -75, p. 40.
Eponine et Sabinus : 1789, p. 24 ; -1800, p. 52.
Epoux allant voir leur enfant en nourrice : 1777, p. 26.
— *offrant leur enfant à l'Amour* : 1791, p. 24.
Erigone : 1747, p. 32 (statue) ; -81, p. 47 (marbre) ; -89, p. 56.
— (*Dame représentée en*) : 1742, p. 26 ; -98, p. 18.
— (*Jupiter et*) : 1746, p. 21.
— *jouant du trigli* : 1795, p. 71 (groupe).
Erimanthe (le Sanglier d') : 1757, p. 30 (pierre).
Eriphile, tragédie : 1787, p. 58.
Eriphile (Mort d') : 1795, p. 83.
Ermenonville (Vues d') : 1777, p. 21 ; -91, p. 35 ; 1800, p. 63.
Esau et Jacob : 1737, p. 18.
Escadre rentrant au port : 1787, p. 19.
Escalier (Modèle d') à double rampe : 1781, p. 27.
— (*Modèle d') à trois rampes* : 1785, p. 43.
— *en petit* : 1793, p. 73.
— *tournant* : 1791, p. 43.
Esclave accablé de douleur : 1769, p. 37 (statue).
— *apportant du pain à une dame du Caire* : 1800, p. 20.

Esclave assis frappé par ses camarades : 1738, p. 14.
— *calabrais* : 1773, p. 27.
Esculape : 1779, p. 46 (buste).
— *ranimant Hippolyte* : 1795, p. 49.
— *recevant des simples de la main de Vénus* : 1787, p. 36.
Esope (Fables d') : 1745, p. 27.
Espagne (Peintre du roi d') : 1743, p. 32.
— (Tableau pour le roi d') : 1739, p. 12.
Espagne (Pompe funèbre du roi d') : 1750, p. 27.
Espagnol : 1793, p. 25.
— *(Enfant en)* : 1769, p. 18.
— *à cheval* : 1765, p. 23; -93, p. 12.
— *présentant un bouquet à une demoiselle* : 1771, p. 34.
— *tenant une guitare et écoutant une femme* : 1771, p. 34.
— *vêtu à l'ancienne mode* : 1767, p. 20.
Espagnole : 1791, p. 51.
— *(Famille)* : 1775, p. 28.
— *cueillant des fleurs* : 1793, p. 28.
— *jouant de la guitare* : 1769, p. 12.
— *prenant des fleurs dans un vase* : 1781, p. 16.
Espagnolette : 1704, p. 41; -40, p. 26.
Espagnols : 1783, p. 36.
Espérance (l') consolant les Arts en pleurs : 1793, p. 106.
— *nourrissant l'Amour* : 1761, p. 25; -69, p. 35 (terre cuite).
— *soutenant le malheureux jusqu'au tombeau* : 1800, p. 20.
Espion (Un) : 1745, p. 21.
Esprit du commerce (l') : 1791, p. 47.
Esquisses : 1759, p. 25; -65, p. 12, 14; -67, p. 26, 32, 33; -69, p. 27, 30; -73, p. 32; -81, p. 33, 55; -89, p. 12; -91, p. 16, 41 (terre cuite); -93, p. 51, 64 (terre cuite), 66 (cire), 68 (terre cuite); -95, p. 37, 78; -96, p. 47; -98, p. 39; -99, p. 30; 1800, p. 55.
Essai sur le caractère ... des femmes (Frontispice de l') : 1773, p. 49.
Essayeuse de flèches : 1750, p. 28.
Estaing (Victoire du comte d') : 1789, p. 20.
Estampes faites pour l'empereur de Chine : 1769, p. 38; -71, p. 46.
— gravées à l'imitation du lavis : 1769, p. 20; -71, p. 23.
— gravées d'après les morceaux de réception : 1755, p. 35, 37; -79, p. 50, 51.
Este (Vues de la villa d') : 1765, p. 32.
Esther (Sujets tirés de la tragédie d') : 1795, p. 65.
Esther (Couronnement d') : 1738, p. 12; -83, p. 55.
— *(Evanouissement d')* : 1737, p. 12; -63, p. 12, 18.
— *(Histoire d')* : 1742, p. 13; -53, p. 14; -75, p. 42.
— *(Repas d')* : 1740, p. 12.
— *(Toilette d')* : 1779, p. 49; -81, p. 51.
— *devant Assuérus* : 1697, p. 17; 1704, p. 22; -40, p. 18.
Estrées (Comte d') : 1781, p. 45.
Etable : 1800, p. 41.
— *(Intérieur d'une)* : 1789, p. 33.
Etablissement de la manufacture royale d'horlogerie (médaille) : 1789, p. 54.
— *de la religion chez les sauvages* : 1785, p. 25.
Etampes (le Marquis d') au siège de Cassel, occupé à pointer une carte du pays : 1781, p. 38.
Etang avec des laveuses : 1800, p. 40.

Etang de la Ronce, à Sèvres : 1787, p. 22.

Etats (les Quatre), Clergé, Epée, Magistrature, Tiers Etat : 1797, p. 14.

Etats-Généraux (les), estampes : 1791, p. 38.

— *(Ouverture des)* : 1789, p. 55.

Etats-Unis (Médailles pour les) : 1789, p. 55.

Etats-Unis (Monument commémoratif de la délivrance des) : 1785, p. 46.

Eté (l') : 1738, p. 31 ; -41, p. 27 (bas-relief); -42, p. 18; -51, p. 12; -59, p. 23; -75, p. 24; -83, p. 21; -89, p. 19, 57.

Etiolles (Vue d') : 1740, p. 22.

Etna (Vues de l') : 1775, p. 31, 32; -81, p. 34, 35.

Etoile du matin (statue) : 1793, p. 61.

Etre suprême (Monument à l') et à la Liberté : 1793, p. 66.

Etrennes (les) de Julie : 1783, p. 36.

Etude (l') : 1742, p. 26 (modèle); -48, p. 23; -65, p. 15; -69, p. 12, 25; -71, p. 42 (statue), 46; -87, p. 54 (buste); -89, p. 46 (statue); -93, p. 58 (plâtre), 68 (plâtre).

— *(l') appuyée sur un tombeau égyptien* (marbre) : 1799, p. 71.

— *(l') du dessin :* 1757, p. 33.

— *(l') ramenant la santé* (plafond) : 1799, p. 19.

— *(l') répandant des fleurs sur le Temps :* 1785, p. 38; -87, p. 39.

— *(l') repoussant le sommeil :* 1800, p. 42.

— *tourmentée par l'Amour :* 1796, p. 27.

— *voulant arrêter le Temps :* 1781, p. 32.

Etudes : 1753, p. 19; -71, p. 49, 51; -73, p. 21, 49; -79, p. 34, 36, 38; -81, p. 56; -87, p. 26;

-93, p. 32, 44; -95, p. 22; -99, p. 21, 27, 38; 1800, p. 46.

Etudes de têtes : 1767, p. 33; -79, p. 51; -96, p. 18; 1800, p. 49.

— *pour ceux qui apprennent le dessin :* 1799, p. 82.

Eucharis : 1737, p. 21; -46, p. 13; -69, p. 14.

Eucharistie (l') : 1785, p. 37.

Eumène, successeur d'Alexandre : 1783, p. 14.

Euménides (le Temple des) (décoration) : 1781, p. 28.

Eunuque (Baptême de l') de la reine de Candace : 1742, p. 13.

Euphrosine, Thalie et Aglaé : 1769, p. 14.

Euripide (Sujets tirés d') : 1785, p. 41; -87, p. 29.

Europe (l') : 1773, p. 27.

— *(Enlèvement d')* : 1704, p. 28, 35, 39; -37, p. 27; -39, p. 18; -47, p. 6, 18; -50, p. 19; -53, p. 29, 34; -63, p. 38, 39; -81, p. 41; -93, p. 68.

— *(l') caractérisée par une chasse au sanglier :* 1745, p. 22.

— *(l') caractérisée par divers oiseaux :* 1761, p. 20.

— *(l') savante :* 1763, p. 20.

Euryale et Nisus : 1742, p. 33, 34.

Eurydice. — Voir Orphée.

Eustache de Saint-Pierre condamné à mort : 1767, p. 40; -77, p. 38; -79, p. 37.

Euterpe ou la Musique : 1787, p. 15.

Evandre : 1742, p. 34.

Evangiles (Dessins pour les) : 1793, p. 51.

Eve (Adam et) : 1755, p. 35, 38.

— *(Adam et) après leur faute cherchant à éviter la présence de Dieu :* 1704, p. 21, 23, 35; -40, p. 14.

Eve (Adam et) dans le paradis terrestre : 1699, p. 20; 1704, p. 21, 23, 35.

— *(Adam et) tentés par le serpent :* 1704, p. 41.

— *(la Vierge ou la seconde) :* 1742, p. 30, 31 (plâtre).

Evêques (Deux), demi-figures : 1771, p. 37.

Exaltation (l') de la Sainte Croix : 1748, p. 15.

Examen des enfants à Sparte : 1791, p. 48.

Exercice du javelot : 1793, p. 68; -98, p. 31.

Extérieur de parc : 1800, p. 14.

Extrême-Onction (l') : 1785, p. 37; -91, p. 52.

Ex-voto : 1777, p. 11.

Ezechias : 1750, p. 12.

Ezechiel (le Prophète) : 1748, p. 15.

F

Fabius (Opéra de) : 1798, p. 14.

Fabius (Tolérance de) : 1704, p. 35.

— *faisant monter les Vestales dans son char :* 1793, p. 55.

Fabricius recevant des députés au moment de faire cuire ses légumes : 1783, p. 59.

— *refusant les présents de Pyrrhus :* 1777, p. 10.

Fabrique de fer, près de Naples : 1798, p. 66.

Faculté de médecine de Montpellier : 1742, p. 30.

— de Paris : 1738, p. 26; -39, p. 25; -40, p. 27; -42, p. 21; -43, p. 28; -46, p. 30 (jetons); -50, p. 27; -63, p. 34; -71, p. 49; -81, p. 52; -83, p. 56; -85, p. 53, 55; -87, p. 53; -89, p. 45, 50; -95, p. 69.

Faisan de la Chine : 1759, p. 19; -67, p. 19; -96, p. 57, 85.

— *étranger :* 1771, p. 16.

Famille (Tableau de) : 1737, p. 25; -67, p. 20.

— *arabe :* 1796, p. 24.

— *(la) du maréchal :* 1741, p. 27.

— *espagnole jouant avec des enfants dans un jardin :* 1767, p. 32.

Famille faisant des confitures : 1775, p. 27.

— *frappée de la peste :* 1796, p. 44.

— *préparant des fleurs pour une fête :* 1800, p. 41.

Faneurs : 1795, p. 23.

Faucon (le), conte : 1738, p. 22.

Faune (Tête de) (marbre) : 1781, p. 47, 48.

— *dansant :* 1785, p. 33.

— *jouant avec des enfants :* 1771, p. 26.

— *tenant un chevreau :* 1750, p. 32 (plâtre); -51, p. 30 (marbre).

Fausse apparence (la) : 1798, p. 59; 1800, p. 81.

Faustulus trouvant Rémus et Romulus : 1777, p. 25.

Fécamp (Environs de) : 1793, p. 53.

Fécondité (la) (bas-relief) : 1789, p. 45.

Fédération des départements au Champ-de-Mars : 1793, p. 40.

— *des Français :* 1793, p. 21.

Feinte caresse (la) : 1785, p. 38.

Feline, avec son chien dans sa prison, reçoit les aliments que lui apporte Adélaïde Dégen : 1799, p. 91.

Femme abandonnée : 1799, p. 26.

— *à cheval* : 1793, p. 13; -98, p. 68.

— *adultère* : 1781, p. 23.

— *âgée* : 1704, p. 32.

— *ajustée à l'antique* : 1793, p. 55.

— *à la harpe* : 1799, p. 48.

— *allaitant son enfant* : 1773, p. 31; -81, p. 56; -99, p. 15.

— *amusant son enfant avec un moulin* : 1761, p. 14.

— *appuyée sur le bord d'une croisée* : 1799, p. 47.

— *appuyée sur son secrétaire* : 1793, p. 22.

— *appuyée sur un portefeuille* : 1799, p. 48.

— *à qui un Amour apporte une colombe* : 1738, p. 27.

— *arrosant un pot de fleurs* : 1763, p. 15.

— *à sa toilette* : 1793, p. 28, 32; 1800, p. 12.

— *à son chevalet* : 1791, p. 19; -93, p. 46, 104.

— *assise* (statue) : 1765, p. 33, 34; -95, p. 50.

— *assise au pied d'un arbre* : 1800, p. 41.

— *assise dans un jardin* : 1800, p. 52.

— *assise près d'un poêle* : 1800, p. 15.

— *assise sur l'appui d'une croisée avec un enfant regardant dans un télescope* : 1799, p. 17.

— *assise sur un banc* : 1800, p. 50.

— *assise sur un rocher* : 1798, p. 53.

— *assise, tenant une coupe* : 1791, p. 39.

— *attachant une lettre au col d'un pigeon* : 1765, p. 13.

— *attachant un portrait* : 1793, p. 91.

Femme au bain (statue) : 1757, p. 35. — Voir *Baigneuses.*

— *à une fenêtre, lâchant un oiseau* : 1795, p. 25.

— *avare et galant escroc* : 1738, p. 21.

— *avec une chèvre* (marbre) : 1791, p. 54.

— *avec un écureuil* : 1737, p. 24.

— *avec un enfant sur ses genoux* : 1777, p. 24.

— *avec une petite fille* : 1789, p. 31.

— *avec le portrait de son mari* : 1799, p. 32.

— *brodant à une fenêtre et un enfant* : 1800, p. 52.

— *cachetant une lettre* : 1738, p. 15.

— *chantant avec une mandoline* : 1793, p. 99.

— *chantant dans un jardin, écoutée par deux hommes* : 1777, p. 28.

— *coiffée d'un chapeau* : 1795, p. 16.

— *conduisant une vache* : 1739, p. 14.

— *consultant un augure* : 1799, p. 26.

— *convalescente* : 1769, p. 12.

— *couchée* (statue) : 1699, p. 13.

— *couchée, faisant partie du tombeau de Stanislas à Nancy* (statue) : 1771, p. 39.

— *couchée, pleurant sur une urne* (statue) : 1763, p. 33.

— *cousant* : 1799, p. 20; 1800, p. 23.

— *couverte d'un voile noir* : 1798, p. 18.

— *dans un appartement* : 1795, p. 50.

— *debout tenant une ariette* : 1795, p. 60.

— *délivrée par son amant* : 1796, p. 32.

— *dérobant la flûte d'un berger* : 1796, p. 28.

Femme devant une glace :
1791, p. 47.

— *donnant à téter à son enfant, écoutant une vieille* :
1773, p. 19.

— *donnant une lettre à une
officieuse* : 1795, p. 32.

— *dont un enfant baise la
main* : 1795, p. 60.

— *effrayée d'un coup de tonnerre (terre cuite)* : 1798,
p. 77.

— *endormie* : 1757, p. 13; -98,
p. 31; -99, p. 30.

— *endormie au clair de lune* :
1799, p. 66.

— *endormie avec son enfant* :
1767, p. 42.

— *endormie, réveillée par un
jeune homme au son de la
guitare* : 1773, p. 20.

— *endormie sur un lit parse-
mé de roses* : 1773, p. 14.

— *endormie tenant des pa-
vots* : 1738, p. 27; -61, p. 31
(statue).

— *épluchant de la salade* :
1753, p. 17.

— *et son enfant à une fenêtre
de prison* : 1795, p. 25.

— *et jeune garçon* : 1704, p. 42;
-75, p. 27.

— *expirant, montrant son fils
à son époux* : 1773, p. 44.

— *faisant de la bouillie* : 1777,
p. 35.

— *faisant essayer des lunettes
à son époux* : 1773, p. 19.

— *faisant le portrait de son
époux* : 1796, p. 29.

— *faisant sauter l'Amour
après son carquois* : 1795,
p. 55.

— *faisant sécher des plantes* :
1800, p. 28.

— *guérie par la robe de Jésus-Christ* : 1796, p. 66.

— *ivre revenant d'une orgie* :
1793, p. 46.

*Femme jouant de la guitare
devant deux hommes* : 1775,
p. 27.

— *jouant d'un instrument antique* : 1795, p. 55.

— *jouant du piano* : 1798,
p. 31.

— *jouant du tambour de bas-
que* : 1699, p. 24.

— *lisant* : 1704, p. 35, 38; -57,
p. 13.

— *lisant, avec son fils à ses
genoux* : 1777, p. 29.

— *lisant, éclairée à la lampe* :
1777, p. 30; -99, p. 14.

— *lisant une brochure, son
chien sur ses genoux* : 1761,
p. 25.

— *mettant un bandeau sur les
yeux de l'Amour* : 1795,
p. 55.

— *montrant à sa fille à jouer
de la lyre* : 1793, p. 13.

— *naufragée* : 1742, p. 27 (terre
cuite).

— *offrant son fils à l'Amour* :
1791, p. 32 (bas-relief).

— *offrant un sacrifice* : 1783,
p. 18.

— *peignant* : 1785, p. 30; -93,
p. 23.

— *pinçant de la guitare* : 1793,
p. 14; -95, p. 25, 60; -96,
p. 35, 71.

— *pinçant de la harpe* : 1793,
p. 32, 108; -96, p. 35.

— *plumant un canard* : 1800,
p. 59.

— *portant un rosier* : 1796,
p. 51.

— *près d'une fontaine dans
une forêt* : 1791, p. 51.

— *pressant une grappe de
raisin* : 1796, p. 51.

— *prête de plumer une perdrix* : 1796, p. 25.

— *recevant un cadeau* : 1796,
p. 16.

— *récurant* : 1757, p. 16.

Femme regardant des serins : 1737, p. 24.

— *répandant des fleurs sur le tombeau d'un poète* (terre cuite) : 1795, p. 64.

— *repoussant l'Amour :* 1771, p. 35 ; -75, p. 26.

— *revenant du marché :* 1769, p. 15.

— *saignée au pied :* 1779, p. 34.

— *savonnant :* 1737, p. 13.

— *se coiffant d'une guirlande de fleurs :* 1775, p. 35 (marbre).

— *se piquant à un rosier :* 1795, p. 25.

— *se reposant sur un canapé :* 1773, p. 20 ; -95, p. 24.

— *soignant sa basse-cour :* 1798, p. 24.

— *sortant des bains :* 1763, p. 15.

— *spartiate donnant un bouclier à son fils :* 1795, p. 40, 59, 83, 84.

— *spartiate offrant ses services pour la défense de la ville :* 1793, p. 16.

— *sur un âne :* 1787, p. 22.

— *sur un canapé :* 1793, p. 55.

— *surprise dans la campagne par un orage :* 1799, p. 17.

— *symbolisant l'Amour :* 1798, p. 71 (plâtre).

— *tenant le portrait de son mari :* 1795, p. 65 (sculpture).

— *tenant un burin :* 1793, p. 100.

— *tenant une cocarde nationale :* 1795, p. 61.

— *tenant une colombe :* 1791, p. 51.

— *tenant une corne d'abondance :* 1773, p. 37 (marbre).

— *tenant un enfant :* 1795, p. 42, 61 ; 1800, p. 52.

— *tenant une flûte :* 1798, p. 18.

— *tenant une lettre :* 1793, p. 40 ; -95, p. 25 ; -96, p. 45.

Femme tenant un oiseau : 1796, p. 51.

— *tirant de l'eau à une fontaine :* 1773, p. 18.

— *tirant les cartes :* 1775, p. 28.

— *trayant une vache :* 1789, p. 36.

— *vue par une croisée :* 1796, p. 56.

Femmes (Deux) : 1795, p. 34.

— *au bain.* — Voir *Baigneuses.*

— *buvant du lait :* 1793, p. 21.

— *déjeunant :* 1793, p. 36.

— *déposant leurs bijoux sur l'autel de la patrie* (sculpture) : 1793, p. 68.

— *des colonies grecques de Sicile :* 1781, p. 35.

— *dessinant dans les ruines de Rome :* 1787, p. 21.

— *dormant :* 1699, p. 16.

— *écoutant un berger qui joue de la clarinette :* 1787, p. 30.

— *et enfants :* 1773, p. 46 ; -77, p. 10.

— *faisant de la musique :* 1793, p. 19.

— *jouant avec des enfants :* 1795, p. 55.

— *lisant :* 1799, p. 57.

— *offrant des fleurs à l'Amour :* 1798, p. 31 ; -99, p. 30.

— *regardant par la portière d'une voiture :* 1798, p. 40.

— *se baignant au bord de la mer :* 1787, p. 19.

— *spartiates portant secours à leurs époux :* 1787, p. 36.

Ferme : 1741, p. 32 ; -45, p. 35 ; -46, p. 19 ; -73, p. 27 ; -77, p. 17, 18 ; -85, p. 14 ; -95, p. 20, 35.

— *(Entrée de) :* 1793, p. 31.

— *(Extérieur de) :* 1800, p. 41.

— *de Beauvaisis :* 1783, p. 44.

— *suisse :* 1793, p. 20.

Fermeté des vieillards romains : 1796, p. 58.

Fermier brûlé demandant l'aumône : 1761, p. 26.

Fermière (la) : 1771, p. 27; -75, p. 20; -77, p. 22.

Ferney : 1771, p. 28; -73, p. 28.

Férou (Porte du), à Montpellier. — Voir *Peyrou*.

Festin de noces de village : 1737, p. 19.

— *espagnol* : 1793, p. 47.

Fête champêtre : 1745, p. 30; -67, p. 40; -77, p. 18; -81, p. 24; -95, p. 61.

— *dans un camp* : 1748, p. 20.

— *de bonnes gens* : 1777, p. 33.

— *de la Victoire* : 1763, p. 26.

— *des sans-culottes sur les ruines de la Bastille* : 1793, p. 49.

— *donnée par le prince de Conti, dans le bois de Cassan, à l'Isle-Adam* : 1777, p. 27.

— *du dieu des jardins* : 1759, p. 26.

— *projetée à Versailles pour la naissance du Dauphin* : 1783, p. 59.

Fêtes : 1783, p. 39.

— *(les principales) de l'année* : 1775, p. 40.

— *de Palès ou Lupercales* : 1737, p. 32.

— *de la ville de Paris à l'occasion de la naissance du Dauphin* : 1783, p. 58.

— *domestiques* : 1789, p. 52.

— *du mariage du Dauphin* : 1750, p. 27.

— *flamandes* : 1748, p. 26; -50, p. 29; -63, p. 37; -71, p. 47; -73, p. 45; -77, p. 47; -96, p. 63.

Feti (Domenico), peintre : 1737, p. 29; -38, p. 29.

Feu (le) : 1737, p. 27 (buste); -40, p. 30; -45, p. 27; -65, p. 36 (statue couchée).

— *d'artifice à Versailles* : 1793, p. 12, 31.

Feu (Décoration du) de 1739 : 1741, p. 31.

Feuillants (Eglise des) : 1753, p. 14; -59, p. 12, 16; -63, p. 12.

Feuille villageoise (le Moniteur ou la) : 1793, p. 21.

Feverges (Vallée de) : 1800, p. 26.

Fidélité (la) : 1746, p. 24 (terre cuite); -57, p. 34; -71, p. 43 (plâtre); -79, p. 42 (statue); -93, p. 60, 61 (marbres).

— *caressant un chien* : 1775, p. 35 (marbre); -85, p. 45 (marbre).

— *des hussards français* : 1798, p. 67.

— *et l'abondance des richesses* : 1771, p. 43.

— *et la Sincérité* : 1775, p. 10.

— *ne pouvant survivre à l'Amitié* : 1795, p. 63.

Figure avec deux colombes (plâtre) : 1791, p. 36.

— *d'étude en pied* : 1793, p. 31.

— *jouant à l'émigrant* (terre cuite) : 1793, p. 67.

Figures de femmes et de jeune homme couchées sur des lits et tenant des couronnes : 1799, p. 70 (terre cuite).

— *en terre cuite* : 1791, p. 34; -93, p. 60.

— *imitant l'antique* (sculpture) : 1793, p. 59.

— *isolées* : 1798, p. 16.

Fileuse : 1796, p. 62.

— *et son enfant* : 1748, p. 16.

— *flamande* : 1750, p. 27; -51, p. 27.

Fille (Jeune) affligée, tête d'étude : 1785, p. 50; 1800, p. 26.

— *agenouillée offrant un cierge* : 1800, p. 19.

— *allant chercher du lait* : 1799, p. 22.

— *à son piano* : 1800, p. 35, 36.

Fille (*Jeune*) *assise sur le bord d'une fontaine* : 1799, p. 42.
— *à une fenêtre, rinçant un pot au lait* : 1798, p. 27.
— *caressant une colombe* : 1740, p. 18.
— *chargeant une vieille de remettre une lettre* : 1767, p. 23.
— *contemplant des cendres dans une urne* (plâtre) : 1798, p. 75.
— *dans son atelier, regardant dans un portefeuille* : 1800, p. 55.
— *dessinant* : 1704, p. 28.
— *dévidant du fil* : 1799, p. 22.
— *donnant à boire à un chien* : 1796, p. 38.
— *effeuillant une marguerite* : 1799, p. 35.
— *endormie surprise par son père et sa mère* : 1767, p. 23.
— *essayant sur son amant les flèches dérobées à l'Amour* : 1798, p. 64.
— *faisant de la dentelle* : 1799, p. 22.
— *faisant de la tapisserie* : 1759, p. 17.
— *frisant son amant* (groupe) : 1737, p. 24.
— *jouant aux billes* (statue) : 1785, p. 45.
— *jouant aux osselets* (statue) : 1785, p. 45.
— *jouant avec une tourterelle* : 1793, p. 99.
— *jouant de la flûte* : 1800, p. 71.
— *lisant une lettre* : 1704, p. 33.
— *méditant à la lueur d'une lampe* : 1704, p. 24.
— *menaçant* : 1704, p. 17.
— *parlant à un jeune homme à la fenêtre* : 1799, p. 34.
— *pleurant son oiseau mort* : 1765, p. 24; -67, p. 39.

Fille (*Jeune*) *prenant un vase des mains d'un nègre* : 1795, p. 16.
— *priant* : 1799, p. 49.
— *querellée par sa mère* : 1765, p. 23.
— *qui a cassé son miroir* : 1763, p. 29.
— *sur une escarpolette* : 1704, p. 38.
— *surprise par un coup de vent* : 1799, p. 49.
— *tirant de l'eau* : 1737, p. 13.
Fille (*Petite*) *assise s'amusant avec son déjeuner* : 1737, p. 20.
— *avec son chat* : 1781, p. 28.
— *cachant l'arc de l'Amour* (plâtre) : 1761, p. 28.
— *donnant à manger à un oiseau* : 1765, p. 24.
— *faisant lire son chien* : 1800, p. 81.
— *jouant au volant* : 1737, p. 21.
— *jouant avec un chat* : 1800, p. 23.
— *jouant avec un tigre* : 1741, p. 15.
— *lisant la croix de Jésus* : 1763, p. 29.
— *répétant sa leçon* : 1775, p. 27.
— *tenant un chien* : 1765, p. 25.
— *tenant une colombe* : 1799, p. 49.
— *tenant un lapin* (groupe) : 1737, p. 24.
— *tenant un oiseau* (statue) : 1740, p. 15.
— *voulant apprendre à lire à un chien* : 1799, p. 20.
Filles (*Petites*) *à une croisée* : 1796, p. 45.
Filles de Saint-Thomas de Villeneuve (*Bonnes œuvres des*) : 1737, p. 17.
Filles Saint-Thomas (Eglise des) : 1741, p. 26.
Fils (*le*) *ingrat* : 1765, p. 26.
— *puni* : 1765, p. 26.
— *repentant de retour à la*

maison paternelle : 1779,
p. 31.

Fin du jour (la) : 1757, p. 33.

Flaccus (Fulvius), consul :1779,
p. 19.

Flandre (Parlement de) : 1741,
p. 24; -57, p. 17.

Flandres (Vues des) : 1741,
p. 29; -43, p. 33; -50, p. 29.

Fleurs (Tableaux de) : 1673,
p. 34, 35; -99, p. 17, 24; 1704
p. 40, 42; -41, p. 16, 25; -47,
p. 21, 29; -53, p. 27; -55,
p. 21, 22, 27; -59, p. 22; -63,
p. 24; -65, p. 21, 24; -67,
p. 19, 22; -69, p. 20; -73,
p. 23, 24, 32; -75, p. 17, 21;
-77, p. 19, 36; -79, p. 36; -85,
p. 25; -87, p. 22; -89, p. 33;
-91, p. 14, 17, 24, 30, 47, 48,
51; -93, p. 29, 37, 44; -95,
p. 16, 17, 31, 51, 52, 60; -96,
p. 20, 58, 69; -98, p. 16, 22,
23, 50, 56, 66, 88 (bas-relief);
-99, p. 49, 53, 55, 65; 1800,
p. 13, 15, 63, 75 (biscuit).

Fleurs et Fruits : 1699, p. 17,
24; 1704, p. 34; -37, p. 17,
18; -38, p. 20; -41, p. 25; -42,
p. 20; -50, p. 25; -51, p. 30;
-63, p. 30, 31; -71, p. 22; -73,
p. 24, 27; -75, p. 21; -77,
p. 23; -79, p. 28; -81, p. 26,
33; -91, p. 23, 46; -93, p. 29;
-95, p. 16; -99, p. 53, 55.

Fleurus (Bataille de) : 1800,
p. 47.

Fleury (Cabinet de M.) : 1796,
p. 26.

— (Cardinal de) : 1737, p. 24;
-38, p. 17, 18.

— (Médaille à l'honneur du
chevalier de) : 1781, p. 52.

*Fleury (Tombeau du cardinal
de)* : 1743, p. 19, 25, 26, 27, 29,
30, 31, 33, 34, 35, 36; -45,
p. 23.

Fleuve (Un) : 1737, p. 24 (terre
cuite); -40, p. 14; -41, p. 14;
-46, p. 23; -57, p. 30 (sculpture); -59, p. 29 (marbre);
-61, p. 30 (modèle); -83,
p. 40; -85, p. 50 (statue).

Flore : 1704, p. 35; -37, p. 33
(terre cuite); -43, p. 27 (pierre);
-45, p. 32 (plâtre); -46, p. 20
(portrait); -47, p. 20; -48,
p. 16; -50, p. 30 (statue); -53,
p. 27; -71, p. 22; -79, p. 16;
-81, p. 51 (modèle); -91,
p. 35 (terre cuite); -95, p. 65
(marbre); -99, p. 18.

— *(Offrande à)* : 1799, p. 62.

— *(Tête de)* : 1704, p. 34 (sculpture); -75, p. 21; -98, p. 73
(sculpture); -99, p. 69 (plâtre).

— *et Zéphir* : 1699, p. 15, 22;
1704, p. 12, 19, 27; -37, p. 29;
-41, p. 24; -42, p. 15; -47,
p. 24; -55, p. 17; -59, p. 18;
-61, p. 15; -73, p. 32, 43
(sculpture); -75, p. 26; -83,
p. 15.

Florence (Académie de) : 1789,
p. 57.

— (Galerie de) : 1793, p. 41,
43, 44; -98, p. 84.

— (Maison de campagne près
de) : 1775, p. 18.

Florence (Vues de) : 1773,
p. 24; -93, p. 53, 74; -95,
p. 51.

Florian (Contes de) : 1793,
p. 35.

Flûteur (le) : 1740, p. 26; -46,
p. 26; -96, p. 62.

Foi (la) conjugale : 1795, p. 67.

— *et la Charité* : 1781, p. 44
(plâtre).

Foire : 1789, p. 35, 38; -93,
p. 10.

— *(Abords d'une)* : 1775, p. 13.

— *des environs de Paris* : 1787,
p. 41.

— *de Franche-Comté* : 1785,
p. 39; -87, p. 41.

— *de Saint-Germain* : 1750,
p. 17.

— *de village* : 1753, p. 17.

Folie (la) : 1753, p. 35; -57, p. 5, 35.

— *arrachant le voile de l'Innocence* : 1796, p. 49.

— *conduisant l'Amour* : 1751, p. 30 (terre cuite).

— *parant la Vieillesse des ajustements de la Jeunesse* : 1743, p. 12; -45, p. 34; -50, p. 28.

— *triomphant de la Raison* : 1773, p. 41 (esquisse); -81, p. 48 (terre cuite).

Follard (M.) : 1743, p. 24.

Fonrose : 1763, p. 23.

Fons de Colombe (Cabinet de M. de) : 1785, p. 41.

Fontaine : 1740, p. 14; -46, p. 19; -48, p. 30 (modèle).

— *(Projets de)* (sculpture) : 1755, p. 32; -91, p. 41; -93, p. 66.

— *antique* : 1771, p. 23; -79, p. 26; -81, p. 25.

— *avec figures* : 1747, p. 24; -51, p. 25; -75, p. 17; 1800, p. 89.

— *de la rue de Grenelle* : 1740, p. 28 (modèle); -41, p. 28.

— *de Neptune* : 1748, p. 26; -50, p. 22.

— *de Vénus* : 1750, p. 28.

— *des Grâces* : 1769, p. 35 (esquisse).

— *des Tritons* : 1750, p. 28.

— *du Dauphin* : 1753, p. 30.

— *du jardin du Luxembourg* : 1773, p. 23; -75, p. 16.

— *jaillissante dans un parc* : 1793, p. 73.

— *pour Monceaux avec deux figures* : 1783, p. 52.

— *publique* : 1738, p. 29; -42, p. 27 (terre cuite); -59, p. 29.

— *représentant le temple de Neptune* : 1771, p. 31.

Fontainebleau (Château de) : 1739, p. 18; -81, p. 32.

— (Galerie de) : 1785, p. 37.

Fontainebleau (Plafond de la salle de Conseil à) : 1753, p. 15.

— (Salle à manger de) : 1745, p. 22.

— (Tableaux pour la chapelle de) : 1781, p. 13, 16, 17, 19, 23, 28, 34, 37; -85, p. 37; -89, p. 11, 23.

Fontainebleau (Vues de la forêt de) : 1738, p. 23; -42, p. 16; -81, p. 39; -83, p. 31; -85, p. 26; -91, p. 10, 19, 30; -93, p. 17, 37, 100; -96, p. 56, 62; 1800, p. 54.

Fontanieu (M. de), intendant des meubles de la Couronne : 1767, p. 21.

Fontarabie (Bombardement de) : 1799, p. 33.

Fontenoy (Bataille de) : 1755, p. 20; -57, p. 17; -61, p. 19; -71, p. 52; -87, p. 27.

Fontenoy (Plan de la bataille de) : 1750, p. 20.

Fontevrault (Abbaye de) : 1748, p. 20.

Force (la) : 1745, p. 26; -81, p. 43 (statue), 45 (buste); 1800, p. 67 (statue).

— *guidée par la Raison ramène la Paix* : 1795, p. 63.

Forêt (Une) : 1740, p. 14; -53, p. 27; -91, p. 53; -93, p. 21, 28, 29, 100; -95, p. 22.

— *(Entrée de)* : 1800, p. 14.

— *avec figures et animaux* : 1798, p. 58, 66; -99, p. 88; 1800, p. 14, 17, 64.

— *avec le tombeau des Horaces et des Curiaces* : 1757, p. 19.

— *dévastée par un ouragan* : 1798, p. 12.

Forge nationale : 1785, p. 35.

Fornille (Maison de M.) : 1787, p. 34.

Fortier (Cabinet de M.) : 1757, p. 22; -61, p. 17.

Fortune (la) (statue) : 1793, p. 60.

Four à brique : 1765, p. 42.

— *à chaux* : 1777, p. 52.

— *à plâtre (Plan d'un)* : 1795, p. 75.

— *banal, près Marly* : 1769, p. 26.

Fourneau pour la conversion de la tourbe en charbon : 1793, p. 98.

Fournier jeune (Cabinet de M.) : 1787, p. 41.

Fraîche matinée (la) : 1781, p. 50.

Fraises, œufs et égrugeoir : 1789, p. 17.

France (la), assise sur le globe de la terre, regarde avec ravissement le Roi (terre cuite) : 1750, p. 18, 19.

— *(la) embrassant le buste du Roi* : 1747, p. 33 (statue); -48, p. 27 (marbre).

— *(la) libre* : 1798, p. 28.

— *(la) recevant la Paix des mains de la Victoire* : 1796, p. 76.

— *(la) rendant grâce au ciel de la guérison du Roi* : 1745, p. 36.

— *(la) témoignant son affection à la ville de Liège* : 1771, p. 49.

Franchard (Rochers de) : 1738, p. 23.

Franche-Comté (Vue de) : 1796, p. 20.

Francklin : 1785, p. 18, 46.

Francklin (Projet de tombeau pour) : 1791, p. 38.

François Ier fait prisonnier à Pavie : 1791, p. 31.

— *recevant le dernier soupir de Léonard de Vinci* : 1781, p. 31.

Francs-maçons flamands en loge : 1747, p. 30.

Francs-maçons (Sceau des) de la loge de l'Union de Bordeaux : 1775, p. 43.

Frascati (Jeune fille de) écoutant un joueur de guitare : 1798, p. 44.

— *(Vues de)* : 1769, p. 21; -71, p. 24; -73, p. 25; -98, p. 41; -99, p. 16.

Frédéric-Guillaume, prince de Prusse : 1783, p. 59.

Fréjus (Evêché de) : 1743, p. 27.

Friande (la Petite) : 1795, p. 21.

Fribourg (Combat de) en 1644 : 1771, p. 20.

— *(Siège de)* : 1771, p. 52.

— *(Vues de)* : 1775, p. 23; -89, p. 32.

Friedberg (Bataille de) : 1767, p. 17.

Frileuse : 1783, p. 51 (marbre); -91, p. 54 (bronze); -93, p. 67 (plâtre); -96, p. 74 (marbre).

Frises : 1777, p. 16; -83, p. 39; -85, p. 15; -87, p. 55; -89, p. 21; -91, p. 31, 44, 51, 54 (bas-relief); -93, p. 68; -95, p. 55; -96, p. 34; -98, p. 39, 46, 57, 82; -99, p. 55.

Froidmanteau (Rue) : 1763, p. 24; -65, p. 22.

Frontispice allégorique : 1751, p. 27; -77, p. 51.

Frontispices de livres : 1759, p. 33; -61, p. 32; -63, p. 37; -65, p. 38, 39; -71, p. 51; -85, p. 54; -89, p. 26; -91, p. 38.

Frontons : 1750, p. 19; -53, p. 26; -55, p. 32; -61, p. 31; -71, p. 41, 42; -93, p. 66.

Frouville (Cabinet de M. de) : 1775, p. 18.

Fruitière vendant du fromage de Brie : 1800, p. 59.

Fruits (Tableaux de) : 1704, p. 19; -40, p. 16; -41, p. 18, 25; -48, p. 29; -53, p. 22; -55, p. 21, 22; -57, p. 16; -59, p. 17; -61, p. 27; -63, p. 18, 19, 24, 30; -65, p. 16, 17, 21,

23, 24; -67, p. 22; -69, p. 15,
19; -71, p. 29; -73, p. 23; -89,
p. 17; -91, p. 18, 21; -93, p. 22,
37, 50, 101, 102, 104; -95,
p. 16, 51, 60; -96, p. 58, 69;
-98, p. 14, 47; -99, p. 16, 49,
53.

Fuite en Egypte : 1743, p. 12;
-50, p. 12; -51, p. 22, 25;
-53, p. 14; -55, p. 15; -59,
p. 14; -61, p. 14; -93, p. 27.

Fulchiron (Cabinet de M.) :
1800, p. 51.

*Fulvie révélant à Cicéron la
conjuration de Catilina* : 1796,
p. 57.

*Funérailles d'une reine d'E-
gypte* : 1793, p. 98.

Furet et fauvette (terre cuite) :
1796, p. 73.

Fureur poétique (*la*) (esquisse) :
1743, p. 17.

G

Gabriel (Cabinet de), architecte : 1742, p. 23.

Gabrielle de Vergy : 1779,
p. 30.

Gaëte (*Prise de*) : 1800, p. 61.

Gagnat (Cabinet de) : 1753,
p. 30.

Gagne-petit (*le*) : 1745, p. 35.

Gagny (Cabinet de M. de) :
1757, p. 27.

Gaieté conjugale (*la*) : 1783,
p. 58.

Gaillon (Chapelle de la Chartreuse de) : 1769, p. 36; -73,
p. 39.

Gaillon (*Vue du château de*) :
1795, p. 18.

Galathée (*Acis et*) : 1704, p. 14.

— (*Triomphe de*) : 1699, p. 12
(vase); 1738, p. 22; -77, p. 48;
-79, p. 47 (terre cuite).

— *jetant des pommes à un
berger* : 1777, p. 29.

— *sur les eaux* : 1699, p. 16,
22; 1704, p. 27; -39, p. 14;
-50, p. 19 (fronton); -63, p. 39.

Galerie antique : 1796, p. 84;
1800, p. 90.

— *ayant vue sur des jardins* :
1746, p. 21.

— *de la villa Albani* : 1793,
p. 112.

— *d'un palais romain* : 1793,
p. 21.

— *en ruine* : 1789, p. 16.

*Galerie en ruine, éclairée par
un trou de la voûte* : 1785,
p. 23.

— *ornée de statues* : 1777, p. 20.

— *précédant une naumachie* :
1800, p. 78.

*Galeries avec pièce d'eau au
milieu* : 1769, p. 21.

Galetas : 1775, p. 27.

Galitzin (*Médaille de feu Alexis, prince*) : 1771, p. 48.

— (*Monument en l'honneur du
prince Alexis Métricéwisch*) :
1773, p. 42.

— (*Monument en l'honneur du
prince Michel Michailo-
witsch*) : 1773, p. 41; -77,
p. 46.

Galles (*Pavillon du prince de*) :
1793, p. 39.

Gallot (Cabinet de M.) : 1783,
p. 43.

Gand (*la Surprise de*) : 1771,
p. 52.

Ganymède : 1673, p. 30 (marbre); 1743, p. 28; -45, p. 36
(plâtre); -85, p. 47 (marbre);
-89, p. 51 (terre cuite); -91,
p. 36 (plâtre), 53.

— *donnant à boire à Jupiter* :
1796, p. 15.

Garçon (*Petit*) *sur un âne* :
1739, p. 13, 14.

Garçons (*Jeunes*) : 1704, p. 42.

Gard (Pont du) : 1785, p. 22;
-87, p. 20; -93, p. 47.

Garde (la) attentive : 1747,
p. 23.

— *de barrière* : 1745, p. 21.

*Garde-Meuble (les Démoli-
tions du)* : 1759, p. 22.

Gardes de cavalerie : 1743,
p. 32.

— *françaises repoussant un
détachement du Royal-Alle-
mand* : 1793, p. 41.

Garnier (Histoire de France
de l'abbé) : 1783, p. 17.

Gascon puni (le) : 1738, p. 21.

Gâteau des rois (le) : 1777,
p. 50.

Gazelle : 1739, p. 22.

Gellias (Hospitalité de) : 1787,
p. 37.

Gélon, roi de Syracuse : 1751,
p. 22, 23.

Gendarme de la garde du Roi :
1785, p. 42.

Générosité (la) : 1743, p. 24;
-45, p. 27.

— *des dames romaines* : 1791,
p. 19, 45.

*Gênes (Plafond de salon exé-
cuté à)* : 1793, p. 34.

— *(Vue du port de)* : 1767,
p. 41; -91, p. 15; -93, p. 51.

Genève (la République de) (médaille) : 1740, p. 27.

— *(Vues de la ville et du lac
de)* : 1742, p. 13; -75, p. 23;
-91, p. 43; -95, p. 27.

Génie (marbre) : 1791, p. 39.

— *des Arts couronnant la Vérité* : 1798, p. 81.

— *des Arts couronné par Minerve* : 1793, p. 66 (sculpture).

— *des Arts réveillé par Minerve* : 1793, p. 62 (sculpture).

— *du dessin* (médaille), prix
de l'Académie : 1785, p. 53.

— *de la France présentant la
palme au vainqueur* : 1752,
p. 32 (pierre gravée).

— *de la Liberté, écrivant sur
des tablettes* : 1799, p. 68
(sculpture).

— *de la musique* : 1759, p. 32
(pierre gravée).

— *de la Peinture, se déga-
geant de ses entraves* : 1791,
p. 23.

— *de la sculpture* : 1745, p. 37
(terre cuite); -46, p. 28 (terre
cuite).

— *victorieux de la France présentant la Paix* : 1800, p. 67
(plâtre).

*Génies (les) de la Poésie, de
l'Histoire, de la Physique et
de l'Astronomie* : 1761, p. 14.

*Génoise dormant sur son ou-
vrage* : 1765, p. 32.

Gentilhomme (le) bienfaisant :
1781, p. 39.

Geoffrin (Cabinet de Mme) :
1773, p. 14.

Géographie (la) : 1781, p. 45
(esquisse).

Géomètre (Un) : 1771, p. 22.

— *espagnol* : 1793, p. 42.

Géométrie (la) : 1704, p. 17;
-88, p. 54 (bas-relief).

— *(la) instruisant Mars* : 1742,
p. 32.

Géorgiques (les) : 1742, p. 33;
-43, p. 32; -67, p. 37; -99,
p. 87.

Gérardin (Cabinet du marquis
de) : 1779, p. 45.

Gerdret, négociant : 1791, p. 17.

Germain (Cabinet de), orfèvre
du roi : 1745, p. 19; -53, p. 22.

*Germanicus rendant les hon-
neurs funèbres à Varus et
à ses soldats* : 1791, p. 32.

— *(les Cendres de)*. — Voir
Agrippine.

Gessner (Dessins pour une
édition des Œuvres de) :
1781, p. 38; -83, p. 38; -85,
p. 35; -87, p. 31; -89, p. 26;

-91, p. 33 ; -93, p. 37, 44 ; -98,
p. 52.

Gessner (Sujets tirés de) : 1763,
p. 21 ; -95, p. 14, 88 ; -96,
p. 16, 73 ; -99, p. 34.

Geste napolitain (le) : 1757,
p. 26 ; -63, p. 38.

Gesvres (Dessous du quai de),
à Paris : 1769, p. 22.

Géta (Mort de) : 1791, p. 12 ;
-95, p. 35.

Gibier : 1699, p. 17 ; 1738, p. 12,
13, 14, 15, 20 ; -41, p. 18 ; -42,
p. 21 ; -50, p. 17, 18 ; -53, p. 22 ;
-59, p. 17 ; -61, p. 23 ; -65,
p. 21 ; -69, p. 15, 18 ; -79,
p. 25 ; -83, p. 27 ; -85, p. 24 ;
-98, p. 47 ; 1800, p. 63.

*Gillet (Louis), maréchal des
logis, sauve une jeune fille
des mains de deux assas-
sins :* 1785, p. 36.

Girardot de Marigny (Cabinet
de M.) : 1779, p. 22, 28 ; -81,
p. 20, 25, 46 ; -83, p. 22, 27,
43, 52 ; -85, p. 19, 20, 38 ; -87,
p. 40 ; -89, p. 15.

Girgenti. — Voir *Agrigente.*

*Glacier de la Drance, près du
Saint-Bernard :* 1800, p. 13.

Gladiateur mourant : 1777,
p. 38 ; -79, p. 45 (sculpture) ;
-95, p. 36.

Gland (le) et la citrouille :
1737, p. 17.

*Glaucias protégeant Pyrrhus,
enfant :* 1747, p. 16 ; -73,
p. 47 ; -75, p. 22 ; -96, p. 52.

Glaucus : 1798, p. 86.

*Globe terrestre avec légumes
et fruits :* 1763, p. 31.

Glorieux (le) : 1739, p. 23 ; -41,
p. 32.

Glycère ou *la Marchande de
fleurs :* 1763, p. 15 ; -98, p. 19.

— *à la tombe de sa mère :*
1795, p. 27.

— *cueillant des fleurs :* 1787,
p. 12.

— *peinte par Zeuxis :* 1779, p. 54.

Gnide (Dessins du temple de) :
1798, p. 56.

Gobelins (les) : 1738, p. 24 ;
-39, p. 17, 18 ; -40, p. 14, 16 ;
-41, p. 16, 17 ; -46, p. 23 ; -51,
p. 13 ; -53, p. 15, 16 ; -57,
p. 13, 14, 15 ; -59, p. 27 ; -61,
p. 14, 20 ; -63, p. 12, 13 ; -65,
p. 14, 32 ; -69, p. 13, 42 ; -71,
p. 11 ; -85, p. 16 ; -87, p. 32 ;
-91, p. 44 ; -98, p. 86.

Godefroy le jeune (Cabinet de
M.) : 1765, p. 20.

Goliath : 1781, p. 18.

Goltzius, peintre : 1742, p. 34.

Gothique (Façade d'habitation
dans le style) : 1799, p. 81.

Gotteron (le torrent de) :
1775, p. 23.

Gouache (Tableaux à la) :
1769, p. 19 ; -75, p. 9 ; -77,
p. 22 ; -91, p. 16, 19, 23, 29,
33, 49 ; -93, p. 22, 33 ; -95,
p. 48 ; -96, p. 50. — Voir
Miniatures.

Goubertin (Château de) : 1740,
p. 22.

Gouguenot (Cabinet de l'abbé) :
1763, p. 38.

Goûter de chasseurs : 1769,
p. 23.

Goutteux (le) : 1745, p. 19.

Gouvernante (la) : 1739, p. 14 ;
-40, p. 26.

*Gouverneur du sérail choisis-
sant des femmes :* 1799, p. 84.

Grâces (les) : 1765, p. 12 ; -73,
p. 20, 28 (émail).

— *au bain :* 1773, p. 13.

— *couronnant l'Amour et Vénus :* 1771, p. 14.

— *enchaînant l'Amour :* 1738,
p. 24 (deux tableaux) ; -53,
p. 33 ; -65, p. 18 ; -67, p. 30.

— *enchaînées par l'Amour :*
1763, p. 12.

— *instruisant l'Amour :* 1741,
p. 24.

— *lutinées par les Amours :*
1779, p. 13 ; -89, p. 54.

Grâces ornant la Nature : 1747, p. 20.

Grammont (Cabinet du duc de) : 1773, p. 14, 22, 34.

Grammont-Salive (Tableaux à la marquise de) : 1787, p. 16; -89, p. 13.

Grand Seigneur (le) avec une sultane : 1740, p. 19.

Grande ourse (la) : 1750, p. 13.

Grange ruinée avec figures et animaux : 1789, p. 32.

Granique (Passage du) : 1673, p. 29.

Granville (Siège de) : 1795, p. 44.

— (*Vue de la ville et du port de*) : 1800, p. 40.

Grappe de raisin attachée à un vieux mur : 1789, p. 17.

— *de raisin peinte sur marbre :* 1791, p. 14.

Grassins (Chapelle du collège des) : 1775, p. 9.

Gravure [1] (Nouveau genre de) : 1796, p. 19.

— à l'eau-forte : 1791, p. 33; -96, p. 44.

— au lavis : 1795, p. 86.

— en couleur : 1781, p. 22.

— en pierres fines : 1793, p. 44; 1800, p. 81.

— sur acier, imitant la gravure sur bois : 1798, p. 81.

Grec attaqué par un tigre : 1800, p. 44.

— *conduisant un char :* 1800, p. 44.

Grèce (les plus beaux monuments de la) : 1753, p. 27; -59, p. 32.

— (*Vues de la*) : 1793, p. 21; -95, p. 45; -98, p. 14.

Grecque (Femme) : 1704, p. 29.

— (*Portrait de dame en*) : 1759, p. 21.

— *endormie :* 1773, p. 13.

Grecque enseignant à sa fille à jouer de la lyre : 1791, p. 52.

— *ornant d'une couronne la tête de sa fille :* 1787, p. 12.

— *ornant d'une guirlande un vase de fleurs :* 1761, p. 15.

— *sortant du bain :* 1757, p. 20; -59, p. 31; -79, p. 21.

Grecques (Deux femmes) : 1775, p. 22.

— (*Jeunes*) *couvrant l'Amour de guirlandes de fleurs :* 1773, p. 12.

— (*Jeunes*) *faisant le serment de ne jamais aimer :* 1773, p. 12.

Grenade (Combat naval de) : 1791, p. 22.

Grenadiers à cheval : 1737, p. 14.

Grenelle (Frontispice de la principale porte du magasin de) : 1795, p. 71 (plâtre).

Grenoble : 1699, p. 24; 1747, p. 20.

Gridelin (Cheval nommé le) : 1740, p. 23.

Groningue (Vue des environs de) : 1771, p. 47; -98, p. 30.

Grosbois : 1737, p. 24.

Grosbois (Forêt de) : 1777, p. 10.

Grosley (Seize portraits des hommes illustres de Troyes donnés par) à la bibliothèque de la ville : 1757, p. 29; -59, p. 28; -63, p. 34; -65, p. 34.

Grotta (Vue de la) : 1795, p. 27.

Grotta-Ferrata (Vue de) : 1793, p. 13, 21.

Grotte (Intérieur d'une) : 1800, p. 87.

— *avec femmes et enfants venant de se baigner :* 1787, p. 30.

— *de l'Abreuvoir :* 1757, p. 32.

1. On s'est contenté de noter les procédés d'un caractère spécial.

Grotte du Maréchal : 1748, p. 26.

— *par laquelle on voit un port* : 1787, p. 19.

Groupe d'enfants : 1748, p. 36 (terre cuite); -67, p. 42; -95, p. 43.

Groupes de femmes (modèles de chandeliers) : 1761, p. 28.

— *de Marly* (sculptures) : 1740, p. 32.

Grue morte : 1745, p. 19.

Guarini : 1787, p. 39.

Guédeperse sauvé par une jeune vendéenne : 1796, p. 64.

Guédin (Cabinet de M.), entrepreneur : 1799, p. 67.

Guéménée (la Fille du prince de) : 1738, p. 20.

Guérison de l'aveugle-né : 1779, p. 36.

Guerre (la) : 1800, p. 69 (statue).

Guerrier (*Un*) *reconnaissant qu'il a tué son frère s'abandonne à sa douleur* : 1798, p. 38.

Guerrier résistant aux plaisirs : 1799, p. 33.

Guillaume le Conquérant (*Descente de*) *en Angleterre* : 1765, p. 30.

Guillaume Tell (buste) : 1795, p. 63.

— *repoussant la barque de Gessler* : 1795, p. 62.

—, tragédie : 1798, p. 20.

Guimard (Hôtel de Mlle) : 1771, p. 44.

Guinguette flamande : 1745, p. 35.

Guise (*le Duc de*) *chez le président du Harlay* : 1783, p. 23.

Guise (*Vue de la ville et du château de*) ou *Réunion-sur-Oise* : 1798, p. 45.

Gustave, roi de Suède, s'entretenant avec ses frères : 1771, p. 16.

Guyton de Morveau, chimiste : 1800, p. 47.

H

Habillements des peuples orientaux : 1748, p. 27.

Hache (Cabinet de M.) : 1787, p. 41.

Hachette (*Jeanne*) *défendant Beauvais* : 1781, p. 38.

Haillet de Couronne (Cabinet de M.) : 1773, p. 23.

Halle (*Construction de la nouvelle*) : 1765, p. 22.

— (*Intérieur d'une*) : 1779, p. 17.

— (*Vue de la*) *pendant les fêtes données à l'occasion de la naissance du Dauphin* : 1783, p. 39.

— *aux blés de Paris* : 1783, p. 54; -89, p. 28.

Halte à la porte d'un cabaret : 1793, p. 99.

Halte d'armée : 1793, p. 14.

— *de cavalerie* : 1742, p. 31; -96, p. 31, 65; -98, p. 61; 1800, p. 51.

— *de la Maison du Roi* : 1737, p. 14.

— *de soldats espagnols* : 1799, p. 57.

— *de volontaires* : 1793, p. 54.

Hamilton (Marquis d') : 1781, p. 53.

Hamond (Cabinet de M.) : 1789, p. 41.

Harang (*Tour du*), à Amsterdam : 1775, p. 23.

Harcourt (Hôtel d') : 1757, p. 24.

Harcourt (*Ruines du château d'*) : 1800, p. 24.

Harcourt (Tombeau du comte d'). — Voir *Tombeau.*

Harlay (le Président du) recevant la visite du duc de Guise : 1783, p. 23.

Harlem (Environs de) : 1791, p. 47.

— (*Ville et port de*) : 1791, p. 49.

Harmonia tuée par les révoltés : 1751, p. 22, 23; -98, p. 25.

Harmonie (l') : 1763, p. 14; -89, p. 50 (terre cuite).

Harold (Mort de) : 1765, p. 30.

Harpies (les) : 1742, p. 33.

Harpocrate (statue) : 1789, p. 45.

Hasly (Vallée d'), près Meyringen : 1798, p. 29.

Hastings (Bataille d') : 1765, p. 30.

Haudriettes (Fontaine des) : 1765, p. 37.

Hâvre de Grâce (les Fêtes du) en 1749 : 1753, p. 30, 31.

— (*le Port du*) : 1781, p. 49.

— (*Tour de François I*^{er} *au*) : 1785, p. 27.

— (*Vue du*) : 1787, p. 35.

Hébé : 1742, p. 12; -48, p. 16; -53, p. 21 (plâtre); -57, p. 30 (buste marbre); -59, p. 30 (statue); -61, p. 15; -67, p. 37 (terre cuite); -71, p. 40 (terre cuite); -98, p. 37 (miniature), 72 (terre cuite), 76 (esquisse); -99, p. 14.

— (*Femme représentée en*) : 1738, p. 20; -45, p. 26; -46, p. 19, 22; -96, p. 47.

— (*Hymen d'Hercule et d'*) ! 1738, p. 24.

— *et Bacchus* (groupe) : 1789, p. 50.

— *offrant le nectar* : 1793, p. 71 (statue); -95, p. 53; -96, p. 15, 37.

— *rajeunissant Yolas, à la prière d'Hercule* : 1750, p. 15.

Hébert (Cabinet de M.), architecte : 1799, p. 67.

Hector (Adieux d') et d'Andromaque : 1699, p. 20; 1736, p. 26; -50, p. 29; -69, p. 41; -87, p. 11; -91, p. 30.

— (*Astyanax découvert dans le tombeau d'*) : 1704, p. 16.

— (*Corps d'*) *demandé à Achille par Priam* : 1783, p. 13.

— (*Corps d'*) *rapporté par Priam* : 1779, p. 15; -83, p. 41; -85, p. 11.

— (*Désolation de Priam et de sa famille après la mort d'*) : 1800, p. 31.

— (*Funérailles d'*) : 1791, p. 40.

— (*Mort d'*) : 1791, p. 42.

— (*Reproches d'*) *à Paris* : 1765, p. 16; -79, p. 12; -99, p. 56.

— *arrachant Paris des bras d'Hélène* : 1791, p. 51.

— *mort exposé sur les rives du Scamandre* : 1759, p. 23.

— *pleuré par Andromaque et Astyanax* : 1783, p. 39; -93, p. 19.

Hécube : 1737, p. 25; -83, p. 14; 85, p. 11, 31.

— (*Adieux de Polixène à*) : 1777, p. 37.

Hélène (Enlèvement d') : 1704, p. 26; -98, p. 48; 1800, p. 29.

— *brodant* : 1800, p. 18.

— *et Paris* : 1765, p. 16; -89, p. 23.

— *sauvée par Vénus de la fureur d'Enée* : 1793, p. 31; 1800, p. 22.

Héliodore (Punition d') : 1793, p. 31; -96, p. 82.

Héloïse : 1787, p. 29; -95, p. 42.

Hénault (Histoire de France du Président) : 1750, p. 30; -65, p. 39; -67, p. 38; -69, p. 38; -73, p. 46.

Hennin (Collection de M.) : 1769, p. 21.

Henri (Sujet tiré du roman de) : 1798, p. 50.

Henri II décorant le vicomte de Tavannes : 1789, p. 10.

Henri IV : 1748, p. 27; -63, p. 20; -77, p. 34.

Henri IV (Allégorie sur l'avènement de) : 1753, p. 25.

— *(Beau trait de)* : 1777, p. 30.

— *(Naissance de)* : 1779, p. 34; -89, p. 35.

— *(Piédestal à la gloire de) et de Louis XIV* : 1783, p. 47.

— *et Crillon* : 1781, p. 38.

— *et le paysan* : 1783, p. 48.

— *et Sully* : 1779, p. 39; -83, p. 37; -85, p. 26; -87, p. 17; -89, p. 38.

— *laissant entrer des vivres dans Paris* : 1777, p. 28.

— *ramené au Louvre* : 1791, p. 34.

Henriade (la) : 1787, p. 16.

— (Illustrations pour la) : 1781, p. 54.

Héraclite : 1673, p. 31 (buste); 1746, p. 13.

Héraclius : 1748, p. 15.

Herculanum (Tableau trouvé à) : 1763, p. 15; -87, p. 55.

Hercule : 1791, p. 34 (terre cuite); -95, p. 63 (statue); -96, p. 44.

— *(l'Amour se faisant un arc de la massue d')* : 1739, p. 23 (statue); -46, p. 18 (statue).

— *(Mort d')* : 1763, p. 18.

— *(Portrait du duc de Chaulnes en)* : 1747, p. 23.

— *brisant les chaînes de Prométhée* : 1755, p. 27.

— *brisant les chaînes de la Vertu captive* : 1799, p. 33.

— *combattant les Centaures* (groupe, terre cuite) : 1785, p. 50.

— *enlevé au ciel* : 1673, p. 33.

— *enfant étouffant les serpents* : 1767, p. 30; -85, p. 16.

Hercule entre le Vice et la Vertu (terre cuite) : 1793, p. 68.

— *et Acheloüs* : 1704, p. 12; -63, p. 14.

— *et Antée* : 1779, p. 51.

— *et Cacus* : 1755, p. 35; -61, p. 32.

— *et Déjanire* : 1673, p. 32; -99, p. 14, 15; 1704, p. 13, 31 (groupe), 39; -45, p. 25; -55, p. 26.

— *et Diomède* : 1753, p. 33.

— *et Hébé* : 1738, p. 24; -50, p. 15.

— *et Omphale* : 1748, p. 21; -59, p. 14; -69, p. 14; -79, p. 27; -81, p. 13; -83, p. 56; -96, p. 71.

— *et Pirithoüs* : 1787, p. 49 (terre cuite).

—, *Pan et Mercure* : 1773, p. 27.

— *présentant à Euristhée le sanglier d'Erimanthe* : 1757, p. 30 (pierre).

— *rendant Alceste à son mari* : 1785, p. 17.

— *se livrant au désespoir* : 1795, p. 57.

— *se reposant* : 1773, p. 44 (plâtre).

— *sur le bûcher* : 1781, p. 31.

— *tenant les pommes des Hespérides* : 1738, p. 30 (plâtre bronzé); 1800, p. 72 (bronze).

— *terrassant le lion de Némée* : 1793, p. 20.

Hérésie (la Religion terrassant l') : 1673, p. 33; 1742, p. 27.

Hermaphrodite (l') : 1757, p. 31; -91, p. 36 (plâtre).

Hermès ou l'Education : 1793, p. 69 (terre blanche).

Herminie cachée sous les armes de Clorinde : 1753, p. 34; -79, p. 41; -83, p. 17.

— *chez les bergers* : 1795, p. 46; -96, p. 28.

— *gravant sur les arbres le*

nom de Tancrède : 1789, p. 24; -96, p. 66. — Voir *Tancrède*.

Hermione menaçant Pyrrhus, reprochant à Oreste la mort de Pyrrhus : 1800, p. 35.
— *et Oreste*. — Voir *Oreste*.

Hermitage de J.-J. Rousseau à Montmorency : 1793, p. 98.

Hermite (Vieil) : 1791, p. 26.
— *dormant* : 1753, p. 32.
— *lisant* : 1767, p. 29.
— *prêchant* : 1787, p. 42.
— *sans souci* : 1779, p. 51.
— *se faisant enlever par les démons pour courir après Angélique* : 1787, p. 55.

Hermites : 1750, p. 20; -67, p. 31.

Héro et Léandre : 1791, p. 45; -96, p. 37; -98, p. 61.

Hérode Agrippa (la Punition d') : 1746, p. 19.

Hérodias (buste) : 1796, p. 74.

Héron (la Prise du) : 1741, p. 29.
— *mort suspendu à une ficelle* : 1800, p. 14.

Hersé, Mercure et Aglaure : 1738, p. 16; -63, p. 13; -67, p. 14; -79, p. 20.

Hespérides (les) : 1738, p. 30.

Hespérie et Œsacus : 1796, p. 33.

Hesse-Hombourg (la Princesse de) en Minerve, déposant sur l'autel de l'Immortalité le cordon de l'ordre de sainte Catherine (bas-relief) : 1759, p. 30.

Heures du jour (les Quatre) : 1741, p. 26; -71, p. 50; -96, p. 63; -99, p. 58.

Heureuse fécondité (l') : 1777, p. 52.

Heureux ménage (l') : 1775, p. 30.

Hiacinthe changé en fleur : 1769, p. 29.

Hibou, pimart et gibier : 1755, p. 22.

Hilarion (Extase du Père) : 1796, p. 55.

Hippolyte (Mort d'), dans un paysage : 1791, p. 12; -1800, p. 65.

Hippomène et Attalante : 1699, p. 22; 1704, p. 20; -65, p. 13; -91, p. 44 (terre cuite).

Hippopotame, fontaine (terre cuite) : 1738, p. 29.

Hipsicratée, concubine de Mithridate : 1673, p. 31.

Histoire (l') : 1743, p. 23; -93, p. 60 (statue).

Histoire de France (Estampes de l') : 1750, p. 30; -79, p. 49; -81, p. 49, 54; -85, p. 55.

Histoire de la maison de Bourbon, frontispice : 1773, p. 49.

Histoire des Religions (Estampes pour l') : 1793, p. 98.

Histoire naturelle (Morceaux d') : 1757, p. 24; -71, p. 29.

Hiver (l') : 1704, p. 16; -38, p. 32; -40, p. 26; -41, p. 27 (bas-relief); -45, p. 30; -47, p. 33; -59, p. 23; -71, p. 37; -75, p. 23 (plafond); -77, p. 24; -83, p. 28 (ou *les Saturnales*); -93, p. 35, 58 (bas-relief).

Hoche (Embarquement de) à Brest : 1798, p. 23.

Holbach (Cabinet du baron d') : 1755, p. 35.

Hollandaise avec ses enfants : 1789, p. 26.
— *pesant son or* : 1746, p. 23.

Hollande (Vues de) : 1748, p. 26; -91, p. 19; -93, p. 22; -98, p. 30.

Holopherne (Judith tenant la tête d') : 1738, p. 30 (terre cuite); -39, p. 25 (terre); -57, p. 22.

Homard (Urne, fruits et) : 1775, p. 21.

Homère (Sujets tirés de l'I-

liade d') : 1738, p. 28; -50, p. 29; -65, p. 16; -81, p. 11; -83, p. 33.

Homère chez le berger Glaucus : 1798, p. 86.

Hommage à l'Amitié : 1789, p. 52.

— *des dames romaines à Junon Lucine* : 1791, p. 44.

— *des Quatre Saisons à la Terre* : 1781, p. 48 (esquisse).

Homme abandonné sur un rocher avec une femme : 1793, p. 11, 30.

— *assis sur le bord d'un lac* : 1796, p. 17.

— *(l') assujetti au travail* : 1738, p. 29.

— *au cabaret offrant de l'argent à une jeune fille* : 1773, p. 19.

— *avec une bouteille et un verre* : 1771, p. 34.

— *baillant* : 1791, p. 47.

— *de la nature se jetant dans les bras de la loi* : 1793, p. 110.

— *délivré de l'esclavage* : 1800, p. 16.

— *entre deux âges* : 1737, p. 20.

— *entre le Vice et la Vertu* : 1775, p. 25.

— *et femme à la promenade* : 1796, p. 45.

— *et femme morts jetés sur le rivage* : 1793, p. 30.

— *faisant une libation à Bacchus* : 1771, p. 37.

— *formé par Prométhée qui l'anime avec le secours de Minerve* (groupe) : 1775, p. 39.

— *jouant avec un chien* : 1793, p. 42.

— *jouant de la flûte dans une compagnie de femmes* : 1771, p. 34.

— *jouant de la guitare* : 1791, p. 29.

Homme (l') sensuel : 1704, p. 40; -53, p. 35.

— *tenant un verre de vin éclairé d'une bougie* : 1767, p. 26.

— *(l') vertueux* : 1753, p. 35.

Hommes célèbres (Portraits des) : 1791, p. 37.

Hondscotte (Victoire de) : 1796, p. 31.

Honoré III (Saint Dominique prêchant devant) : 1763, p. 17.

Hôpital (Cabinet de la marquise de l') : 1777, p. 47.

Hôpital (Plans d'un) à élever à Grenelle : 1795, p. 73.

— *militaire*, extérieur : 1798, p. 62.

Horace (Sujets tirés d') : 1755, p. 19; -79, p. 16.

Horaces (les) (groupe) : 1800, p. 71.

— *(Combat des)* : 1787, p. 31; -93, p. 45.

— *(Serment des)* : 1785, p. 30; -91, p. 18, 43.

Horatius Coclès résistant à l'armée étrusque : 1781, p. 38.

Hospice maritime (Projet d') pour Brest : 1798, p. 80.

Hospitalité (l') : 1791, p. 20.

— *des Agrigentins* : 1787, p. 37.

Hôtel-de-Ville (Peintures et sculptures pour l') de Paris : 1761, p. 12, 22, 29; -63, p. 36; -67, p. 12; -69, p. 13.

Hôtel de la Guerre (Tableaux pour l') à Versailles : 1771, p. 52.

Hôtel des Monnaies (Figures pour l') : 1773, p. 40.

Hubert (Cabinet de M.), greffier du Conseil privé : 1783, p. 41.

Houdon (Cabinet de M.), sculpteur : 1777, p. 15.

Hulst (Cabinet de M.) : 1753, p. 18.

Humanité (l') voulant arrêter

la fureur du Démon de la guerre : 1781, p. 28.
Hure de sanglier : 1769, p. 15.
Hussard à cheval : 1798, p. 68.
— *français dans une sortie* : 1799, p. 65.
Hussards rejoignant leur camp : 1796, p. 19.
— *surpris en maraude par leur chef* : 1798, p. 50.
Hyacinthe du Pérou : 1751, p. 29.

Hyacinthe et Apollon : 1745, p. 30.
Hyères (*Vues de*) : 1800, p. 29.
Hygie, *déesse de la santé* (buste) : p. 46.
Hymen (*l'*) : 1787, p. 56; -91, p. 36 (plâtre).
— *allumant son flambeau à celui de l'Amour* : 1769, p. 15.
— *au repos* : 1793, p. 60 (talc).
— *couronnant l'Amour* (groupe marbre) : 1775, p. 34.

I

Icare : 1739, p. 26 (terre cuite).
— (*Chute d'*) : 1741, p. 31 (plâtre).
— (*Dédale et*). — Voir *Dédale*.
Idalie. — Voir Marbeuf (Jardin).
Idolâtrie foudroyée par le zèle. — Voir *Zèle*.
Ile-Barbe (*Vues de l'*) : 1781, p. 49.
Il emporte la rose et nous laisse l'épine : 1796, p. 49.
Il est trop tard (gravure) : 1793, p. 40.
Iliade (Sujets tirés de l') : 1738, p. 28; -50, p. 29; -53, p. 16; -59, p. 23; -61, p. 24; -67, p. 14; -75, p. 40; -77, p. 25; -81, p. 11, 14, 16; -83, p. 33; -85, p. 14; -95, p. 15, 19, 32.
Illumination de la place Louis XV : 1785, p. 20.
— *des écuries de Versailles* : 1750, p. 30.
— *pour le mariage du Roi* : 1781, p. 54.
Illustres français (*Portraits pour la collection des*) : 1799, p. 86.
Il morticello : 1796, p. 62.
Imbert (Cabinet de M.), chirurgien : 1789, p. 15.
Imitations (*Diverses*) : 1791, p. 29.

Immortalité (*l'*) : 1800, p. 68 (plâtre).
Imprimerie (*Vue d'une*) : 1798, p. 60.
— *du Batave* : 1795, p. 5.
Inauguration de la statue équestre du Roi : 1769, p. 13.
Incendie : 1748, p. 28; -65, p. 42; -95, p. 53, 78; 1800, p. 53.
— *à Rome vu à travers une colonnade* : 1785, p. 22.
— *au clair de lune* : 1798, p. 59.
— *d'une bergerie* : 1753, p. 34.
— *pendant la nuit* : 1789, p. 14.
Incertitude (*l'*) *ou que ferai-je?* : 1798, p. 12.
Inclination de l'âge (*l'*) : 1743, p. 37.
Indes (*Animaux des*) : 1739, p. 17.
— (*Idole des*) : 1745, p. 31.
— (*Tenture des*) : 1740, p. 16; -41, p. 17.
Indienne : 1763, p. 14.
— *du royaume de Tangiaor* : 1761, p. 27.
— *portant son enfant* : 1783, p. 36.
Infortune (*l'*) : 1800, p. 25.
Ingénu (*l'*), conte : 1787, p. 58.
Innocence (*l'*) : 1743, p. 28; -67,

p. 36 (sculpture); -77, p. 46
(sculpture); -98, p. 81.
Innocence couronnée : 1793,
p. 109.
— *en danger* : 1798, p. 82;
1800, p. 57.
— *entre le Vice et la Vertu* :
1791, p. 25.
— *nourrissant un serpent* :
1791, p. 30.
— *sous la garde de la Fidélité* : 1796, p. 24.
Insomnie (l') : 1771, p. 12.
Instant (l') de la méditation :
1747, p. 30.
*Institut (Intérieur de la salle
des assemblées publiques de
l')* : 1796, p. 78.
Instruction (l') paternelle : 1767,
p. 39.
— *publique* (gravure) : 1795,
p. 64.
— *(l') villageoise* : 1781, p. 40;
-87, p. 45; -93, p. 18.
Instruments de musique : 1704,
p. 19; -46, p. 23; -47, p. 25,
28; -48, p. 28; -57, p. 23; -67,
p. 16; -71, p. 21, 29; -87,
p. 21.
Intérieur avec animaux : 1798,
p. 40; -99, p. 89.
— *de cabaret* : 1798, p. 23.
— *de chambre sépulchrale* :
1783, p. 27.
— *de corps de garde hollandais* : 1799, p. 62.
— *de cour* : 1798, p. 50; -99,
p. 51.
— *d'écurie* : 1796, p. 89; 1800,
p. 58.
— *d'église* : 1791, p. 14, 30;
-93, p. 13, 30.
— *de fabrique italienne :* 1798,
p. 54.
— *de ferme avec animaux* :
1791, p. 11.
— *de forge* : 1796, p. 63.
— *d'habitation d'un paysan* :
1783, p. 25.
— *de ménage* : 1785, p. 36.

*Intérieur de monument consa-
cré aux Arts* : 1798, p. 53.
— *de Muséum* : 1796, p. 55.
— *de palais romain* : 1798,
p. 54.
— *de temple* : 1761, p. 23.
— *pastoral* : 1793, p. 52.
— *rempli de meubles* : 1793,
p. 74.
— *rustique :* 1791, p. 23.
Intérieurs : 1793, p. 11; -96,
p. 56; -99, p. 58.
— *avec figures et animaux* :
1791, p. 31.
— *d'édifices romains* : 1767,
p. 25.
Inustion ou peinture à la cire :
1755, p. 20, 21.
Invalides (Statues et tableaux
pour l'église et l'hôtel des) :
1704, p. 14, 16; -38, p. 13, 32;
-45, p. 20, 33; -46, p. 17;
-48, p. 30; -61, p. 31; -65,
p. 12; -75, p. 34.
Invalides (*Vue intérieure du
dôme des*) : 1781, p. 21.
Inventrice de la flûte (l') :
1745, p. 17.
Invocation à la nature : 1796,
p. 34; -99, p. 30.
Io : 1755, p. 20; -95, p. 53;
1800, p. 25.
— *changée en vache* : 1750,
p. 13; -57, p. 15; -79, p. 51.
— *et Jupiter*. — Voir *Jupiter*.
*Iphigénie (M*ᴵˡᵉ *Arnould dans
le rôle d')* : 1775, p. 38 (buste).
— *(Reconnaissance d'Oreste et
d')* : 1785, p. 41.
— *(Sacrifice d')* : 1699, p. 16,
18; 1737, p. 13; -40, p. 29
(bas-relief); -57, p. 13; -61,
p. 32; -81, p. 34; -91, p. 20.
Iphigénie en Aulide, tragédie :
1791, p. 45; -95, p. 83.
— en Tauride, tragédie : 1787,
p. 29.
*Iris coupant le cheveu de Di-
don* : 1799, p. 73.
— *défendant à Junon de se-*

courir les Troyens : 1779, p. 40; -95, p. 15.
Iris messagère de Junon : 1746, p. 27 (plâtre); -47, p. 18.
— *secourant Vénus blessée* : 1775, p. 10.
Isabey (Atelier d') : 1798, p. 15.
Isaïe, prophète : 1748, p. 15; -51, p. 14; -53, p. 29.
Isle (Cabinet de M. d'), fils : 1755, p. 19.
Isle-Adam (Tableaux pour le château de l') : 1777, p. 27, 28.
— (le Maréchal de l') : 1787, p. 60.
Islebonne (Collection du comte de l') : 1757, p. 24.

Ismael et Agar au désert. — Voir *Agar*.
Isola di Sora (Cascade et vues de l') : 1795, p. 27; -96, p. 89; -98, p. 66.
Issé (*Apollon et*). — Voir *Apollon*.
Issé (*Hameau d'*), paysage : 1742, p. 14.
Italie (*Vues d'*) : 1798, p. 15, 18; -99, p. 54, 83; 1800, p. 13, 63. — Voir *Vues*.
Italiennes (*les*) *laborieuses* : 1765, p. 42.
Ivrogne : 1793, p. 26; -96, p. 38.
Ivry (Tableaux pour le château d') : 1741, p. 17.
Ixion foudroyé : 1737, p. 29.

J

Jacinthe : 1795, p. 52.
Jacob (*Lutte de*) : 1771, p. 24.
— (*Rencontre d'Esaü et de*) : 1737, p. 18.
— (*Retour de*) : 1757, p. 35.
— *et les filles de Laban* : 1789, p. 59.
— *reconnaissant la robe de Joseph* : 1791, p. 53.
— *se plaignant à Laban* : 1704, p. 23.
Jacobins (*Projet d'église pour les*) *de la rue Saint-Jacques* : 1795, p. 79.
Jacquin (Cabinet de M.), joaillier : 1765, p. 20.
Jaloux (*Un*) : 1775, p. 14.
Janus (*Temple de*) *fermé par Auguste* : 1757, p. 11; -65, p. 11.
Jardin avec une cascade : 1746, p. 21.
Jardin du Roi (Statue pour le) : 1777, p. 41.
Jardinier arrosant des légumes : 1750, p. 17, 18.
— *de bonne humeur* : 1779, p. 17.

Jardinier et jardinière : 1757, p. 25; -59, p. 13.
Jardinière : 1781, p. 47 (marbre).
— *grecque* : 1775, p. 38; -91, p. 35 (marbre).
— *grecque, portant sur sa tête un panier de fruits* : 1769, p. 37 (plâtre).
Jardiniers (Sujet tiré de la comédie des) : 1771, p. 34.
Jardins (*Projets de*) : 1757, p. 30.
— (*Vues de*) : 1775, p. 27; -81, p. 39; -93, p. 22, 107; -95, p. 48.
— *anglais* : 1793, p. 39.
— *d'Amour* : 1769, p. 40.
Jason (*Histoire de*) *et de Médée* : 1748, p. 31, 32; -59, p. 13.
— *combattant les taureaux* : 1739, p. 15.
Jatte (*Une*) : 1771, p. 29.
Javel (Vue prise du moulin de) : 1743, p. 21.
Jeannot et Colin : 1787, p. 58.

Jeaurat (Cabinet de M.) : 1779, p. 44.

Jemmapes (Plan général de la bataille de) : 1793, p. 98.

Jephté (la Fille de) accourant au-devant de son père : 1699, p. 16.

— (*Sacrifice de*) : 1699, p. 18; 1704, p. 21; -65, p. 14; -85, p. 13.

Jérôme Emiliani (le Bienheureux) : 1753, p. 33.

Jérusalem (Entrée du Christ à) : 1704, p. 15; -71, p. 33.

— (*Intérieur du Temple de*), décoration de théâtre : 1785, p. 43.

— (*Temple de*) : 1743, p. 14.

Jérusalem délivrée (Sujets tirés de la) : 1783, p. 18; -87, p. 17; -95, p. 43; -98, p. 57.

Jésuites (Tableau pour l'église des) de la rue Saint-Antoine : 1745, p. 31.

— (Plafond de l'église des), à Rome : 1771, p. 31; -93, p. 34.

Jésus (Bain de l'Enfant) : 1769, p. 14.

— (*l'Enfant) et saint Joseph* : 1737, p. 13; -50, p. 12.

— (*Présentation de) au Temple* : 1737, p. 24; -45, p. 25; -46, p. 14; -50, p. 20; -57, p. 15; -71, p. 28, 37; -75, p. 26; -77, p. 16; -81, p. 28; -87, p. 43; -89, p. 39.

— (*Sommeil de l'Enfant*) : 1763, p. 13.

— (*la Vierge et l'Enfant*) : 1704, p. 37; -37, p. 14; -38, p. 23, 31 (terre cuite); -39, p. 18; -41, p. 14, 21, 29 (plâtre); -45, p. 25, 33 (plâtre); -46, p. 24; -47, p. 20; -50, p. 14; -51, p. 31; -53, p. 14, 30, 31; -57, p. 22; -59, p. 30; -63, p. 14, 16, 17, 35 (marbre); -67, p. 41; -69,

p. 14, 40; -73, p. 14; -75, p. 37 (talc); -79, p. 19.

Jésus au berceau : 1743, p. 12; -48, p. 25.

— *au milieu des Docteurs* : 1751, p. 26; -67, p. 32; -81, p. 28; -93, p. 11.

— *enfant* : 1673, p. 30 (miniature); -99, p. 13 (marbre); 1704, p. 13, 14; -43, p. 22; -63, p. 17 (et un ange avec les attributs de la Passion).

— *et la Cananéenne* : 1704, p. 15; -91, p. 15; -96, p. 80.

— *et la femme pécheresse* : 1704, p. 45.

— *et la Samaritaine* : 1704, p. 27; -67, p. 26. — Voir *Samaritaine.*

— *et les petits enfants* : 1699, p. 20; 1751, p. 24; -67, p. 28; -75, p. 9.

— *jeune, méditant sur les clous de la Passion* : 1704, p. 27.

Jésus-Christ (Apparition de) à la Madeleine : 1759, p. 34.

— (*Apparition de) à la Vierge* : 1753, p. 31.

— (*Ascension de*) : 1757, p. 19.

— (*Baptême de*) : 1673, p. 26, 33; 1737, p. 12, 20, 28; -45, p. 16; -46, p. 29; -61, p. 16; -65, p. 26, 30; -73, p. 34; -81, p. 16, 46 (bas-relief); -83, p. 40; -87, p. 16.

— (*Cène de*) : 1704, p. 16.

— (*Entrée de) à Jérusalem* : 1771, p. 33.

— (*la Madeleine aux pieds de) chez Simon le Pharisien* : 1781, p. 13; -83, p. 37.

— (*Multiplication des pains dans le désert*) : 1704, p. 15; -48, p. 14; -79, p. 32.

— (*Nativité de*) : 1673, p. 31; -99, p. 18; 1704, p. 15, 37, 38; -40, p. 12; -43, p. 12, 28; -45, p. 22, 33; -46, p. 26 (médaillon); -48, p. 17; -50, p. 14; -51, p. 14; -53, p. 29;

-57, p. 33; -59, p. 34; -79,
p. 41; -81, p. 19; -85, p. 18;
-87, p. 39; -95, p. 85; -96,
p. 82.

*Jésus-Christ (Pêche miracu-
leuse de)* : 1704, p. 45, 46; -59,
p. 14.

— *(Repas de) chez Simon* :
1747, p. 19.

— *(Résurrection de)* : 1699,
p. 25; 1704, p. 13, 14; -38,
p. 14; -42, p. 24; -59, p. 19,
34; -65, p. 26; -75, p. 12;
-81, p. 15; -83, p. 21.

— *(Triomphe de) et de la
Vierge, etc.* : 1755, p. 28.

— *à la colonne* : 1737, p. 32
(plâtre).

— *annoncé aux bergers* : 1787,
p. 22.

— *annoncé par la sibylle de
Cumes* : 1781, p. 19.

— *au jardin des Oliviers* :
1699, p. 14, 16; 1704, p. 12,
13, 14, 15; -39, p. 13; -46,
p. 26 (médaillon); -57, p. 28
(terre cuite); -67, p. 26.

— *au sépulcre* : 1737, p. 25;
-38, p. 16; -67, p. 42; -89,
p. 51; -91, p. 49.

— *avec Marthe et Marie-Ma-
deleine* : 1699, p. 18, 21, 22;
1704, p. 27, 30, 31; -41, p. 19;
-93, p. 46.

— *chassant les vendeurs du
Temple* : 1699, p. 18, 22;
1704, p. 45; -89, p. 11.

— *communiant saint Denis
dans sa prison* : 1704, p. 30.

— *crucifié* : 1699, p. 18; 1704,
p. 12, 13, 14, 21, 32; -65,
p. 32; -67, p. 29; -69, p. 30;
-73, p. 36; -75, p. 18; -79,
p. 19. — Voir *Crucifix*.

— *dans la barque avec ses
disciples* : 1673, p. 33.

— *descendu de la croix* : 1673,
p. 32; 1704, p. 16, 38 (bas-
relief); -61, p. 13; -71, p. 37;
-73, p. 46; -79, p. 16; -87,
p. 57; -89, p. 23, 51; -91,
p. 14, 52; -93, p. 34.

*Jésus-Christ donnant les clefs
à saint Pierre* : 1753, p. 14.

— *et le Centenier* : 1753, p. 32.

— *et les pèlerins d'Emmaüs* :
1673, p. 29; 1704, p. 26, 38;
-59, p. 14.

— *et le tribut de César* : 1781,
p. 13.

— *flagellé* : 1767, p. 34.

— *guérissant les aveugles* :
1699, p. 22.

— *guérissant la belle-mère de
saint Pierre* : 1737, p. 27.

— *guérissant les malades* :
1737, p. 21.

— *guérissant le paralytique* :
1789, p. 11.

— *lavant les pieds à ses apôtres* : 1704, p. 43; -55, p. 12.

— *mort* : 1742, p. 36; -43,
p. 38, 39; -47, p. 30; -50, p. 22;
-55, p. 14; -75, p. 18; -93,
p. 46.

— *mort pleuré par les trois
Maries* : 1775, p. 37 (bas-
relief).

— *portant la croix* : 1704,
p. 15.

— *répandant sur le globe du
monde les lumières de la
foi par le ministère des
apôtres* : 1783, p. 36.

— *ressuscitant Lazare* : 1704,
p. 45; -95, p. 84.

*Jet d'eau dans un jardin d'Ita-
lie* : 1779, p. 25.

Jethro (les Filles de) : 1673,
p. 30; -99, p. 21; -1704, p. 32,
43.

Jetons : 1739, p. 25; -40, p. 27;
-46, p. 29, 30; -65, p. 40, 43;
-69, p. 41; -71, p. 49; -73,
p. 49; -77, p. 50; -79, p. 51.

Jeu de carte : 1781, p. 15.

— *des échecs* : 1746, p. 25.

— *de la fossette* : 1781, p. 15.

— *du gage touché* : 1704, p. 39.

Jeu de mail hollandais : 1751, p. 27.

— *d'osselets chez les Grecs* : 1783, p. 38.

— *d'oye* : 1746, p. 27.

— *du pied de bœuf* : 1793, p. 9.

— *de piquet* : 1746, p. 25.

Jeune femme assise sur un canapé, tenant dans … : 1795, p. 6. — Voir *Femme*.

Jeune fille : 1795, p. 43. — Voir *Fille*.

— *agaçant son chien devant un miroir* : 1767, p. 30.

— *à son clavecin* : 1791, p. 45.

— *attrapant une mouche* : 1795, p. 70.

— *avec un oiseau* : 1699, p. 16.

— *caressant une levrette* : 1755, p. 21.

— *caressant un pigeon* : 1755, p. 27.

— *cherchant des puces* : 1699, p. 16.

— *coiffée d'un bonnet* : 1795, p. 69 (buste).

— *conduisant son père aveugle* : 1796, p. 54.

— *consultant un médecin* : 1773, p. 19.

— *dessinant dans un bosquet* : 1796, p. 53.

— *dessinant une tête de Vénus avec un enfant et un chat* : 1789, p. 27.

— *en chemise de gaze, jouant de la guitare, avec un enfant* : 1789, p. 27.

— *en habit de masque* : 1755, p. 27.

— *envoyant un baiser par la fenêtre* : 1769, p. 28; -96, p. 43.

— *faisant sa prière à l'autel de l'Amour* : 1769, p. 27.

— *faisant une offrande au dieu Pan* : 1791, p. 17.

— *fustigeant l'Amour* : 1793, p. 69 (terre cuite).

Jeune fille jouant du piano : 1793, p. 103; -95, p. 30.

— *méditant sur une lecture* : 1789, p. 31.

— *montrant à son amie la statue de l'Amour* : 1777, p. 24.

— *ornant de fleurs son berger* : 1767, p. 22.

— *ornant de fleurs la statue de l'Amour* : 1783, p. 22.

— *pelottant du coton* : 1763, p. 37.

— *pleurant* : 1789, p. 49 (buste).

— *pleurant la mort de son oiseau* : 1759, p. 25.

— *pleurant sur une urne* : 1796, p. 75.

— *portant des offrandes à Vénus* : 1791, p. 12.

— *portant un enfant sur son épaule* : 1795, p. 69 (terre cuite).

— *recevant une lettre* : 1777, p. 24; -89, p. 34.

— *récitant son Evangile* : 1753, p. 21.

— *repoussant l'Amour* : 1793, p. 104.

— *représentant la crainte* : 1771, p. 38 (terre cuite).

— *se levant* : 1793, p. 105.

— *se parant de fleurs* : 1795, p. 30.

— *surprise en s'habillant* : 1793, p. 60 (buste).

— *sur un lit en désordre, avec un jeune homme à côté* : 1775, p. 30.

— *tenant une colombe* : 1796, p. 47.

— *tenant une corne d'abondance* : 1773, p. 40 (marbre).

— *tenant des fleurs* : 1753, p. 32 (plâtre); -91, p. 16.

— *tenant des raisins* : 1759, p. 22.

— *tenant un papier de musique* : 1755, p. 27.

— *vêtue de blanc* : 1791, p. 45.

Jeune fille voulant attraper des mouches : 1796, p. 76.

Jeune Grecque portant une colombe (statue) : 1793, p. 61.

Jeune homme accordant son violon : 1795, p. 21.

— *appuyé sur le dieu Terme* : 1791, p. 40.

— *avec un cheval* : 1799, p. 51.

— *conversant avec une demoiselle sur les sciences* : 1769, p. 21.

— *distribuant des couronnes* : 1773, p. 39 (statue).

— *donnant des pièces d'or à une vieille* : 1767, p. 23.

— *donnant une leçon de dessin à une demoiselle* : 1777, p. 37.

— *en buste* : 1795, p. 61.

— *en pied, habillé à l'ancienne mode d'Angleterre* : 1767, p. 12.

— *et jeune femme, vus par une fenêtre, se préparant à faire de la musique* : 1798, p. 26.

— *et sa sœur travaillant aux portraits de leurs père et mère* : 1796, p. 37.

— *faisant des bulles de savon* : 1739, p. 13.

— *jetant des noyaux de cerise* : 1739, p. 14.

— *jouant de la flûte* : 1793, p. 36.

— *jouant de la guitare* : 1746, p. 21.

— *jouant du violon* : 1796, p. 47.

— *lisant la Bible à une fenêtre* : 1800, p. 28.

— *offrant un bouquet* : 1799, p. 35.

— *offrant une cage à une dame* : 1741, p. 19.

— *partant pour l'armée* : 1795, p. 36.

— *présentant un fruit à une jeune fille* : 1793, p. 15.

Jeune homme recevant la rose de la main de l'Amour : 1796, p. 53.

— *répandant des fleurs sur la gorge d'une femme* : 1745, p. 25.

— *revenant de l'armée* : 1795, p. 36.

— *se reposant près d'un ruisseau* : 1791, p. 51.

— *tombant dans un tombeau antique* : 1787, p. 21; -93, p. 20.

Jeunes filles accordant un clavecin : 1704, p. 29.

— *à une fenêtre* : 1793, p. 10.

— *brûlant des fleurs sur le tombeau de leur mère* : 1795, p. 43.

— *découvrant un nid d'oiseaux* : 1793, p. 104.

— *délivrant leur père prisonnier* : 1795, p. 44.

— *sacrifiant des chevaux à Diane au bord d'un fleuve* : 1791, p. 10.

Jeunes gens se reposant à la porte d'un verger : 1795, p. 39.

Jeunesse (la) : 1740, p. 28.

— *(la) et l'Enfance* : 1795, p. 40.

Jeux d'enfants : 1761, p. 13; -63, p. 18; -79, p. 13, 20; -83, p. 19; -89, p. 17; -91, p. 24.

— *d'enfants imitant le bas-relief* : 1771, p. 29; -87, p. 25; -89, p. 17; -91, p. 19.

Jeux olympiques : 1791, p. 13.

Joas : 1699, p. 22; -41, p. 12, 13.

Jocrisse (Portrait de Brunet en) : 1799, p. 22.

Jollain (Cabinet de M.) : 1799, p. 33.

Jombert (Cabinet de M.) : 1742, p. 17.

Joseph (Chasteté de) : 1767, p. 15; -95, p. 37; -99, p. 84.

— *(la Coupe de) retrouvée dans*

le sac de Benjamin : 1748, p. 14.

Joseph (Mort de) : 1793, p. 33.

— descendu dans la citerne : 1761, p. 33.

— et la femme de Putiphar : 1704, p. 42; -37, p. 13, 27; -48, p. 21; -53, p. 33; -93, p. 34, 52; -95, p. 85; -96, p. 5, 22.

— expliquant les songes : 1747, p. 33.

— reconnu par ses frères : 1741, p. 13.

— vendu par ses frères : 1699, p. 22; 1704, p. 26; -65, p. 31.

Joseph d'Arimathie ensevelissant le Christ : 1738, p. 16; -42, p. 36; -43, p. 38.

Josse, chimiste : 1800, p. 18, 62.

Josué arrêtant le soleil : 1763, p. 16.

Joubert (Cabinet de M.), trésorier des Etats de Languedoc : 1783, p. 26; -85, p. 39, 51.

Joueur (Jeune) d'instruments : 1763, p. 37.

Joueur de basson : 1767, p. 32.

— de flûte avec des paysans : 1798, p. 16.

— de guitare : 1704, p. 41 (sculpture).

— de vielle : 1746, p. 27.

Joueurs de boules : 1779, p. 23; -81, p. 20.

— de cartes : 1777, p. 34.

— d'instruments : 1704, p. 28.

— de petit palet : 1779, p. 23.

Joueuse de bille : 1793, p. 61 (statue).

— de guitare : 1704, p. 35, 38.

— de luth : 1704, p. 38.

— de mail : 1791, p. 54 (plâtre).

— d'osselets : 1793, p. 61 (statue).

Joueuses de dominos : 1777, p. 20.

— d'osselets : 1796, p. 62.

Jouissance (la) : 1798, p. 82.

Jour naissant (le) : 1757, p. 33.

Jourdain (Passage du) : 1753, p. 29.

Jourdan (le général) devant Charleroi : 1800, p. 47.

Journal des Arts : 1800, p. 65.

— de Paris : 1785, p. 47.

— des Savants : 1777, p. 22.

Jousselin (Cabinet de M.) : 1796, p. 63.

Joûte sur l'eau : 1791, p. 13.

Judith tenant la tête d'Holopherne. — Voir Holopherne.

Juge, tête d'étude : 1798, p. 31.

— de village (le) : 1781, p. 40.

Jugement dernier : 1755, p. 22.

Jugement des morts chez les Egyptiens : 1796, p. 29.

Juif polonais : 1779, p. 35.

Juis (Cabinet du baron de), de Lyon : 1785, p. 48; -89, p. 46.

Julie dans le temple de Vesta : 1746, p. 14.

Jullienne (Cabinet de M. de) : 1745, p. 22; -46, p. 15; -53, p. 30, 34; -59, p. 16, 24, 34.

Jupiter : 1699, p. 14; 1743, p. 36; -47, p. 6; -51, p. 21; -79, p. 46; -91, p. 39 (plâtre); -99, p. 70 (pendule).

— (Éducation de) par les Corybantes : 1699, p. 16.

— (Minerve sortant du cerveau de) : 1699, p. 20; 1757, p. 24.

— (Offrande à) : 1795, p. 24.

— (Saturne chassé du ciel par) : 1673, p. 26.

— (Sommeil de) : 1783, p. 38; -85, p. 34.

— (Temple de) : 1787, p. 20.

— chez Philémon et Baucis : 1750, p. 15; -71, p. 29.

— enfant (camée) : 1793, p. 26.

— et Antiope : 1753, p. 15; -55, p. 26; -59, p. 33; -65, p. 15; -71, p. 26; -95, p. 35.

— et Calisto : 1745, p. 18; -55,

p. 15; -59, p. 31; -65, p. 12;
-69, p. 14; -71, p. 13, 33; -91,
p. 27; -95, p. 37; -96, p. 41;
-99, p. 82.

Jupiter et Danaé : 1763, p. 17;
-99, p. 69 (plâtre bronzé). —
Voir *Danaé*.

— *et Erigone* : 1746, p. 21.

— *et Europe* : 1704, p. 28; -47,
p. 18.

— *et Io* : 1737, p. 14; -45, p. 23;
-71, p. 35; -93, p. 26; -95,
p. 38; -99, p. 82.

— *et Io, Argus et Mercure* :
1793, p. 107. — Voir *Argus*.

— *et Léda* : 1704, p. 35; -37,
p. 29; -93, p. 39; -96, p. 75
(terre cuite).

— *et Sémélé* : 1704, p. 20; -93,
p. 26.

— *foudroyant Phaéton* : 1798,
p. 38.

— *foudroyant les Titans* : 1779,
p. 50.

— *prêt à lancer la foudre* (statue) : 1773, p. 43.

— *rendant la vie à Pélops* :
1767, p. 29.

*Jupiter unissant l'Amour et
Psyché* : 1740, p. 25.

Jura (*Vue prise dans le*) : 1798,
p. 26.

Justice (*la*) : 1673, p. 32 (bas-re-
relief); 1739, p. 24 (plâtre);
-53, p. 20; -67, p. 14; -69,
p. 36 (plâtre); -79, p. 35;
-85, p. 28; -96, p. 83; 1800,
p. 69 (plâtre).

— (*Triomphe de la*) : 1767,
p. 31. — Voir *Thermidor*.

— (*la*) *châtiant l'Injustice* :
1737, p. 15.

— (*la*) *écartant de la terre les
vices sortis de la boîte de
Pandore* : 1783, p. 36.

— (*la*) *et la Clémence* : 1765,
p. 14.

— (*la*) *et la Mansuétude* : 1765,
p. 43.

— (*la*) *et la Paix* : 1773, p. 40
(statue), 49.

— (*la*) *et la Prudence* : 1781,
p. 44 (sculpture).

— (*la*) *protégeant les Arts* :
1767, p. 42.

Juvenal (Dessins d'après) : 1796,
p. 89.

K

Kehl (*Siège de*) : 1789, p. 26.
— (*Vue du pont de*) : 1793, p. 39.
Kerlich (*Plan d'un cazin projeté pour les jardins de*) :
1795, p. 77.

Klingstett, peintre : 1793, p. 26.
Kreutz (Cabinet du comte de) :
1767, p. 27, 30.
Kunska (Hôtel de la princesse
de) : 1783, p. 42.

L

La Balme (*Caverne de*) dans
le mont Blanc : 1800, p. 13.
Laban et Jacob : 1704, p. 23;
-37, p. 18.
La Barben (*Vue du château
de*) : 1796, p. 33.
Laboureur (*Retour du*) : 1793,
p. 109.

*Laboureur se reposant sur sa
charrue* : 1796, p. 37.
Lac de Suisse : 1785, p. 39;
-99, p. 58.
Lacédémonienne (*Discours
d'une*) *à son fils* : 1771,
p. 13.
— *appelant son second fils*

pour remplacer son aîné mort : 1793, p. 50.

La Chapelle (Statue pour l'église de) : 1783, p. 50.

La Chapelle (Vue de), près Nogent - sur - Seine : 1739, p. 20.

La Fayette (Allégorie de) (plâtre) : 1791, p. 41.

La Ferté (Cabinet de M. de), intendant des Menus-Plaisirs : 1765, p. 22; -67, p. 21; -69, p. 22, 29; -73, p. 19; -79, p. 23.

— (Maison de campagne de M. de) : 1787, p. 35.

La Flèche (Modèle d'un groupe pour le couvent de) : 1742, p. 34.

La Fontaine (Sujets tirés de) : 1737, p. 20, 28; -38, p. 21; -39, p. 13; -47, p. 21; -51, p. 21; -53, p. 19; -55, p. 35; -93, p. 25.

Lagny (Paysages des environs de) : 1777, p. 18.

La Grotte (Vue du village de), près de Naples : 1798, p. 28.

Lahaye ou Lahé (Cabinet de Mᵐᵉ de) : 1755, p. 27.

Laie avec ses marcassins attaqués par des dogues : 1748, p. 18.

Laillié (Cabinet de M.) : 1777, p. 22. — Voir Lallier.

Laïs recevant un billet : 1781, p. 12.

Laitière : 1753, p. 22; -69, p. 26; -71, p. 25, 36; -73, p. 46; -83, p. 55; -96, p. 20, 61; -99, p. 20, 34.

La Live de Jully (Cabinet de M. de) : 1753, p. 18, 21; -55, p. 16; -57, p. 16, 29; -59, p. 24; -61, p. 23, 28, 30; -63, p. 34; -65, p. 25, 37.

La Live de la Briche (Cabinet de M. de) : 1765, p. 24.

Lallier (Cabinet de M.), ingénieur en chef à Lyon : 1781, p. 25.

La Marsaille (Bataille de) : 1781, p. 47.

Lambesc aux Tuileries : 1795, p. 58.

Lampe dans le genre antique : 1793, p. 68.

Lampes (Esquisses de) : 1795, p. 78.

La Muette (Tableaux et statues pour le château de) : 1738, p. 32; -39, p. 24; -50, p. 16.

Lange (Cabinet de), sculpteur : 1799, p. 62.

Langeac (Collection de la marquise de) : 1769, p. 19, 22; -71, p. 23.

Langlois (Cabinet de M.) : 1750, p. 15.

Languedoc (Canal du) : 1750, p. 18.

Lanterne magique (la) : 1740, p. 21.

Laocoon (Mort de) : 1742, p. 33.

Lapeyrouse (Gravures pour un voyage de) : 1798, p. 84, 85.

Lapin : 1771, p. 29.

— *blanc* : 1755, p. 21.

— *et perdrix* : 1739, p. 14.

Lapins morts et attributs de chasse : 1787, p. 23.

— *sur leur terrier* : 1739, p. 21.

Lapithes (Combat des) et des Centaures : 1789, p. 51.

La plus belle des mères : 1785, p. 56.

Lapon (Maupertuis en habit de) : 1741, p. 13.

La Réale (Vue de différents édifices à) : 1795, p. 74.

La Réole (Vue du port de) : 1798, p. 79.

La Reynière (Maison de M. de) : 1785, p. 21.

Larisse (Vue de), près de Rome : 1795, p. 33.

La Rochefoucauld (Cabinet du duc de) : 1783, p. 41 ; -87, p. 41 ; -89, p. 36.

— (Dédicace au duc de) : 1779, p. 53.

La Rochelle : 1746, p. 14.

— (Académie de) : 1769, p. 41.

— (Médaille du port de) : 1771, p. 48.

La Rochelle (Vue du port de) : 1763, p. 22.

Latinus (le Roi) : 1742, p. 33 ; -83, p. 39.

Latone allaitant Apollon et Diane : 1737, p. 29 ; -38, p. 15.

La Tour (Cabinet de M. de) : 1745, p. 22.

— (le Prix) : 1796, p. 13.

La Tour d'Auvergne (Mort de) : 1800, p. 39.

Lausus, fils de Mezence, défendant son père : 1742, p. 34.

La Vauguyon (Cabinet du duc de) : 1767, p. 14, 36 ; -71, p. 32.

Laveuses, voyageur et chasseur : 1750, p. 24.

Lavoir public : 1791, p. 13, 20 ; -95, p. 74.

La Vrillière (Figure pour l'hôtel du duc de) : 1773, p. 39.

Lawfeld (Bataille de) : 1750, p. 25 ; -51, p. 26 ; -61, p. 19 ; -71, p. 52.

Lazare (Résurrection de). — Voir *Jésus ressuscitant Lazare*.

Lazaret projeté à Alexandrie : 1799, p. 77.

Léandre. — Voir *Héro*.

Lear (Brizard dans le rôle du roi) : 1783, p. 34.

Le Bel (Cabinet de M.), valet de chambre du Roi : 1748, p. 28.

Le Blanc, ministre de la Guerre, recevant l'ambassadeur turc : 1738, p. 13, 14.

Lebon (les victimes de Joseph) : 1796, p. 68.

Le Brun (Maison du peintre) : 1787, p. 34.

Le Carpentier (Cabinet de M.), architecte : 1769, p. 22.

Leçon d'anatomie : 1765, p. 36.

— *des jeunes mamans* : 1793, p. 30.

— *inutile* : 1796, p. 30.

Lecteur (le) mécontent : 1787, p. 50.

Lecture (Une) : 1761, p. 13 ; -65, p. 41 ; -95, p. 20.

— *de famille villageoise* : 1793, p. 54.

— *du journal* : 1795, p. 23.

— *du poème des Fastes par l'auteur* : 1777, p. 29.

— *espagnole* : 1773, p. 48.

Léda : 1704, p. 35 ; -37, p. 29 ; -42, p. 14 ; -48, p. 28 (pierre gravée) ; -50, p. 20 ; -71, p. 13 ; -77, p. 52 ; -87, p. 54 (statue) ; -89, p. 46 (marbre) ; -95, p. 71 (plâtre) ; -96, p. 54 (demi-figure), 73 (terre), 75 (terre cuite).

Le Gendré d'Aviray (Cabinet du chevalier) : 1765, p. 20.

Le Lorrain (Cabinet de l'abbé) : 1789, p. 39.

Lemierre (Tragédie de Guillaume Tell par) : 1798, p. 20.

Lemoine (Pajou modelant le portrait de) : 1783 p. 35.

Lemoine (Cabinet de M.) : 1763, p. 19.

Lempereur (Cabinet de M.) : 1743, p. 15.

Lendemain de noce flamande : 1747, p. 30 ; -50, p. 28.

Lenoir (Cabinet de M.) : 1746, p. 6 ; -50, p. 14.

— (Musée des Monuments français par Alexandre) : 1799, p. 84.

Le Normand de Tournehem, directeur des Bâtiments du Roi : 1740, p. 22 ; -46, p. 7 ;

-47, p. 5, 7, 9, 14, 34; -48, p. 9; -50, p. 7; -51, p. 7.

Lens (Bataille de) : 1771, p. 21.

Léonard de Vinci mourant dans les bras de François Ier : 1789, p. 54.

Léonidas faisant arrêter Cléombrotus : 1789, p. 53.

Léopard : 1740, p. 15; -47, p. 21.

Léopold (l'Archiduc) : 1771, p. 21.

Lepelletier (Dernières paroles de) : 1793, p. 111.

— *(Mort de)*, par David : 1793, p. 6.

— *à son lit de mort, écrivant ses dernières paroles* (terre cuite) : 1793, p. 59.

— *transporté au Panthéon* : 1793, p. 39.

Le Pelletier (Cabinet de M.) : 1787, p. 21.

L'Epine (Cabinet de M.), horloger : 1800, p. 36.

Le Roi, architecte : 1759, p. 32.

Lesbie (le Moineau de) (statue) : 1793, p. 62.

Lettres découvertes (les) : 1798, p. 32.

Le Vaillant, voyageur : 1795, p. 13.

Lever de l'aurore : 1796, p. 6, 47.

— *de l'enfant* : 1789, p. 35.

— *du soleil* : 1753, p. 15; -63, p. 22; -79, p. 21; -87, p. 18; -89, p. 14; -91, p. 24, 28, 51; -96, p. 26, 63.

Levrette avec du gibier : 1769, p. 18.

Lévriers, dont l'un flaire un lièvre : 1750, p. 17.

Lhéritier(Ouvrage du citoyen) : 1793, p. 44.

L'Hôpital (Palais du marquis de) : 1765, p. 27, 28.

Liancourt (Cabinet du duc de) : 1777, p. 16.

Liban (Forêt des cèdres au) : 1798, p. 84.

Libéralité (la) : 1769, p. 34 (statue).

Liberté (la) : 1793, p. 58 (plâtre); -44, p. 109 (miniature); -95, p. 42, 68 (plâtre); -98, p. 73 (plâtre); -99, p. 70 (statue), 74 (plâtre); 1800, p. 70 (statue).

— *(Essai sur la)* : 1796, p. 30.

— *(Monuments à la)* : 1791, p. 39.

— *(Tête de la)* : 1795, p. 88.

— *(la) accompagné de l'Union et l'Egalité* (terre cuite) : 1793, p. 62.

— *(la) apportant la Déclaration des Droits* (plâtre bronzé) : 1795, p. 64.

— *(la) assise sur les débris du trône, tenant un vase cinéraire* : 1793, p. 44.

— *(la) ou la Mort* : 1795, p. 52, 53.

— *(la) présentant les Droits de l'homme* (statue) : 1795, p. 66.

— *(la) rendue aux ordres monastiques* : 1791, p. 14.

Lice (la) et sa compagne : 1747, p. 21.

Liège (la France témoigne son affection à la ville de) : 1771, p. 49.

— *(Vues des environs de)* : 1795, p. 48; -99, p. 29.

Liège (Peintres de) : 1793, p. 33, 107.

— (Société d'émulation de) : 1789, p. 13.

— (Théâtre de) : 1781, p. 42.

Lignereux (Cabinet du citoyen) : 1798, p. 77.

Lilas : 1800, p. 55.

— *et roses sur une table de marbre* : 1800, p. 63.

Lille (Entrée du Roi à) : 1673, p. 35.

— *(Vue du marché de)* : 1789, p. 33.

Lillebonne (Comte de). — Voir Islebonne (Comte de l').

Limoges (Evêque de) : 1771, p. 32.

— (Tableaux pour les Carmélites de) : 1785, p. 32.

Limoges (Environs de) : 1796, p. 54.

Lion (d'après nature) : 1753, p. 17.

— (modèle) : 1791, p. 36.

— (*Combat d'un*) *avec des dogues* : 1757, p. 18.

— (*Guide*) *de la Ménagerie* : 1742, p. 17.

— *et lionne* : 1745, p. 27.

— (*le*) *et le moucheron* : 1737, p. 28.

— *portant deux enfants* (terre cuite) : 1791, p. 36.

Lionne et deux lions : 1787, p. 57.

Lions (*Deux*), modèle en plâtre : 1800, p. 74.

Lisbonne (*Vue du port de*) : 1800, p. 53.

Liseuse : 1737, p. 13; -63, p. 37.

Livois (Cabinet de M.), d'Angers : 1777, p. 15, 33; -79, p. 30.

Livonie (*Moulin dans la*) : 1765, p. 29.

Livourne (*Cimetière des Anglais à*) : 1793, p. 24.

Lodi (*Bataille de*) : 1799, p. 65; 1800, p. 13.

Loir et fruits : 1795, p. 16.

Loire (*la*) *et la Seine* (jeton) : 1746, p. 30.

Londres (*Environs de*) : 1796, p. 61.

Londres (Exposition de) : 1796, p. 11.

Londres (Société royale de) : 1753, p. 23; -67, p. 40.

Longjumeau (*Vue du côté de*) : 1742, p. 25.

Lorient (Médaille pour la ville de) : 1769, p. 41.

Lorimier (Cabinet du chevalier de) : 1785, p. 27.

Lorraine (*Réunion de la*) *à la France* : 1737, p. 24 (allégorie); -38, p. 16, 17, 18; -39, p. 25 (médaille); -43, p. 31 (bas-relief).

Loth : 1746, p. 23.

— *allant au-devant des anges* : 1791, p. 18.

— *et ses filles* : 1699, p. 20, 21; 1704, p. 13, 14, 27; -50, p. 35; -71, p. 12; -73, p. 30; -79, p. 13; -85, p. 52.

Louis, architecte : 1787, p. 35.

Louis le Débonnaire (*Déposition de*) : 1793, p. 111.

Louis VI, roi de France : 1767, p. 20.

Louis XIII : 1739, p. 16.

Louis XIII (*Naissance de*) : 1783, p. 40.

— (*Vœu de*) : 1746, p. 14; -47, p. 26.

Louis XIV : 1673, p. 8, 9, 20, 35; -99, p. 11; 1781, p. 43.

— (Cabinet du roi) : 1673, p. 33, 34; -99, p. 15.

Louis XIV[1] (*Médaille*) : 1755, p. 33.

— (*Médaillon*) : 1741, p. 23.

Louis XV : 1673, p. 10, 20; 1787, p. 27.

— (Tableaux et sculptures commandés pour le roi) : 1738; p. 23, 24, 32; -39, p. 12, 13, 16, 17, 18, 22, 23, 24; -40, p. 14,

---

[1]. Les portraits de Louis XIV, de Louis XV et de Louis XVI, en peinture, en buste, en pierres fines, ont été signalés dans la table des portraits exposés aux Salons du xviiie siècle (*Nouvelles Archives de l'Art français*, 1889, p. 1). On ne mentionne ici que les œuvres ne figurant pas sur cette liste.

15, 22, 23, 32; -41, p. 12, 14, 16, 17; -42, p. 16, 17, 18; -43, p. 14, 16, 18, 19; -45, p. 15, 17, 18, 20, 23, 33; -46, p. 16, 18, 24, 27; -47, p. 20, 22; -48, p. 27; -50, p. 16, 20; -51, p. 12, 13; -53, p. 15, 19, 29; -55, p. 23, 31; -57, p. 13, 14, 15, 19, 35; -59, p. 21; -61, p. 14, 20, 22; -63, p. 12, 24, 37; -65, p. 19, 34, 40, 42; -67, p. 14, 16, 21, 35; -69, p. 19; -73, p. 27, 47.

Louis XV (*Allégories sur le règne de*) : 1737, p. 30; -38, p. 16; -40, p. 13; -41, p. 31; -47, p. 33 (esquisse); -48, p. 27 (plâtre); -50, p. 18 (terre cuite); -53, p. 24, 33 (esquisse); -55, p. 32 (bas-relief); -63, p. 20.

— (*Armes de*) : 1740, p. 29 (terre cuite); -53, p. 26 (sculpture); -71, p. 42 (fronton).

— (*Histoire de*), en médailles : 1738, p. 26; -40, p. 26, 27; -65, p. 42, 43; -69, p. 41; -71, p. 47, 48.

— (*Inauguration de la statue équestre de*) pour l'Hôtel-de-Ville de Paris : 1769, p. 13.

— (*Médailles de*) : 1755, p. 33, 34; -61, p. 32; -77, p. 50.

— (*Statues peintes*) : 1737, p. 33; -63, p. 24.

— (*Vue de la place*) : 1789, p. 19.

— *après son retour de Metz, reçu à l'Hôtel-de-ville de Paris* : 1761, p. 22.

— *passant en revue les régiments des gardes françaises et suisses* : 1781, p. 54.

Louis XVI (Tableaux et sculptures commandés pour) : 1775, p. 11, 12, 26; -77, p. 9, 10, 12, 13, 15, 20, 21, 42, 44; -79, p. 13, 17, 18, 19, 24, 29, 36, 38, 42, 43, 44; -81, p. 11, 12, 15, 16, 32, 36, 43. 45, 53; -83, p. 14, 15, 16, 18, 20, 21, 23, 24, 28, 30, 31, 45, 46, 47, 50, 54; -85, p. 12, 13, 14, 15, 16, 17, 18, 24, 25, 30, 31, 41, 44, 45, 47, 48, 49, 50; -87, p. 12, 13, 14, 15, 16, 20, 23, 24, 29, 31, 33, 43, 47, 48, 49, 50, 52, 58, 59; -89, p. 10, 11, 12, 14, 20, 23, 28, 29, 44, 45, 46, 48, 50; -91, p. 14.

Louis XVI (*Allégories sur le règne de*) : 1779, p. 35; -81, p. 18; -85, p. 46.

— (*Illumination pour le mariage de*) : 1781, p. 54.

— (*Obélisque à la gloire de*) : 1781, p. 27.

— (*Piédestal à la gloire de*) et de *Henri IV* : 1783, p. 47.

— (*Réception de*) à *Rouen* : 1789, p. 38.

— (*Statue de*) : 1785, p. 46.

— (*Vue de la place*), à Brest : 1791, p. 25.

Louis XVII (cire coloriée) : 1791, p. 42.

Loup (*le*) *et l'Agneau* : 1747, p. 21; -51, p. 21.

— (*le*) *et le Cheval* : 1791, p. 16.

— *monstrueux forcé par quatre chiens* : 1746, p. 16.

— *percé d'une lance* : 1771, p. 27.

— *pris au piège* : 1737, p. 29.

Loup-cervier : 1739, p. 13; -46, p. 16.

Lourdes (*Vue des environs de*) : 1791, p. 18.

Louvre (Cour du) : 1673, p. 12; 1704. p. 45; -40, p. 32; -81, p. 48.

— (Galerie d'Apollon au). — Voir *Apollon*.

— (Galerie des Plans au) : 1783, p. 18.

Louvre (Place nouvelle du) : 1769, p. 43.

Louvre (*Façade du château du*) : 1673, p. 36.

Louvre (Passage du) du côté de Saint-Germain-l'Auxerrois : 1793, p. 27.
— *(Projet pour l'achèvement du) :* 1795, p. 75, 79, 80.
— *(Vue du) :* 1763, p. 20; -75, p. 15.
— *(Vue de l'ancien portique du) :* 1781, p. 22.
— *(Vue de la colonnade du) :* 1765, p. 22; -73, p. 22; -81, p. 21; -83, p. 22, 23; -93, p. 17; -95, p. 23; -98, p. 24.
— *(Vue du dessous du nouveau passage du),* près du quai : 1773, p. 22.
— *(Vue des galeries du) :* 1777, p. 18; -81, p. 21.
— *(Vues du péristyle du) :* 1759, p. 22; -61, p. 23; -63, p. 24; -65, p. 22; -67, p. 19.
Luc (Cabinet du comte du) : 1759, p. 17.
Luce (Paysage de la fable de frère) : p. 14.
Lucienne (Tableaux et statues pour le château de) : 1771, p. 44; -73, p. 13, 37, 40.
Lucienne (Vues de) : 1800, p. 21.
Lucinius (Supplice de Sextus) : 1800, p. 42.
Lucrèce : 1704, p. 19, 22 (ronde bosse); -38, p. 18.
— *(Mort de) :* 1759, p. 16; -71, p. 30; -83, p. 56; -91, p. 23; -93, p. 44, 98; -99, p. 39.
— *(Tarquin et) :* 1793, p. 52.
— *surprise au milieu de ses travaux :* 1781, p. 17; -83, p. 19.
Lucrèce (Sujets tirés de) : 1796, p. 56; -99, p. 53.
Lupercales (les Fêtes) (dessin) : 1737, p. 32.
Lutrin (Dessins pour le) de Boileau : 1742, p. 32.
Lutrin (Esquisse d'un) (terre cuite) : 1787, p. 50.
Lutteurs (les) : 1799, p. 19.

Luxembourg (Bibliothèque dans le palais du) : 1795, p. 80.
— (Cabinet du chevalier de) : 1775, p. 10.
— (Description du) : 1750, p. 6.
Luxembourg (Extérieur du Palais du) : 1773, p. 23; -95, p. 23.
Luynes (Cabinet du duc de) : 1745, p. 21.
Lybie (Vue du désert de) : 1800, p. 24.
Lycas : 1699, p. 15; 1704, p. 13.
Lycée des Arts : 1793, p. 99.
Lycoenion écoutant Daphnis et Chloé : 1745, p. 19.
Lycurgue (Désintéressement de) : 1793, p. 45.
— *blessé dans une sédition :* 1761, p. 32; -69, p. 41.
— *donnant un roi aux Lacédémoniens :* 1763, p. 35.
— *présentant son neveu aux Spartiates :* 1791, p. 13.
Lyon : 1781, p. 25; -83, p. 27.
— (Académie de) : 1777, p. 26.
— (Armes de la ville de) : 1746, p. 30; -50, p. 27.
— (Cour des Monnaies de) : 1745, p. 32.
— (Dutailly né à) : 1798, p. 51.
— (Jeton de l'Académie de) : 1750, p. 27.
— (Jeton des fabricants de) : 1746, p. 30.
— (Prix fondé par la ville de) : 1773, p. 49.
— (Tableau pour Sainte-Croix de) : 1743, p. 37.
— (Tableau pour les Ursulines de) : 1769, p. 29.
— (Tableaux pour la Chartreuse de) : 1737, p. 12; -45, p. 33; -46, p. 29.
— (Tableaux pour des églises de) : 1739, p. 12; -48, p. 15.
Lysimaque et Philippe égorgés par les ordres de Ptolémée Céranne : 1793, p. 106.
— *vainqueur d'un lion (statue) :* 1793, p. 60.

M

Macao (*Vue de*) : 1798, p. 84.
Machabées (Livre des) : 1783, p. 15.
Machine à peler et filer les pommes de terre : 1795, p. 87.
— pneumatique : 1771, p. 14.
— pour amener sur la grève les trains de bois : 1798, p. 79.
— pour les incendies : 1798, p. 79.
— Machines d'agriculture et de guerre : 1795, p. 76, 77.
Madama (*Vue de la villa*) : 1787, p. 13; -95, p. 58.
Madeleine (*la*) : 1699, p. 17, 18, 22; 1704, p. 13, 14, 18, 20, 32; -41, p. 21; -53, p. 30, 32; -59, p. 34; -65, p. 15; -67, p. 29; -75, p. 10; -95, p. 34; -96, p. 84. — Voir *Marthe*.
— *au désert* : 1704, p. 15; -61, p. 12; -75, p. 21; -85, p. 32; -95, p. 34, 38.
— *mourante* : 1775, p. 28.
— *pénitente* : 1757, p. 34; -69, p. 24; -81, p. 33; -89, p. 56; -95, p. 37; 1800, p. 83.
Madrague (*la*) ou *La pêche du thon* : 1755, p. 24.
Maestreicht (*la Grotte de*) : 1796, p. 79.
Magdeleine (Projets pour remplacer l'église de la) : 1799, p. 77, 79; 1800, p. 77.
Magdeleine (*Intérieur de l'église de la*) : 1763, p. 24; -67, p. 19.
Magicien montrant à une jeune fille son amant aux pieds d'une autre femme : 1791, p. 24.
Magnificence (*la*) et la Sagesse (plâtre) : 1767, p. 36.
Magon répandant au milieu du Sénat les anneaux des

chevaliers romains : 1765, p. 31; -69, p. 24.
Maillard tuant Étienne Marcel : 1783, p. 29.
Maison de campagne (*Vue d'une*) : 1795, p. 27, 74.
— *de détention* (projet) : 1800, p. 77.
— *d'éducation* (plan) : 1795, p. 80.
— *d'un jardinier* : 1740, p. 16; -41, p. 16; -47, p. 21.
Maître (*le*) d'école : 1751, p. 24.
— (*le*) galant : 1748, p. 26.
— (*le*) de harpe : 1783, p. 24.
— (*le*) de musique : 1753, p. 24.
Maîtresse d'école (*la Petite*) : 1740, p. 21, 26; -41, p. 31.
Majauld (Cabinet de M.) : 1755, p. 17.
Malaga (*Vue du port et de la ville de*) : 1800, p. 53.
Malherbe (Frontispice des œuvres de) : 1755, p. 38.
Maltaises (*Famille, femmes*) : 1763, p. 27.
Malte : 1763, p. 26, 27.
Mameluks s'exerçant à la course : 1799, p. 19.
Mandricard (*Angélique et*) : 1755, p. 37.
Manège couvert (*Projet de*) : 1800, p. 77.
Mangeuse (*la*) de cerises : 1771, p. 25.
Manilius ayant donné un baiser à sa femme devant sa fille est chassé du Sénat par Caton : 1795, p. 29.
Manille (*Bateaux de*) : 1798, p. 85.
Manlius condamnant son fils à mort : 1785, p. 24; -91, p. 23.
Mannequin (*Un*) : 1793, p. 98.
Manœuvre (*Un jeune*) : 1799, p. 17.

Mans (Couvent de la Couture au) : 1779, p. 33; -81, p. 33.

Mantes (Vue de) : 1793, p. 21.

Maquereaux : 1771, p. 35; -87, p. 23; -93, p. 103.

Marat (Mort de) : 1793, p. 6, 93.

Marathon (le Taureau de) : 1745, p. 17.

Marbeuf (Jardin) ou *Idalie* : 1799, p. 59.

Marc-Antoine : 1704, p. 23.

— *(Mort de)* : 1779, p. 49.

— *entrant à Ephèse* : 1741, p. 14.

— *et Cléopâtre* : 1741, p. 29; -55, p. 14; -57, p. 14.

Marc-Aurèle (Dessins de la vie de) : 1796, p. 89.

— *(Portique de)* : 1785, p. 23.

— *(Statue de)* : 1787, p. 21; -89, p. 15.

— *fait distribuer des aliments au peuple* : 1765, p. 14.

Marceau (Derniers instants de) : 1798, p. 41, 43.

Marcel (Mort d'Etienne) : 1783, p. 29.

Marcellus, tué dans un combat, est enseveli par Annibal : 1781, p. 12.

Marchainville. — Voir Margenville.

Marchand de cerises : 1789, p. 36.

— *de croquet* : 1795, p. 21.

— *de foin* : 1742, p. 30.

— *d'images à la porte d'une cabane* : 1799, p. 90.

— *de médailles* : 1737, p. 14.

— *de mithridate* : 1743, p. 32.

Marchande à la toilette : 1763, p. 14.

— *d'Amours* : 1773, p. 44 (bas-relief); -79, p. 50; -87, p. 56; -93, p. 51.

— *de fleurs* : 1775, p. 27; -83, p. 28; -87, p. 21; -99, p. 22.

— *de gibier* : 1773, p. 48.

Marchande de marée : 1783, p. 28; 1800, p. 25.

— *de modes* : 1775, p. 41.

— *d'oranges* : 1775, p. 27.

— *de volaille* : 1796, p. 61.

Marchands de poissons : 1796, p. 29, 36.

Marche antique (bas-relief) : 1793, p. 59.

— *d'animaux* : 1785, p. 27, 38; -87, p. 22, 40, 42; -89, p. 35; -93, p. 11; -96, p. 53; -98, p. 24, 25; 1800, p. 41.

— *d'armée* : 1753, p. 30; -65, p. 23; -91, p. 23; -93, p. 46, 51; -95, p. 86; -96, p. 19, 65; 98, p. 61.

— *d'artillerie* : 1799, p. 29; 1800, p. 51.

— *de bagages* : 1795, p. 15, 57; -99, p. 29.

— *d'enfants* : 1795, p. 55.

— *d'infanterie* : 1745, p. 21.

— *de troupes dans un défilé* : 1787, p. 42.

— *de vivandiers* : 1793, p. 32.

— *de voyageurs dans les montagnes* : 1759, p. 23.

Marché (Plan de) pour une ville : 1795, p. 76.

— *(Un)* : 1746, p. 19; -75, p. 20; -77, p. 22.

— *à la porte de Tivoli* : 1745, p. 22.

— *asiatique* : 1779, p. 22.

— *au foin* : 1789, p. 36.

— *au poisson à Rome* : 1791, p. 30.

— *aux animaux de Lille* : 1789, p. 33.

— *aux chevaux* : 1793, p. 18, 103; -98, p. 61.

— *(le) conclu* : 1773, p. 45.

— *d'animaux* : 1783, p. 42; -89, p. 36; -93, p. 32; -96, p. 28; -98, p. 50; -99, p. 20, 57.

Marches militaires : 1699, p. 22.

Marcus Sextus (Retour de) : 1799, p. 35.

Mardoché (*Triomphe de*) :
1737, p. 20, 21; -40, p. 12;
-55, p. 13; -77, p. 49; -93,
p. 40.
— *refusant de se prosterner
devant Aman* : 1742, p. 13;
-59, p. 12; -75, p. 42.
Maréchal (*Un*) : 1767, p. 21;
-93, p. 9; -95, p. 23; -98,
p. 25.
— (*le*) *à sa forge* : 1791, p. 24.
— *de la Vendée* : 1795, p. 85.
— *des logis* (*le*) : 1785, p. 36.
Marée montante : 1767, p. 27.
Marengo (*Bataille de*) : 1800,
p. 20.
Margenville (Comtesse de) :
1737, p. 5.
Marguerite de Provence : 1773,
p. 26; -75, p. 10.
Mariage (*Un*) : 1761, p. 26.
— *antique* : 1777, p. 16; -95,
p. 14.
— *dans la chapelle de Versailles* : 1750, p. 30.
— *du comte d'Artois* (médaille) : 1775, p. 43.
— *du Dauphin* (médaille) :
1773, p. 49.
— *germain* : 1791, p. 47.
— *grec* : 1796, p. 24; -99, p. 19.
— *rompu* : 1777, p. 26.
— *samnite* : 1793, p. 40; -96,
p. 86.
Maricel (*Vue de l'église de*),
près Beauvais : 1783, p. 44.
Marie de Médicis (*Départ de*) :
1753, p. 30.
— *Égyptienne* : 1793, p. 10, 31.
Maries (*les Trois*) : 1742, p. 36;
-43, p. 39.
Mariette (Cabinet de M.) :
1745, p. 22; -63, p. 29.
Marigny (Cabinet du marquis
de) : 1755, p. 13, 25, 34; -57,
p. 20; -59, p. 33; -61, p. 24,
26; -63, p. 11; -65, p. 12, 16,
43; -71, p. 50; -73, p. 13.
— (Marquis de) : 1757, p. 32;

-59, p. 32; -61, p. 22, 34; -63,
p. 22; -65, p. 19.
Marines : 1739, p. 22; -40,
p. 19; -42, p. 22; -46, p. 28,
29; -47, p. 33; -48, p. 24; -50,
p. 24, 31; -53, p. 25, 28; -57,
p. 21; -65, p. 20; -69, p. 16,
22, 23; -71, p. 15, 16, 24, 25;
-73, p. 18; -77, p. 27; -79,
p. 21, 22; -81, p. 20; -85,
p. 19; -87, p. 19; -89, p. 14;
-91, p. 11, 12, 24, 28, 29, 30,
46, 50, 51; -93, p. 10, 12,
13, 18, 22, 54, 100; -95, p. 15,
20, 33, 36, 57, 58; -96, p. 26,
27, 36, 61, 64, 67, 70; -98,
p. 33, 37, 62, 65, 69; -99,
p. 25, 60; 1800, p. 52, 53, 60.
*Marins abandonnés sur un
mât* : 1793, p. 92.
Marionnettes : 1779, p. 23.
Marius à Minturne : 1785,
p. 55; -96, p. 5, 35, 81; -99,
p. 64.
— *assis sur les ruines de Carthage* : 1783, p. 26; -89, p. 19;
-93, p. 34; -95, p. 19; -98,
p. 62.
Marly (Groupe pour) : 1740,
p. 32.
— (Jardins de) : 1783, p. 26.
— (Tableaux pour) : 1743,
p. 16; -47, p. 20.
Marly (*Vue des aqueducs de*) :
1793, p. 46.
— (*Vues des environs de*) :
1769, p. 26; -77, p. 21.
Marmontel (Contes moraux
de) : 1763, p. 22; -77, p. 43;
-93, p. 10.
Marmotte (*la*) : 1740, p. 21;
-45, p. 22.
Marne (*la*) (plâtre) : 1740,
p. 28.
Marquis *** (Cabinet du) :
1787, p. 37, 38.
Mars : 1739, p. 23; -46, p. 18;
-71, p. 46; -69, p. 34 (statue); -91, p. 38 (terre cuite).

Mars (Retour de) : 1779, p. 31 ;
-85, p. 37.
— *aidant Vénus blessée à monter dans son char* : 1775,
p. 10.
— *arrêté par la Paix et couronné par la Victoire* (esquisse) : 1798, p. 72.
— *au repos* (plâtre) : 1791,
p. 38.
— *avec sa planète* : 1673, p. 34.
— *désarmé par les Grâces* :
1795, p. 52.
— *désarmé par Vénus* : 1787,
p. 29.
— *et l'Amour* : 1765, p. 18.
— *et Vénus* : 1704, p. 32 ; -39,
p. 18 ; -71, p. 12 ; -75, p. 41.
— *et Vénus surpris par Vulcain* : 1699, p. 20 ; 1769, p. 13.
— *partant pour la guerre* :
1793, p. 38.
— *recevant les leçons de la
Géométrie* : 1742, p. 32.
— *se blessant avec une flèche
de l'Amour* : 1750, p. 13.
— *vaincu par Minerve* : 1781,
p. 14.
Marseille : 1741, p. 14 ; -48,
p. 17 ; -53, p. 32 ; -79, p. 31.
— (Académie de) : 1769, p. 41.
— (Port de) : 1755, p. 23, 24 ;
-95, p. 57.
*Marseille (Prospérité du com-
merce de la Compagnie d'A-
frique à)* (médaille) : 1775,
p. 43.
— (*Vue de*) : 1791, p. 13.
Marsyas : 1747, p. 33 (plâtre) ;
-67, p. 42 ; -79, p. 51.
— (*Supplice de*) : 1753, p. 7 ;
-57, p. 30 (statue).
— *s'efforçant de rompre ses
liens* (esquisse en terre) :
1738, p. 31.
*Marthe (Jésus-Christ chez) et
Madeleine.* — Voir *Jésus-
Christ.*
Massacre des Innocents : 1704,
p. 30 ; -40, p. 15 ; -63, p. 14,

16 ; -67, p. 32 ; -79, p. 39 ; -87,
p. 57 ; -91, p. 12 ; -95, p. 37,
50.
Massé (Cabinet de M.), peintre : 1759, p. 25 ; -67, p. 32.
Massera (Prince de) : 1738,
p. 20.
Masson, marchand de ta-
bleaux : 1795, p. 18, 57 ; -96,
p. 69.
Matelot napolitain : 1757, p. 27.
*Matelots débarquant leur pê-
che* : 1743, p. 18.
Maternité (la) (terre cuite) :
1795, p. 69.
*Mathatias tuant un juif qui
sacrifiait aux idoles* : 1783,
p. 15.
Matin (le) : 1741, p. 29 ; -69,
p. 23 (bas-relief), 33, 40 ; -71,
p. 34, 35 ; -73, p. 28 ; -75,
p. 16, 20 ; -77, p. 22 ; -79,
p. 21 ; -83, p. 24 ; -87, p. 41 ;
-89, p. 37 ; -93, p. 107 ; -95,
p. 20 ; -99, p. 30 ; 1800, p. 14.
Matinée après la pluie : 1765,
p. 27.
— *de printemps* : 1796, p. 43.
Mattei (Maison du prince),
près de Rome : 1769, p. 22 ;
-73, p. 25.
Maubert (Vue de la place) :
1753, p. 17.
*Maupertuis (Vue du château
de)* : 1783, p. 43.
*Mausole (Artémise au tom-
beau de)* : 1765, p. 13 ; -93,
p. 70 (stuc).
Mausolée (terre cuite) : 1798,
p. 77.
— *antique* : 1761, p. 33.
Mausolée. — Voir Chancelier,
Opalinska.
*Maxence (Combat de) contre
Constantin* : 1742, p. 29 ; -45,
p. 34.
Maximien-Galère : 1743, p. 31.
Mazarin (Cabinet de la duchesse de) : 1769, p. 34 ; -79,
p. 48.

— 88 —

Médailles : 1737, p. 3o; -39,
p. 25; -65, p. 40, 42, 43; -69,
p. 41; -71, p. 46, 47; -75,
p. 43; -89, p. 54, 55; -91,
p. 31, 40, 41, 42; -93, p. 39;
-95, p. 33, 85; -96, p. 82;
1800, p. 84.
— *de l'histoire du Roi :* 1738,
p. 26; -40, p. 26, 27; -53,
p. 34; -55, p. 32, 33, 34; -61,
p. 34; -65, p. 42, 43; -83,
p. 55.
— *en cire :* 1791, p. 42, 44; -93,
p. 39.
— *sur les trois canaux de
Bourgogne :* 1785, p. 52, 53.
Médaillons : 1767, p. 38; -93,
p. 58, 67; -96, p. 75, 76; 1800,
p. 68, 73.
— *en ivoire :* 1791, p. 44.
Médecin (Un) : 1771, p. 22.
— *aux urines :* 1773, p. 48;
-79, p. 21; -91, p. 53; -93,
p. 46; -98, p. 47.
— *empirique :* 1755, p. 37.
— *observateur :* 1742, p. 33.
Médée (Histoire de) : 1739,
p. 15; -46, p. 19; 48, p. 31,
32; -57, p. 13; -59, p. 13.
Méditerranée (Paysage de la):
1773, p. 18.
Médor et Angélique : 1737,
p. 14; -41, p. 19; -45, p. 25;
-53, p. 32 (groupe); -65,
p. 12; -71, p. 28.
Méduse (Tête de) (sculpture) :
1775, p. 39.
Mélancolie (la) : 1737, p. 29;
57, p. 16; -61, p. 28 (plâtre);
-63, p. 33 (marbre); -65,
p. 34 (marbre); -93, p. 63
(terre cuite); -98, p. 26.
Melchisédech (Sacrifice de) :
1737, p. 20.
Méléagre : 1750, p. 21; -51,
p. 13; -57, p. 29; -79, p. 45
(marbre); -91, p. 46.
*Mello (Vue du château et des
environs de) :* 1785, p. 40;
-89, p. 37.

Melpomène : 1743, p. 15; -61,
p. 28 (*sous les traits de
M*^{lle}*Clairon,* buste, marbre);
-75, p. 36 (statue).
Melun (Colonne pour) : 1800,
p. 78.
Melun (Vues de la ville de) :
1740, p. 22; -96, p. 62.
Memnon (Statue de) : 1796,
p. 24.
*Mémoire (la) sous les traits
de M*^{me} *des Adrets :* 1747,
p. 20.
— *(le Temple de) :* 1741, p. 31;
-43, p. 15.
Ménade et Satyre étrusque :
1800, p. 86.
Ménagère hollandaise (la) :
1757, p. 34.
Ménagerie (la) royale : 1741,
p. 16; -47, p. 21.
Ménars (Tableaux du château
de) : 1771, p. 5o.
*Mendiant aveugle conduit par
un enfant :* 1795, p. 25.
— *et mendiante :* 1798, p. 65.
Mendiante : 1800, p. 16.
*Ménélas (Combat de Pâris et
de) :* 1781, p. 12.
Menin (Siège de) : 1771, p. 52.
*Menthe (Métamorphose de la
nymphe) :* 1775, p. 26; -77,
p. 28.
Mentor et Télémaque : 1748,
p. 14; -51, p. 30; -61, p. 19;
-77, p. 27; -79, p. 33; -83,
p. 19; -98, p. 36.
Mercure : 1745, p. 33 (tête,
plâtre); -47, p. 22 (marbre);
-48, p. 30 (marbre); -79,
p. 48; -85, p. 48 (plâtre);
-89, p. 60 (marbre).
— *avec Jupiter chez Philémon
et Baucis :* 1750, p. 15.
— *descendant des cieux :* 1739,
p. 25.
— *enlevant Pandore :* 1704,
p. 29.

Mercure et Aglaure : 1767, p. 13, 40; -79, p. 20.

— *et Argus* : 1704, p. 40; -41, p. 28 (plâtre); -45, p. 25; -50, p. 13; -63, p. 19; -65, p. 30; -93, p. 107; -95, p. 59.

— *et Hersé* : 1738, p. 16; -63, p. 13; -67, p. 14; -79, p. 20.

— *et Vénus* : 1742, p. 35 (plâtre); -47, p. 22.

—, *Hercule et Pan* (plafond) : 1773, p. 27.

— *instruisant l'Amour* : 1738, p. 24, 25; -55, p. 13, 27.

— *portant Bacchus aux Corybantes* : 1761, p. 30; -77, p. 15.

— *priant Battus de ne pas le dénoncer à Jupiter* : 1793, p. 106.

— *représentant le Commerce* : 1777, p. 41 (statue); -81, p. 18.

— *se disposant à remplir un message* (plâtre) : 1742, p. 35.

Mère attentive (la) : 1798, p. 87.

— *avec ses enfants* : 1785, p. 15.

— *bien aimée* : 1765, p. 26; -69, p. 27; -85, p. 56.

— *cueillant une fleur* : 1795, p. 28.

— *donnant une marotte à son enfant* : 1798, p. 58.

— *engageant sa fille à prendre une médecine* : 1775, p. 27.

— *engageant son enfant à jouer du piano* : 1793, p. 100.

— *et son enfant menacés par un serpent* : 1798, p. 28.

— *expliquant à sa fille un passage de l'Emile* : 1798, p. 88.

— *faisant des reproches à sa fille qui reçoit en cachette une lettre d'une servante* : 1773, p. 20.

— *faisant jouer son enfant* : 1767, p. 33.

Mère faisant jouer sa fille avec un oiseau : 1793, p. 37.

— *faisant téter son enfant* : 1779, p. 23.

— *(la) indulgente* : 1777, p. 49.

— *(la) laborieuse* : 1740, p. 21; -41, p. 26.

— *mettant son enfant sur une chèvre* : 1795, p. 23.

— *pleurant son fils, avec sa fille à ses genoux* (groupe en marbre) : 1800, p. 73.

— *posant une couronne sur la tête de son enfant* : 1796, p. 35.

— *(la) sévère* : 1777, p. 35.

— *tenant son enfant* : 1793, p. 68 (terre cuite); -95, p. 23, 36.

— *trompée* : 1796, p. 48; -98, p. 45.

Méridien (Modèle d'un) : 1751, p. 23, 24.

Merle (Cabinet du comte de) : 1775, p. 11; -79, p. 27.

Merlin de Thionville (Cabinet de) : 1796, p. 26.

Mérope (Tragédie de) : 1783, p. 41; -93, p. 70.

Messager fidèle (le) : 1787, p. 40.

Messe dans une chapelle dédiée à saint Roch : 1789, p. 38.

Messie (la lumière du) (allégorie) : 1742, p. 32.

Messine (Vue de l'ancien pont de) : 1771, p. 47.

Métairie (Projet de) : 1799, p. 75.

Métamorphoses (Sujets des) : 1771, p. 51.

Métastase (Dessins pour les œuvres de) : 1781, p. 54.

Métellus (le Tombeau de) : 1793, p. 15.

— *sauvé par son fils* : 1779, p. 17.

Metternich (Cabinet du comte de) : 1785, p. 49.

Metz (*Rétablissement du Roi à*) (médaille) : 1765, p. 42.

Meudon (*Avenue de*) *à Bellevue* : 1775, p. 31.

— (*Vue du château et du village de*) : 1738, p. 32.

— (*Vue de Paris prise de la montagne de*) : 1791, p. 53.

Meunier (*le*), *son fils et l'âne* : 1755, p. 35.

Meuniers conduisant des sacs au moulin : 1793, p. 18.

Meute de chiens : 1757, p. 32.

Mézence à qui on présente le corps de son fils : 1742, p. 34; -83, p. 40; -85, p. 32.

Michel-Ange (Cachet de) : 1737, p. 32.

— (*Moïse de*) : 1699, p. 13.

Micque (Cabinet de M.) : 1789, p. 34.

Mide (le Docteur) : 1741, p. 29.

Midi (*le*) : 1742, p. 31; -53, p. 20; -63, p. 31; -67, p. 27; -73, p. 28; -75, p. 20; -79, p. 39.

Miéris (*la Femme de*) : 1789, p. 55.

Mignard (Pierre), peintre du Roi : 1738, p. 30; -87, p. 47.

Milan (la Cène de L. de Vinci à) : 1796, p. 83.

Milan (*Entrée des Français à*) : 1800, p. 82.

— (*Peste de*) : 1779, p. 38; -85, p. 42; -87, p. 43.

Millésimo (*Bataille de*) : 1799, p. 65; 1800, p. 82.

Milon (*Vue prise dans les bois de*) : 1751, p. 25.

Milon de Crotone : 1745, p. 37 (plâtre); -53, p. 33 (plâtre); -55, p. 30 (statue); -61, p. 20; -63, p. 18; -69, p. 36 (statue); -96, p. 53.

Minden (*Bataille de*) : 1789, p. 26.

Mine (*Une*) : 1795, p. 42.

Minée (*les Filles de*) *changées en chauve-souris* : 1751, p. 21; -85, p. 46.

Minerve : 1737, p. 19; -55, p. 32 (fronton), 38; -59, p. 36 (bas-relief); -67, p. 12, 17, 18; -71, p. 42 (fronton); -75, p. 39 (plâtre); -79, p. 14, 40; -93, p. 70 (pierre) 105; -95, p. 64 (plâtre).

— (*Buste de*) : 1777, p. 23.

— (*Dispute de*) *et de Neptune* : 1738, p. 24; -48, p. 21.

— (*Éducation de Télémaque par*) : 1741, p. 13.

— (*Église de la*), à Rome : 1779, p. 46.

— (*Médaillon de*) : 1777, p. 46.

— (*Naissance de*) : 1699, p. 20; 1757, p. 24.

— (*Pavillon de*) : 1773, p. 30.

— (*Tête de*) : 1745, p. 38 (plâtre); -55, p. 16; -59, p. 32 (bague); -71, p. 39; -81, p. 45 (terre cuite).

— *accompagnant Télémaque sous la figure de Mentor* : 1761, p. 18, 19.

— *blessant Mars* : 1781, p. 14.

— *donnant des couronnes* : 1767, p. 35 (statue); -91, p. 36 (bas-relief).

— *donnant des leçons de folie* : 1800, p. 58.

— *enseignant une nymphe à faire de la tapisserie* : 1737, p. 22.

— *et ses attributs* (plâtre) : 1789, p. 25.

— *et le Temps accordant l'immortalité à ceux qui ont bien mérité de leur patrie* : 1799, p. 53, 54.

— *frappant Tirésias de cécité* : 1775, p. 11.

— *indiquant le chemin de la Gloire* (plâtre) : 1796, p. 75.

— *instruisant la jeunesse* : 1793, p. 66 (cire).

— *protégeant la Fécondité* : 1783, p. 59.

Minerve rémunératrice (plâtre) : 1798, p. 75.
— *réveillant le Génie des Arts :* 1793, p. 62.
— *se faisant connaître à Télémaque :* 1751, p. 30.
— *tenant une branche d'olivier* (esquisse) : 1800, p. 70.
Miniatures : 1763, p. 20, 24; -65, p. 23; -67, p. 17, 19, 21, 24; -71, p. 17, 18; -83, p. 35; -85, p. 42; -87, p. 38; -89, p. 32, 34; -91, p. 24, 25, 26, 31, 34, 36, 37, 39, 40, 42; -93, p. 11, 13, 14, 17, 18, 19, 21, 25, 26, 30, 32, 36, 51, 54, 55, 56, 57, 92, 94, 97, 99, 100, 103, 106, 107, 108, 109; -95, p. 13, 18, 19, 21, 22, 26, 28, 30, 36, 39, 40, 42, 44, 47, 48, 50, 51, 52, 58; -96, p. 15, 16, 17, 18, 20, 22, 25, 27, 29, 30, 32, 36, 39, 40, 43, 44, 46, 47, 51, 55, 57, 58; -98, p. 17, 18, 27, 28, 40, 41, 48, 52, 60, 68; -99, p. 14, 19, 21, 23, 26, 39, 51, 59, 91; 1800, p. 12, 19, 26, 36, 41, 44, 49, 87.
Minos (figure demi-nature) : 1787, p. 53.
Minotaure (Athéniens tirant au sort ceux qui seront livrés au) : 1798, p. 55.
Mirabeau (Esquisse sur la mort de) : 1791, p. 41.
— *(Projet de tombeau pour)* : 1791, p. 41, 44.
— *(Réception de) aux Champs-Elysées :* 1800, p. 82.
Miracle des Ardens : 1767, p. 20.
— *de la messe de Bolsène :* 1796, p. 82.
Miracles (les) de Notre-Seigneur : 1747, p. 19.
Miromesnil (Cabinet de M. de) : 1779, p. 44.
Mirza. — Voir *Arthémise.*
Misène (le Cap) et la côte de Baïes : 1775, p. 33.

Misères (les) de la guerre : 1750, p. 28, 29.
Miséricorde (Plafond pour les Dames de la) d'Avignon : 1704, p. 32.
Mission des Apôtres : 1793, p. 26.
Missions étrangères (Tableaux pour l'église des) : 1738, p. 23; -39, p. 12, 15.
Mithridate (Mort de) : 1793, p. 55.
— *amoureux de Stratonice :* 1779, p. 13.
— *suivi à la guerre par Hipsicraté, sa concubine :* 1673, p. 31.
Modèle d'un appareil pour sauver du feu quatre personnes à la fois : 1799, p. 78.
— *en relief représentant l'emblème de la République :* 1795, p. 66.
— *(le) honnête :* 1769, p. 19.
Modeste (Prise de la frégate la) : 1796, p. 31.
Modestie (la) : 1741, p. 14.
Moerdyck (Vue du) : 1799, p. 60.
Mœurs (les) de l'âge d'or : 1796, p. 42.
Moine (buste en plâtre) : 1791, p. 41.
Mois (Vignettes pour le poème des) : 1793, p. 38.
Moïse : 1699, p. 13 (bronze); 1747, p. 6.
— *chassant les bergers de Madian :* 1785, p. 15.
— *et Aaron :* 1738, p. 16, 23.
— *et Jethro :* 1673, p. 30; 1704, p. 32, 43.
— *et le buisson ardent :* 1673, p. 34; 1751, p. 12.
— *et le serpent d'airain :* 1743, p. 37; -50, p. 12.
— *exposé sur les eaux :* 1673, p. 32, 35, 36; -99, p. 19; 1704, p. 19, 21, 29; -37, p. 20; -46, p. 13; -47, p. 14; -73, p. 34;

-81, p. 17; -85, p. 14, 15; -91,
p. 32.
Moïse frappant le rocher :
1783, p. 28.
— *montrant les tables de la
loi :* 1791, p. 37.
— *passant la mer Rouge :*
1779, p. 20.
— *recevant les tables de la
loi :* 1785, p. 38; 1800, p. 42.
— *renversant le veau d'or :*
1779, p. 44.
Moisson (Une) : 1737, p. 16;
-43, p. 33; -77, p. 18; -83,
p. 19; -99, p. 25.
*Moissonneur avec sa femme et
son fils :* 1775, p. 19.
Moissonneurs : 1739, p. 25;
-95, p. 23.
*Moissy-en-Brie (Vue d'une
ferme près de) :* 1795, p. 20.
*Molac (le Seigneur de) sau-
vant la vie à François Ier au
prix de la sienne :* 1789,
p. 56.
*Molé (le Président) à la jour-
née des Barricades :* 1779,
p. 36.
Môle (Vue du), environs de
Saint-Foire : 1799, p. 89.
*Môlle (Vue des murs et de la
forteresse de la ville de) :*
1787, p. 22.
Mondovi (Bataille de) : 1799,
p. 65; 1800, p. 82.
Monime (Mort de) : 1796, p. 51.
Monnaie (la) des médailles :
1798, p. 83; 1800, p. 15.
Monnaie (Modèle de la) (bas-
relief) : 1791, p. 36.
Monnaies (Empreintes de) :
1791, p. 40.
Monnaies (Hôtel royal des),
rue Guénégaud : 1771, p. 41,
43; -75, p. 15; -81, p. 21; -83,
p. 22.
Monregard (Cabinet de M. de) :
1783, p. 24.
Mons (Prise de) : 1704, p. 24.
— *(Siège de) :* 1753, p. 25.

Monsieur (le peintre de) : 1781,
p. 14; -87, p. 13.
*Monstres marins dans une
frise :* 1789, p. 21.
*Mont Athos taillé en statue
d'Alexandre :* 1796, p. 68.
— *Blanc (Vues du) :* 1785,
p. 38; -95, p. 27, 87; -98,
p. 28, 30; -99, p. 26; 1800,
p. 13, 26.
— *Cassin (Lavoir près du) :*
1791, p. 13, 20.
— *Jura (Vue du) :* 1795, p. 27.
— *Calier (Château de),* près
de Turin : 1800, p. 64.
— *Cenis (Vue du lac du) :* 1798,
p. 12.
Mont Saint-Quentin (Tableaux
pour l'église des Bénédictins
de), près Péronne : 1755,
p. 28; -57, p. 24; -59, p. 24.
*Montagnards faisant danser
la marmotte :* 1757, p. 26.
Montagne (la) (terre cuite) :
1793, p. 60.
— *(la) et le Marais :* 1793,
p. 54.
— *de Salève,* près Genève :
1799, p. 89.
*Montagnes et vallées de l'I-
sère :* 1798, p. 13.
Montauban (Tableau pour la
cathédrale de) : 1789, p. 40.
Montbarey (Cabinet du prince
de) : 1783, p. 24.
*Montbarey (Vue de la maison
du prince de),* au bas de
l'Arsenal : 1785, p. 20.
Montbazon (la princesse de
Bouillon, duchesse de) :
1743, p. 21.
Montesquieu (Cabinet du baron de) : 1789, p. 31.
Montesquieu (Dessin pour les
œuvres de) : 1798, p. 52.
Montesquiou (Cabinet du marquis de) : 1783, p. 43, 44;
-85, p. 23.
Montholon (Plafond du salon
de M. de) : 1783, p. 36.

Montey (Vue de) : 1798, p. 64.
Montigny (Tableaux pour le château de) : 1748, p. 18.
Montigny (Vue de) : 1793, p. 48.
Montlhéry (Vue de la tour de) : 1793, p. 14.
Montmartel (Cabinet de M. de) : 1761, p. 30.
Montmartre (Caverne de) avec des voleurs : 1791, p. 21.
Montmélian (Montagnes près de) : 1798, p. 13.
Montmerle (la Chartreuse de) : 1781, p. 17.
Montmorency (Environs de) : 1783, p. 31, 32; -85, p. 26, 27; -93, p. 15, 54, 98; -96, p. 20; -98, p. 15.
Mont-Musart (Vues de) : 1771, p. 30.
Montpellier (Porte du Pérou à) : 1704, p. 24.
— *(Site des environs de)* : 1793, p. 22.
Montreuil (Tableaux pour l'église de), près Versailles : 1771, p. 43, 44; -75, p. 12.
Mont Rouge (le), au midi de l'Etna : 1781, p. 35.
Montullé (Cabinet de M.) : 1775, p. 21.
Mont-Valérien (Vue du), prise de Neuilly : 1771, p. 36.
Monument (Projet de) destiné aux Arts : 1795, p. 76.
— *(Projet de) en l'honneur des armées de la République* : 1795, p. 81; -98, p. 78.
— *(Projet de) en l'honneur des victimes de la tyrannie* : 1795, p. 81.
— *à élever au champ de la Fédération* : 1791, p. 31.
— *à élever à la République sur l'emplacement de l'église de la Madeleine* : 1799, p. 79.
— *à ériger à Toulouse en l'honneur du général Dupuy, mort au Caire* : 1800, p. 77.

Monument à la mémoire de plusieurs députés : 1791, p. 41.
— *allégorique à la Révolution* : 1791, p. 35.
— *destiné à être placé sur un pont triomphal, vis-à-vis la place Louis XV* : 1785, p. 46.
— *du Roi donnant une lettre de confirmation de ses privilèges à la Bretagne* : 1785, p. 46.
— *en mémoire de la liberté des Etats-Unis d'Amérique* : 1785, p. 46.
— *pour conserver le souvenir de l'assassinat des ministres français à Rastadt* : 1799, p. 14.
— *pour les tables des lois républicaines* : 1796, p. 77.
— *projeté à la gloire de Philibert Delorme* : 1800, p. 77.
Monuments antiques de France (Réunion des plus célèbres) : 1785, p. 22.
— *de France et d'Italie* : 1773, p. 25; -79, p. 26; -89, p. 15.
Monville (Cabinet de M. de) : 1767, p. 22.
Monvoord (Environs de), en Hollande : 1798, p. 60.
Moor (C.-D.), peintre : 1746, p. 25.
Moqueur (le) : 1793, p. 27.
Morale (la) et l'Instruction (bas-relief) : 1799, p. 68.
Moras (Cabinet de M. de) : 1757, p. 30.
Morat (Vue du lac), en Suisse : 1783, p. 42.
Morceau d'architecture : 1795, p. 76.
Morceaux d'histoire naturelle : 1799, p. 85.
More (Un) : 1699, p. 23.
Moreau (Cabinet du général) : 1800, p. 51.
Moreau des Isles (Cabinet de M.) : 1773, p. 14.

Morgant, sculpteur, mort en exécutant un modèle de la Liberté : 1799, p. 74.

Morphée : 1767, p. 14; -71, p. 45 (statue); -77, p. 46 (statue).

Morra (Italiens jouant à la) : 1757, p. 27.

Mort d'un père dénaturé abandonné de ses enfants : 1769, p. 28.

— *d'un père regretté de ses enfants* : 1769, p. 28.

Mortagne (Environs de) : 1793, p. 9; -95, p. 54.

— *(Vue de)* : 1793, p. 46.

Mosaïque (Ouvrages en) : 1796, p. 88; 1800, p. 86.

Mosquée (Extérieur d'une) : 1799, p. 19.

— *d'Abou Mandour* : 1800, p. 24.

Mot à l'oreille (le) : 1798, p. 32.

Mouceaux (Jardin de). — Voir *Mousseaux*.

Mouchoir rempli de fleurs : 1755, p. 20.

Mouchy (Cabinet de la maréchale de) : 1775, p. 29.

Moulin (Modèles de) : 1796, p. 85, 86.

— *dans un paysage* : 1739, p. 19; -40, p. 14, 26; -41, p. 16; -42, p. 25; -43, p. 15; -45, p. 30; -47, p. 27; -48, p. 24; -51, p. 22, 26; -65, p. 13, 29; -83, p. 32, 44; 1800, p. 87.

Moulins (les Trois) : 1773, p. 45.

Mousseaux (Vue du jardin de) : 1783, p. 52; -96, p. 24.

Mouton (le) chéri : 1771, p. 25.

Multiplication des pains (la). — Voir *Jésus-Christ*.

Murvaux (Paroisse de), près Verdun : 1781, p. 52.

Muse (Dame représentée en) : 1741, p. 25; -42, p. 23; -43, p. 28; -53, p. 20; -71, p. 18.

Musée (Projet pour éclairer la galerie des) : 1796, p. 59.

Musée des Monuments français : 1799, p. 65, 84; 1800, p. 70.

Muses (Anacréon caressé par les) : 1773, p. 14.

— *(Apollon et les)* : 1704, p. 15; -43, p. 16; -57, p. 25.

— *(les) enchainant l'Amour* : 1748, p. 23.

— *(Deux) groupées* : 1796, p. 84.

— *(les) Thalie, Terpsichore et Calliope* : 1745, p. 17.

Muséum (Un) : 1791, p. 21.

— *(Intérieur d'un)* : 1796, p. 55.

— *(Projet d'un) d'antiquités et d'histoire naturelle* : 1795, p. 80.

Musicien (le) champêtre : 1767, p. 23.

Musicienne (Une) : 1704, p. 18.

Musiciens ambulants (les) : 1765, p. 40; 1800, p. 28.

Musique (la) : 1738, p. 26, 28; -42, p. 36; -46, p. 15; -51, p. 28; -57, p. 23; -59, p. 15; -61, p. 15; -93, p. 66.

— *(Attributs de la)* : 1765, p. 67. — Voir *Génie de la musique*.

— *ambulante* : 1795, p. 43.

— *pastorale* : 1747, p. 20; -55, p. 36; -59, p. 33.

Musulman sauvant une femme naufragée et son enfant sur une planche : 1800, p. 21.

Myre (Evêque de) : 1745, p. 14; -47, p. 22.

N

Nagel (Baron de) : 1757, p. 33.

Naïade : 1737, p. 14; -41, p. 14; -46, p. 23; -55, p. 32 (statue); -65, p. 37 (bas-re-

lief); -71, p. 41 (terre cuite);
-77, p. 46 (statue); -89, p. 43
(terre cuite).
— (*Portrait de femme en*) :
1743, p. 37.
— *portant une coquille sur sa
tête* (statue) : 1793, p. 61.
— *prenant un papillon* (statue) : 1795, p. 70.
— *tordant ses cheveux* (statue) : 1799, p. 70.
Nain : 1777, p. 37.
*Naissance de Madame Pre-
mière, fille du Roi* (mé-
daille) : 1779, p. 51.
Nancy (Monuments posés à) :
1747, p. 32; -71, p. 39.
Nanette (la Petite) : 1793, p. 42.
Nantes (Environs de) : 1795,
p. 22.
Naples : 1763, p. 35; -67, p. 32;
-73, p. 14, 20.
*Naples (Entrée de l'armée
française à)* : 1799, p. 61.
— (*Environs de*) *dans le
brouillard* : 1787, p. 25.
— (*Paysannes des environs
de*) : 1793, p. 20.
— (*Vues de*) : 1746, p. 29; -75,
p. 32, 33; -79, p. 31; -81,
p. 29; -95, p. 33, 36; -96,
p. 39; 1800, p. 23.
Napolitain (Costume) : 1777,
p. 37.
Narbonne (Cabinet de l'archevêque de) : 1785, p. 22, 23.
Narcisse : 1746, p. 17 (esquisse);
-47, p. 33 (plâtre); -57, p. 30;
-71, p. 13; -91, p. 18; -96,
p. 67.
— *changé en fleur* : 1771, p. 15.
— *se mirant dans l'eau* : 1753,
p. 21 (marbre); -93, p. 33;
-95, p. 67 (esquisse); -98,
p. 15.
Narni (Vue de) : 1793, p. 92.
Nativité (la). — Voir *Jésus-
Christ*.
Naturaliste (Un) : 1789, p. 33.
Nation (Tableaux appartenant
à la) : 1793, p. 17, 18, 27,
32, 56, 99; -95, p. 52; -96,
p. 67.
Natures mortes : 1737, p. 15,
16, 17, 22, 23; -38, p. 12, 13,
14, 15; -39, p. 21; -41, p. 17,
20, 21; -42, p. 16, 17, 18; -43,
p. 18, 19; -47, p. 21, 25; -48,
p. 19, 29; -51, p. 21; -53,
p. 17, 18, 19; -55, p. 29; -57,
p. 16, 18; -59, p. 22; -83,
p. 28; -95, p. 24, 60.
Naufrages : 1750, p. 31; -55,
p. 25; -65, p. 20; -71, p. 15,
26; -87, p. 19, 41; -89, p. 14;
-91, p. 15; -93, p. 18; -96,
p. 67; -98, p. 69; -99, p. 66;
1800, p. 53, 61. — Voir *Marines, Tempête*.
Naufragés sur un rocher :
1796, p. 39.
Nausicaa. — Voir *Ulysse*.
Navarre (Statues pour les jardins de) : 1761, p. 29.
Navone (Fontaine de la place) :
1771, p. 31.
Nécromancien (Un) : 1775, p. 14.
Négligé (le) : 1741, p. 21; -42,
p. 31.
*Négociant reconnaissant des
marchandises dans un ma-
gasin* : 1795, p. 39.
Nègre : 1741, p. 30.
Négresse (buste, plâtre) : 1781,
p. 46.
— *dans un hamac* : 1781, p. 16,
17.
*Neige (Campagne couverte
de)* : 1798, p. 12, 22.
Némi (Vue du lac de) : 1791,
p. 22; 1800, p. 15.
Neptune : 1740, p. 18.
— (*Colère de*) : 1771, p. 15.
— (*Dispute de*) *et de Minerve* :
1738, p. 24; -48, p. 21.
— (*Fontaine de*) : 1748, p. 26;
-71, p. 31.
— (*Temple de*) *à Syracuse* :
1775, p. 32.
— (*Triomphe de*) : 1699, p. 16.

Neptune et Amimone : 1757, p. 13.
— *et Amphitrite* : 1737, p. 26; -47, p. 18; -50, p. 23; -71, p. 35; -79, p. 20.
— *et Vénus* : 1743, p. 16; -50, p. 12.
— *réprimant les vents* : 1751, p. 23; -79, p. 43.
— *sur les eaux* : 1704, p. 44.
Néréide couchée aux pieds d'un hippopotame (fontaine) : 1738, p. 29.
Néron (Restes du palais, de la statue de) : 1791, p. 22.
— *tourmenté par ses remords* : 1779, p. 29.
Nerva (Pont de la ville de) : 1765, p. 29.
Nessus et Déjanire : 1673, p. 32; -99, p. 14, 15; 1704, p. 13; -45, p. 25; -46, p. 21; -50, p. 32; -51, p. 23; -55, p. 26.
— *(Hercule déchirant la tunique de)* : 1781, p. 31.
Netscher (Gaspard), peintre : 1746, p. 25.
Neuilly (Décintrement du pont de) : 1773, p. 24; -75, p. 18.
Newa (Un coin de la place) : 1796, p. 5.
Newton montrant la Vérité (groupe) : 1793, p. 64.
Nicodème au tombeau du Christ : 1738, p. 16.
Nicolaï (Cabinet de M. de) : 1785, p. 32; -87, p. 29.
Nid d'amour : 1791, p. 41 (marbre); -93, p. 10; -95, p. 20.
— *de bouvreuil* (sculpture) : 1791, p. 24.
— *de chardonneret et de lézard* (marbre) : 1795, p. 70.
Nids d'oiseaux : 1793, p. 54; -96, p. 55.
— *d'oiseaux en bois* : 1791, p. 36; -93, p. 71.

Niobé : 1791, p. 18.
— *(Mort des enfants de)* : 1775, p. 25; -85, p. 15; 1800, p. 43.
Nimes (Arènes et Maison carrée à) : 1785, p. 22; -87, p. 20.
— *(Temple de Diane à)* : 1785, p. 22; -87, p. 20.
Nisus et Euryale : 1742, p. 33, 34.
Nivernois (Cabinet du duc de) : 1775, p. 18; -77, p. 48.
Noailles (Cabinet du maréchal de) : 1783, p. 18, 23; -87, p. 42.
Noblesse (la) (statue) : 1771, p. 42.
Noce de village : 1753, p. 16.
— *interrompue* : 1777, p. 52.
Nodoue (Cabinet de M.) : 1789, p. 36, 38.
Noé (Arche de) : 1757, p. 35.
— *(Sacrifice de) après le déluge* : 1699, p. 20; 1771, p. 24; -83, p. 19.
Nogent-sur-Seine (Vues des environs de) : 1739, p. 20; -65, p. 20.
Noli me tangere : 1699, p. 22.
Nonchalante (la) tenant une brochure : 1785, p. 42.
Nord (Cabinet du comte du) : 1785, p. 22.
Normandie (la) (figure en plâtre) : 1787, p. 53.
— *(Côtes de)* (marine) : 1799, p. 25.
— *(Illumination à l'occasion de la naissance du duc de)* : 1785, p. 20.
— *(Médaille sur la naissance du duc de)* : 1785, p. 53.
— *(Vues de)* : 1777, p. 21; -79, p. 26.
Notre-Dame de Paris (monument pour) : 1785, p. 47.
— *(Services funèbres à)* : 1742, p. 32; -50, p. 27.
— *(Tableaux pour)* : 1699, p. 15, 17; 1763, p. 23.

Notre-Dame (*Vue intérieure de*) : 1793, p. 15; -98, p. 37.

Notre-Seigneur. — Voir *Jésus-Christ.*

Nourrice ramenant un enfant à ses parents : 1793, p. 23.

Nouveau Testament (Sujets du) : 1791, p. 37, 38, 39; -98, p. 52.

Nouvelle Héloïse (Sujets pour la) : 1777, p. 52.

Nuit (*la*) : 1746, p. 23; -53, p. 20; -63, p. 31; -75, p. 16; -79, p. 39.

— (*la*) du Corrège : 1757, p. 33.

—, d'après Rembrandt : 1787, p. 57.

Numa consultant Egérie : 1791, p. 53.

Nymphe au bain (marbre) : 1757, p. 28; -99, p. 35.

— *avec une coquille, sur le bord d'une fontaine* (statue) : 1759, p. 28.

— *blessée par l'Amour* (terre cuite) : 1773, p. 43.

— *couchée* (terre cuite) : 1737, p. 32.

— *couronnant l'Amour après lui avoir arraché les ailes* : 1773, p. 32.

— *de Diane* (tête) : 1787, p. 29.

— *de Diane et l'Amour endormi* : 1755, p. 16.

Nymphe dormant, et une autre se regardant dans l'eau (statue) : 1761, p. 29.

— *endormie* (marbre) : 1767, p. 35.

— *endormie, surprise par l'Amour* (terre cuite) : 1793, p. 71.

— *enfantine* (terre cuite) : 1738, p. 30.

— *enivrant l'Amour* : 1779, p. 15.

— *se mirant dans l'eau* : 1771, p. 12.

— *sortant de l'eau* : 1761, p. 28 (statue); -93, p. 68 (marbre).

— *sur le rivage* (marbre) : 1793, p. 62.

Nymphes au bain : 1793, p. 10.

— *changeant un berger en olivier sauvage* : 1751, p. 21.

— *coupant les ailes à l'Amour* : 1779, p. 46 (bas-relief); -83, p. 50 (groupe).

— *dansant* : 1775, p. 31.

— *de Diane* : 1747, p. 21, 22 (statue); -61, p. 26 (tête).

— *des eaux* : 1704, p. 19; -39, p. 23 (plâtre); -43, p. 13; -51, p. 27.

— *et Satyre* : 1777, p. 29.

— *mettant le feu au vaisseau de Télémaque* : 1746, p. 13.

O

Obélisque élevé à la gloire de Louis XVI à Port-Vendres : 1781, p. 27.

— (*Projet d'*) pour la place de l'Etoile : 1798, p. 79.

Observateur distrait (*l'*) : 1767, p. 39.

Occupations champêtres : 1753, p. 30.

— (*les*) *du rivage* : 1771, p. 47.

Octave faisant grâce à Métellus : 1779, p. 17.

Octavie (*le Portique d'*) : 1785, p. 23.

Oculiste (*le Frère Hilarion en*) : 1737, p. 15.

Odalisques (*Fête champêtre donnée par des*) *devant le sultan et la sultane* : 1775, p. 11.

Ode d'Horace (Sujet tiré de la 13e) : 1747, p. 26.

Odorat (*l'*) : 1771, p. 17.

Odyssée (Sujets tirés de l') :

1777, p. 25; -93, p. 104; -95, p. 31.

Œdipe à Colone : 1785, p. 42; -89, p. 58; -91, p. 12; -93, p. 49; -96, p. 37, 41.

— *adopté par la reine de Corinthe* : 1781, p. 16.

— *au temple des Euménides* : 1785, p. 41; -91, p. 46; -93, p. 104; -96, p. 22.

— *détaché de l'arbre par le berger Phorbas* : 1761, p. 30 (sculpture); -71, p. 43 (groupe); -89, p. 29; -93, p. 13; -96, p. 23, 88; -99, p. 67.

— *et Antigone* : 1791, p. 25; -93, p. 61 (esquisse en terre), 104; -95, p. 44; -96, p. 48; -98, p. 45, 63; -99, p. 17; 1800, p. 40.

— *tuant Laïus* : 1791, p. 46.

Œthra, mère de Thésée : 1769, p. 24.

Œufs cassés (les) : 1757, p. 26; -69, p. 40; -77, p. 35.

— *dans un panier* : 1791, p. 16.

Œuvre d'architecture de Moreau et de Desgodets : 1800, p. 78.

Officier de dragons dans un camp : 1795, p. 54.

— *municipal* : 1795, p. 83.

— *ralliant sa troupe* : 1737, p. 20.

Offrande : 1793, p. 61 (terre cuite).

— *à l'Amour* : 1761, p. 13; -73, p. 44.

— *à l'autel de Minerve* : 1789, p. 9.

— *à Jupiter* : 1795, p. 24; -99, p. 61.

— *dans le temple de Vénus* : 1763, p. 15.

Offres (les) réciproques : 1771, p. 47.

Oiseau défendant ses petits contre un serpent (bronze) : 1800, p. 72.

Oiseau de proie culbutant une oie : 1753, p. 18.

— *de proie fondant sur des canards* : 1740, p. 16.

— *de proie fondant sur une perdrix* : 1748, p. 18.

— *mal défendu* : 1795, p. 51.

— *mort* : 1791, p. 12 (sculpture en bois), 43; -93, p. 71.

— *(l') retrouvé* : 1767, p. 23.

— *royal, gouasale et demoiselle* : 1745, p. 20.

— *voulant attraper un papillon* : 1765, p. 21.

Oiseaux : 1704, p. 18; -63, p. 24.

— *étrangers* : 1769, p. 26.

— *morts* : 1704, p. 37, 38.

— *peints sur porcelaine* : 1798, p. 13.

— *perchés sur un cerisier* : 1750, p. 17.

Oiseleur accordant sa guitare : 1757, p. 26.

Olimpias, mère d'Alexandre, imposant à ses assassins : 1795, p. 37; -98, p. 38; -99, p. 60.

Olion (Rochers d') en Provence : 1785, p. 22.

Oliviers (Jésus au jardin des) : 1699, p. 14, 16.

Omphale (Hercule et) : 1748, p. 21; -59, p. 14; -69, p. 14; -79, p. 27; -81, p. 13; -83, p. 56.

On ne peut pas penser à tout : 1742, p. 29; -67, p. 22.

Opalinska (Mausolée de Catherine), reine de Pologne : 1747, p. 31.

Opéra (Portraits pour le foyer de l') : 1771, p. 40.

— (Incendie de l') et vue de la salle le lendemain : 1781, p. 25.

— (Projet d') : 1800, p. 77.

Optique (l') : 1793, p. 35.

Oracle consulté (l') : 1791, p. 33.

Orages : 1771, p. 25; -75, p. 13; -83, p. 32; -85, p. 19, 33; -93,

p. 24, 35; -96, p. 58; -99, p. 5o, 58; 1800, p. 56.
Orange (Amphithéâtre d') : 1787, p. 20.
— *(Arc de triomphe d')* : 1785, p. 22; -87, p. 20.
Oranger (Un) : 1763, p. 3o.
— *dans un vase* : 1741, p. 17.
Oratoire (Tableaux et sculptures pour l'église de l'), rue Saint-Honoré : 1746, p. 26; -55, p. 22; -71, p. 12; -87, p. 15.
Oratoire (Un petit) : 1789, p. 17.
Ordination (l') : 1783, p. 41.
Ordre du jour (l') : 1795, p. 48.
Ordre remis dans les finances (l') : 1779, p. 3o.
Orelly (Cabinet de M.) : 1796, p. 57.
Oreste : 1783, p. 54 (plâtre).
— *(Remords d')* : 1800, p. 38, 39.
— *demandant à Pyrrhus de livrer Astyanax* : 1800, p. 35.
— *et Hermione* : 1799, p. 85; 1800, p. 35, 82.
— *reconnaissant Iphigénie* : 1785, p. 41; -87, p. 28.
Orithie : 1773, p. 32; -75, p. 26; -83, p. 31.
Orphée : 1798, p. 15.
— *(Eurydice rendue à)* : 1773, p. 14; -93, p. 24.
— *(Regrets d')* : 1796, p. 42.
— *au tombeau d'Eurydice* : 1793, p. 106.
— *aux enfers* : 1763, p. 12.
— *et Eurydice* : 1673, p. 35; 1763, p. 12; -93, p. 18; -96, p. 42.
— *et Glicère* : 1798, p. 19.
— *perdant Eurydice* : 1796, p. 23; -98, p. 53.
Orléans (Bénédictins d') : 1759, p. 12, 24.
— (Cabinet du duc d') : 1742, p. 29; -43, p. 31; -45, p. 34; -61, p. 29; -75, p. 43; -77, p. 51; -83, p. 57.

Orléans (Cabinet de feue la duchesse d') : 1750, p. 22.
— (Collège d') : 1769, p. 41.
— (Ecole d') : 1795, p. 15.
— (Evêque d') : 1745, p. 17.
— (Tableau pour Saint-Pierre-du-Martroi à) : 1738, p. 23.
— (Médaille de la première pierre de Sainte-Croix d') : 1769, p. 41.
Orléans (Allégorie de la Liberté avec le duc d') : 1791, p. 39.
— *(la Régence déférée au duc d')* : 1755, p. 34.
Ormes (Modèles d'escalier pour le château des) : 1773, p. 3o; -85, p. 43.
Ornements (les) de l'esprit et du corps : 1747, p. 3o.
Orosmane (le Kain dans le rôle d') : 1789, p. 56.
Orry, contrôleur général des Bâtiments : 1743, p. 33, 35.
Orry de la Roche (Cabinet de M.) : 1789, p. 24.
Orsay (Cabinet du comte d') : 1779, p. 12, 41; -87, p. 18.
Orsay (Vue d') : 1747, p. 27.
Ostende (Vue d') : 1793, p. 41.
Othryadès blessé écrit avec son sang sur un trophée qu'il a dressé à Jupiter : 1779, p. 54 (statue); -93, p. 101; -98, p. 13.
Ouessant (Bataille d') : 1781, p. 45.
Ouie (l') : 1771, p. 17.
Ouragan (l') : 1793, p. 52.
Ours arrêté par des chiens : 1757, p. 18.
— *polaire* : 1800, p. 83.
Outarde et pintade : 1740, p. 16.
Ouvrière en dentelle et son chien : 1796, p. 6, 47.
— *en tapisserie* : 1738, p. 14, 15.
Ovide (Métamorphoses d') : 1739, p. 15; -42, p. 28; -48, p. 31; -51, p. 21; -53, p. 31; -98, p. 71; 1800, p. 25, 34.

Ovide quittant Julie par ordre d'Auguste : 1800, p. 57.
Oxiartes, satrape de Darius, mariant sa fille à Alexandre : 1745, p. 18.

Oyestrom [Ouistreham] (Vue de l'église de), près Caen : 1799, p. 39.
Ozanne (Cabinet de M.) : 1783, p. 19.

P

Pacha à qui on présente des esclaves : 1779, p. 21.
Pacte de famille (le) : 1763, p. 20; -69, p. 34, 35 (groupe).
Paix (la) : 1739, p. 25 (médaille); -61, p. 30 (marbre); -77, 15; -85, p. 53 (médaille); -93, p. 97 (plâtre); -98, p. 74 (plâtre), 76 (plâtre); -99, p. 84; 1800, p. 70 (esquisse).
— *(Allégorie sur la)* : 1737, p. 30; -40, p. 12, 13; -41, p. 22, 23, 24; -61, p. 12; -85, p. 17.
— *(la) avec la Victoire amenant Bonaparte sur le sol français* : 1800, p. 83.
— *(la) faisant brûler les instruments de la guerre* : 1795, p. 37.
— *(la) faisant hommage à la Liberté des prémices de ses fruits* : 1795, p. 63.
— *(la) ramenant l'Abondance* : 1783, p. 34; -93, p. 38, 42.
— *(la) ramenée par la Victoire* : 1755, p. 31 (groupe).
— *(la) tenant la statue de Plutus* : 1759, p. 30 (statue).
Palais (Vue d'un) : 1793, p. 112.
— *(Entrée de) antique* : 1798, p. 57.
— *(Projet de) pour le gouvernement* : 1796, p. 77.
— *(Ruines d'un) à Rome* : 1777, p. 20; -79, p. 26.
— *de justice à Paris* : 1775, p. 18; -81, p. 44.
— *de justice (Ancienne porte et nouvelle façade du)* : 1785, p. 21.

Palais de justice (Démolition de la Conciergerie du) : 1777, p. 19.
— *de justice (Vue de l'escalier du)* : 1785, p. 21.
— *de justice pour un département* (plan) : 1795, p. 76.
— *des Beaux-Arts* : 1673, p. 7.
— *des Césars en ruines* : 1775, p. 18.
— *du Corps législatif* (plan) : 1795, p. 75.
— *du pape Jules à Rome* : 1771, p. 24.
— *du Sénat conservateur* : 1800, p. 69.
— *Égalité* (aquarelle) : 1793, p. 50.
— *national* (plan et coupe) : 1793, p. 73; -96, p. 79 (plan).
— *national pour le Conseil des Anciens* (plan) : 1795, p. 75.
— *national à élever entre le Louvre et les Tuileries* (plan) : 1795, p. 78.
— *romains* : 1777, p. 20, 21.
Palais-Royal (Exposition dans la cour du) : 1673, p. 9, 27, 29.
— (Collections du) : 1777, p. 51; -87, p. 57; -93, p. 39.
— (Statues pour le) : 1767, p. 36; -69, p. 34.
Palais-Royal (Vestibule nouveau du) et démolition de l'ancien : 1767, p. 19.
— *(Vue des anciennes cuisines du)* : 1781, p. 22.
— *(Vues du)* : 1787, p. 35; -91, p. 37.

Palerme (Entrée de la ville de) : 1781, p. 35.

—, *(Figures antiques du palais du Sénat à)* : 1781, p. 36.

Palerme (Cabinet de M. de) : 1785, p. 34.

Palès (Fêtes de) : 1737, p. 32; -83, p. 21.

Pallas, fils d'Evandre, tué dans un combat : 1742, p. 34.

Pamphili (Belvédère), à Frescati : 1769, p. 21.

— *(Fontaine des jardins)* : 1771, p. 24; -75, p. 32.

Pan (Fête du dieu) : 1777, p. 47 (bas-relief); -83, p. 33 (bas-relief); -96, p. 19.

— *(Offrande au dieu)* : 1769, p. 37 (terre cuite); -73, p. 44 (bas-relief); -77, p. 16, 29; -93, p. 10.

—, *emblème de la nature* : 1771, p. 41.

— *enseignant à jouer de la flûte à Apollon* : 1745, p. 21 (groupe en terre cuite).

— *et Satyre* : 1759, p. 15.

— *et Sirinx* : 1746, p. 19, 20; -57, p. 22; -79, p. 13.

—, *Hercule et Mercure* : 1773, p. 27.

— *lié par les Nymphes* : 1775, p. 27.

Pandémonium (le) : 1771, p. 31.

Pandore : 1704, p. 29; -77, p. 46 (statue).

Panier d'œufs : 1789, p. 17; -93, p. 103.

Panorama (Dessins du) : 1800, p. 18.

Panthée et Abradate recevant les présents de Cyrus : 1785, p. 32.

Panthéon (Modèle d'un des piliers du) : 1798, p. 79; 1800, p. 77.

— (Peintures et sculptures pour le) : 1793, p. 61, 66, 67, 97; -95, p. 63, 66, 72.

Panthéon (Intérieur du) : 1793, p. 54; -95, p. 81; -98, p. 78.

— *(Projet d'un)* : 1793, p. 97.

Pardon (le) : 1795, p. 38.

Paoli : 1771, p. 48.

Paon : 1741, p. 20.

Papillons : 1759, p. 22.

— *(Métamorphose de)* (modèles en cire) : 1793, p. 101.

Papyrius et sa mère : 1795, p. 50.

Pâque (Pirogue de l'île de) : 1798, p. 85.

Parade de charlatans : 1800, p. 57.

Paradis terrestre (Adam et Eve dans le) : 1699, p. 20.

Parallèle des édifices d'architecture : 1799, p. 76.

Paralytique guéri près de la piscine : 1743, p. 38; -79, p. 36; -83, p. 31.

— *soigné par sa famille :* 1761, p. 26; -67, p. 39.

Parc-aux-Cerfs (le) : 1795, p. 38.

Paresseuse (la) : 1765, p. 41.

— *italienne :* 1757, p. 26.

Paris (Allégorie sur la publication de la paix de 1759 pour l'Hôtel-de-Ville de) : 1761, p. 12.

— *(Allégorie sur la paix de 1783 pour l'Hôtel-de-Ville de)* : 1785, p. 16.

— *(Buste pour la Faculté de droit de)* : 1767, p. 34.

— *(le Carnaval des rues de)* : 1757, p. 14.

— *(Estampes de la chapelle des enfants trouvés à)* : 1753, p. 34.

— *(Embellissements de)* : 1789, p. 19; -96, p. 78.

— *(Fêtes données à) à l'occasion de la naissance du Dauphin :* 1783, p. 58.

— *(Fêtes de la ville de)* : 1789, p. 55.

Paris (Médaille de la ville de)
à l'occasion de l'inaugura-
tion de la statue équestre
du Roi : 1765, p. 42.
— *(Médaille des six corps*
de marchands de) : 1765,
p. 42.
— *(Médaille fondée par la*
ville de) pour ceux qui se-
courent les noyés : 1781,
p. 52.
— *(Plan de) et de ses nou-*
velles enceintes : 1789, p. 18.
— *(Pompe funèbre érigée dans*
Notre-Dame de) en 1741 :
1742, p. 32.
— *(Tableau de la paix pro-*
clamée à) en 1739 : 1740,
p. 12, 13.
— *(Tableau ordonné par la*
ville de) pour le rétablisse-
ment du Parlement : 1779,
p. 35.
— *(Ville de) assise sur une*
proue de vaisseau (sculp-
ture) : 1740, p. 28.
— *(Vue de l'église des Ber-*
nardins à) : 1791, p. 30.
— *(Vue intérieure de la ca-*
thédrale de) : 1789, p. 40, 41.
— *(Vues de)* : 1740, p. 22; -41,
p. 21, 22, 24; -42, p. 24; -77,
p. 18; -81, p. 21; -87, p. 33,
34, 35; -91, p. 30; -93, p. 18,
27; 1800, p. 48, 79.
— *(Vues des environs de)* :
1742, p. 25; -75, p. 19, 27;
-95, p. 54; -96, p. 50.
— *(Vues des principaux édi-*
fices de) : 1789, p. 15.
— *(Vues des quais de)* : 1769,
p. 22.
— *repris sur les Anglais en*
1436 : 1787, p. 60.
— *vu de Meudon :* 1791, p. 53.
— Voir *Hôtel-de-Ville.*
Paris (M. de), évêque d'Orléans : 1745, p. 17.
Páris (marbre) : 1791, p. 33;
-93, p. 71.

Páris (Amours de) et d'Hé-
lène : 1789, p. 23; -93, p. 38.
— *(Jugement de)* : 1699, p. 22;
1704, p. 19, 26; -42, p. 34;
-55, p. 32; -59, p. 15; -61,
p. 14; -63, p. 39; -77, p. 10;
-89, p. 50; -93, p. 52; -95,
p. 24; 1800, p. 79.
— *(Préparatifs du combat de)*
et de Ménélas : 1781, p. 12.
— *abandonnant la nymphe*
Œnone : 1798, p. 28.
— *et Hector :* 1765, p. 16; -79,
p. 12; -91, p. 51; -99, p. 56.
— *présentant la pomme à Vé-*
nus : 1757, p. 30 (marbre);
-99, p. 68 (plâtre).
— *quittant Hélène :* 1798, p. 35.
Páris de Montmartel (Cabinet
de) : 1755, p. 27.
Páris de Montmartel (Portrait
de), mentionné : 1746, p. 6.
Parlement (Portraits de con-
seillers au) : 1740, p. 21;
-63, p. 23; -65, p. 41; -69,
p. 15.
— (Jetons des avocats au) :
1773, p. 49.
Parlement (Rétablissement
du) : 1775, p. 43 (médaille);
-79, p. 35.
Parme (Académie de) : 1789,
p. 42.
Parnasse (Apollon et les
Muses sur le) : 1704, p. 15;
-43, p. 16; -57, p. 24.
— *(Bosquet du) à Enghien :*
1781, p. 28.
Parques (les) : 1796, p. 85.
Parricide (Supplice d'un) :
1796, p. 34, 52.
Partage de la pêche : 1771,
p. 26.
Partie d'échecs : 1796, p. 67.
— *de plaisir :* 1783, p. 58.
Parties (les Quatre) du jour :
1763, p. 22, 31; -65, p. 19;
-73, p. 18.
— *(les Quatre) du monde :*
1761, p. 20.

Passage d'un gué : 1793, p. 26; -95, p. 57.

— *du Rhin en l'an III* : 1799, p. 47.

Passy (Tableau pour l'église paroissiale de) : 1748, p. 23.

Passy (Vue de) : 1743, p. 21.

Pastel (Peinture au) fixée : 1763, p. 23.

Pastorale russe : 1765, p. 28.

Pastorales : 1747, p. 20; -50, p. 15, 20; -53, p. 36; -59, p. 13; -61, p. 13, 14; -63, p. 14; -65, p. 13; -69, p. 40; -77, p. 22; -93, p. 49, 51.

Patineur : 1798, p. 24.

Pâtisserie bourgeoise : 1777, p. 29.

Pâtres avec leurs troupeaux : 1796, p. 19; 1800, p. 41.

Patriotisme et fidélité au Roi : 1789, p. 55.

Patrocle (Achille partant venger la mort de) : 1738, p. 28; -53, p. 16.

— *(Combat sur le corps de)* : 1781, p. 16.

— *(Funérailles de)* : 1781, p. 56; -93, p. 98; -95, p. 61.

Paul et Virginie (Sujets tirés de) : 1791, p. 19; -93, p. 55, 108; -95, p. 39, 65, 67; -96, p. 42, 86.

Paul Emile (Triomphe de) : 1787, p. 46; -89, p. 40, 59; -91, p. 22.

Pauline (Mort de). — Voir *Sénèque (Mort de)*.

—, *femme de Sénèque, sauvée par ordre de Néron* : 1793, p. 17, 20.

Paupe (Cabinet de M.), négociant : 1787, p. 19, 42; -89, p. 14, 17.

Pausanias (Sujets tirés des ouvrages de) : 1787, p. 31; -89, p. 25, 26.

Pausilippe (Grotte du) : 1769, p. 22.

Pausilippe (Port du) : 1775, p. 32; -81, p. 29.

Pavillon au milieu d'une colonnade : 1793, p. 73.

Paysage avec des baigneuses : 1787, p. 40; -91, p. 11, 21, 45; -93, p. 13, 14; -95, p. 15, 20, 36; -98, p. 20, 47, 50; -99, p. 16, 62.

— *avec un berger et des chasseurs* : 1745, p. 25; -77, p. 17.

— *avec un château* : 1742, p. 22.

— *avec une chute d'eau* : 1741, p. 22; -57, p. 21; -67, p. 25; -91, p. 15, 17, 25, 47, 48, 52; -93, p. 24, 54; -96, p. 16, 17, 89.

— *avec fabriques* : 1791, p. 15, 32; -93, p. 12, 13, 99; -95, p. 15, 23.

— *avec fontaine* : 1793, p. 27.

— *avec joueur de musette* : 1740, p. 23.

— *avec laboureurs* : 1779, p. 22.

— *avec moulin* : 1795, p. 17.

— *avec Nymphes et Bacchantes* : 1793, p. 19.

— *avec pêcheurs* : 1741, p. 16.

— *avec un pont* : 1740, p. 23; -41, p. 16; -42, p. 22; -43, p. 15, 22; -45, p. 20; -47, p. 24; -48, p. 23; -53, p. 25; -67, p. 25; -91, p. 16.

— *avec un port et une tente sur le devant* : 1789, p. 37.

— *avec régiment passant sous une porte* : 1789, p. 37.

— *avec soldats assis* : 1740, p. 23.

— *avec tombeaux* : 1795, p. 22.

— *avec des troupeaux* : 1737, p. 30; -38, p. 21, 24; -39, p. 22; -47, p. 21; -50, p. 17.

— *avec une vieille tour* : 1743, p. 15.

— *avec une ville antique* : 1789, p. 30.

— *et ruines d'un vieux château* : 1789, p. 37.

Paysage, fin d'orage au bord d'un lac : 1798, p. 20.

— *historique* : 1793, p. 22; -95, p. 28.

— *maritime* : 1775, p. 31.

— *représentant une rencontre d'amis* : 1740, p. 22.

Paysages : 1673, p. 30, 33, 34, 35, 36; -99, p. 17, 19, 21, 22, 23, 24; 1704, p. 14, 25, 28, 32, 40, 41, 43, 44; -37, p. 15, 23; -38, p. 21, 22; -39, p. 13, 18, 19; -40, p. 16, 18, 26; -42, p. 25, 34; -43, p. 21; -45, p. 28, 29; -46, p. 13, 24, 28; -47, p. 29; -50, p. 23, 24, 25; -51, p. 25; -53, p. 24, 28, 32, 34; -55, p. 19, 20, 28, 29; -57, p. 17, 25; -59, p. 18, 23; -61, p. 13, 24; -63, p. 19, 31; -65, p. 15, 18, 20, 22, 27, 29, 32; -67, p. 16, 17, 20; -69, p. 16, 17, 18, 19, 23; -71, p. 16, 21, 27, 28, 33; -73, p. 18, 20, 21, 28, 45; -75, p. 14, 17, 31, 33; -77, p. 25, 35, 41; -79, p. 23; -81, p. 24; -85, p. 23, 43; -87, p. 41, 55; -89, p. 14, 37; -91, p. 12, 14, 18, 21, 22, 27, 28, 30, 31, 34, 45, 46, 47, 48, 49, 50, 52; -93, p. 10, 11, 12, 13, 14, 15, 18, 19, 23, 24, 28, 30, 32, 33, 34, 35, 46, 49, 51, 52, 54, 55, 92, 102, 103, 108; -95, p. 31, 42, 45, 46, 48, 59, 61; -96, p. 16, 19, 24, 28, 38, 47, 53, 54, 57, 62, 67, 89, 90; -98, p. 15, 20, 29, 42, 50, 60, 61, 64, 65; -99, p. 14, 16, 17, 21, 26, 28, 31, 33, 42, 50, 51, 55, 58, 60, 64, 88, 90; 1800, p. 12, 13, 17, 24, 26, 27, 30, 31, 40, 41, 49, 52, 55, 58, 60, 63, 64, 65, 66, 86, 87, 88, 89.

— *avec figures et animaux* : 1740, p. 17, 22, 23; -41, p. 22, 32; -42, p. 22, 23, 25; -43, p. 15, 18, 22, 28; -45, p. 28, 29; -46, p. 22; -47, p. 24, 25, 26; -48, p. 22; -50, p. 14, 15; -51, p. 26; -61, p. 18; -63, p. 31, 32; -67, p. 21, 27; -69, p. 17, 23, 27; -71, p. 16, 34, 35; -75, p. 15; -77, p. 22; -79, p. 24; -81, p. 24, 25; -83, p. 43; -85, p. 27; -89, p. 33, 35, 38; -91, p. 13, 15, 17, 18, 19, 20, 23, 24, 26, 28, 29, 30, 38, 46, 47, 49, 50, 52; -93, p. 10, 12, 13, 14, 18, 19, 20, 21, 23, 25, 26, 32, 34, 49, 51, 52, 53, 62, 102, 105; -95, p. 17, 28, 47, 49, 59, 61; -96, p. 17, 20, 21, 24, 29, 31, 34, 38, 53, 64, 70, 81, 82; -98, p. 20, 25, 54, 58; -99, p. 25, 51, 54; 1800, p. 14, 17, 29, 38.

Paysages à gouache : 1791, p. 17, 18, 46, 52; -93, p. 35, 37; -95, p. 33, 43, 48; -99, p. 20, 21, 48, 50.

— *au bistre* : 1781, p. 18; -93, p. 23, 99, 109.

— *au pastel* : 1743, p. 12.

— *dans le genre héroïque* : 1761, p. 17; -87, p. 41; -89, p. 36.

— *de la Grèce* : 1787, p. 37, 38; -91, p. 10, 14.

— *en grisaille* : 1793, p. 26.

— *en rond* : 1798, p. 15.

— *flamands* : 1751, p. 28.

— *italiens* : 1767, p. 24; -69, p. 22; -89, p. 38; -91, p. 11, 20.

— *montueux* : 1775, p. 13; -83, p. 42; -85, p. 39, 40; -89, p. 30, 37; -96, p. 21; -98, p. 14; -99, p. 16; 1800, p. 17, 25.

— *neigeux* : 1757, p. 17.

Paysan (Jeune) : 1793, p. 15.

— *(Vieux)* : 1791, p. 19.

— *hollandais revenant des champs* : 1755, p. 35.

— *malade gardé par sa fille* : 1791, p. 46.

— *présentant une tourterelle à une jeune fille* : 1791, p. 18.

Paysanne assise près d'une fontaine : 1795, p. 39.
— *revenant du bois* : 1783, p. 15.
Paysans soupant au clair de lune : 1787, p. 30.
Pêche (Une) : 1738, p. 20; -45, p. 35; -75, p. 20; -89, p. 14.
— *hollandaise* : 1755, p. 36.
— *(la) miraculeuse* : 1781, p. 33.
— Voir *Jésus-Christ.*
— *sur un canal* : 1779, p. 25.
Pêches (Panier de) : 1773, p. 29; -79, p. 25.
—, *ananas et raisin sur une table de marbre* : 1798, p. 66.
— *dans une assiette* : 1783, p. 30.
— *dans une jatte d'albâtre* : 1787, p. 22.
— *et un gobelet d'argent* : 1779, p. 28.
— *et raisins* : 1791, p. 17; -93, p. 102, 106; -95, p. 60, 61; -96, p. 70.
— *posées sur du marbre* : 1789, p. 16.
Pêcheur (le) et le petit poisson : 1739, p. 12.
Pêcheurs : 1800, p. 57.
— *débarquant des poissons* : 1800, p. 25.
— *et lavandières* : 1757, p. 20.
— *flamands* : 1750, p. 29.
— *indiens* : 1741, p. 18.
Pêcheuse (statue) : 1793, p. 67.
Pécoul (Cabinet de M.) : 1783, p. 24.
Pégase : 1738, p. 21.
Peilhon (Cabinet de M.) : 1753, p. 28, 30; -57, p. 20; -59, p. 31.
Peintre à son chevalet : 1791, p. 11; -93, p. 19.
— *commençant d'après nature un tableau représentant les Grâces* : 1773, p. 20.
— *corrigeant une miniature* : 1791, p. 27.
— *de paysage* : 1791, p. 12.

Peintre faisant le portrait d'une jeune dame : 1763, p. 13.
Peinture (la) : 1704, p. 44; -42, p. 35; -43, p. 22; -47, p. 19; -55, p. 13, 19; -57, p. 23; -61, p. 31 (fronton); -63, p. 34 (plâtre); -65, p. 43 (tapisserie); -67, p. 11; -69, p. 25; -75, p. 20 (émail); -91, p. 42 (plâtre); -99, p. 66.
— *(le Repos de la)* : 1793, p. 98.
— *(Thalie chassée par la)* : 1738, p. 28.
— *(Union de la) et du dessin* : 1766, p. 15.
— *(la), la Sculpture et la Gravure* : 1771, p. 35.
Peinture (Gravure pour le poème de la) : 1793, p. 38.
— à l'encaustique : 1755, p. 16, 21, 28; -57, p. 23, 25; -59, p. 20.
Pélée (Noces de Thétis et de) : 1737, p. 26, 28; -53, p. 16.
Pelée, député : 1795, p. 6.
Pèlerine (Une) : 1704, p. 17.
Pélias (les Filles de) demandant à Médée de rajeunir leur père : 1791, p. 50.
Pélopidas (Honneurs rendus à) après sa mort : 1787, p. 47.
— *(Mort de)* : 1767, p. 36.
Pélops ressuscité par Jupiter : 1767, p. 29.
Pendule (Modèles de) : 1765, p. 35; -71, p. 40; -81, p. 44; -91, p. 32, 41, 42; -93, p. 63; -95, p. 66; -96, p. 73, 76; -98, p. 70, 71, 77; -99, p. 69, 70, 71.
Pénélope (Retour d'Ulysse auprès de) : 1767, p. 15.
— *et Ulysse* : 1791, p. 33; -93, p. 45.
Penestre (Aqueduc de), près de Rome : 1777, p. 47.
Pensée trouvée (la) : 1793, p. 10.

Pensent-ils à la musique : 1771, p. 47.

Perdrix : 1769, p. 27.

— *morte* : 1791, p. 15.

— *rouge* : 1787, p. 23.

— *singulière* : 1750, p. 16.

Père armant son fils pour la défense de la patrie : 1793, p. 105.

— *arrivant dans sa terre, reçu par ses enfants* : 1765, p. 21.

— *avec ses deux enfants* : 1795, p. 54.

— *consultant son épouse avant de donner un prix à sa fille* : 1798, p. 88.

— *distribuant des couronnes à ses enfants* : 1798, p. 31.

— *lisant la Bible à ses enfants* : 1755, p. 29.

— *mettant son fils sous la protection de Mars* : 1789, p. 52.

— *montrant à son fils l'urne contenant les cendres de sa mère* : 1791, p. 16.

Père Éternel : 1796, p. 83, 84.

— *environné d'une gloire de chérubins* : 1747, p. 25.

Pères de l'Église (les) : 1740, p. 30 (groupes pour Saint-Roch); -81, p. 19.

Périclès (Aspasie chez) : 1699, p. 16.

— *et Anaxagore* : 1791, p. 53; -93, p. 36; -96, p. 17, 41.

— *décernant les prix aux artistes d'Athènes* : 1798, p. 39.

Péristère (la Nymphe) changée en colombe : 1757, p. 23.

Perrégaud (Collection de M.) : 1796, p. 67.

Perroquet (Un) (broderie) : 1793, p. 101.

— *blanc* : 1750, p. 19.

Perse (Frontispice pour une traduction de) : 1771, p. 46.

Persée et Andromède : 1767, p. 15; -77, p. 25; -83, p. 39, 40; -96, p. 22.

Persennes (Cabinet de M. de) : 1765, p. 15.

Perspective (Une) : 1747, p. 29.

Pescaire (le Marquis de) et Bayard : 1781, p. 27.

Peste (Une) : 1704, p. 32; -99, p. 19.

Pestum (Vue des temples de) : 1791, p. 48.

Petitbourg (Vue prise du château de) : 1740, p. 22.

Petit Châtelet (Vue du) : 1800, p. 14.

Petit indigent (le) : 1783, p. 16.

Petite fille à sa toilette : 1777, p. 29.

— *faisant cuire un œuf* : 1777, p. 29.

— *récitant sa leçon à sa mère* : 1773, p. 25.

Petits-Pères (Tableaux et buste pour l'église des), place des Victoires : 1755, p. 13; -65, p. 36.

Peuple (la Place du), à Rome : 1771, p. 31.

— *(le) français vainqueur* (statue) : 1795, p. 66, 67.

— *parcourant les rues avec des flambeaux* : 1793, p. 41.

— *(le) souverain* (statue) : 1793, p. 69.

Peyrou (Porte du), à Montpellier : 1704, p. 24.

Phaéton (Chute de) : 1798, p. 38; -99, p. 46.

— *demandant à conduire le char de son père* : 1783, p. 42.

Phalaris tuant un courtisan dans une orgie : 1795, p. 19.

Pharaon (la Fille de) : 1673, p. 32, 35; 1704, p. 19, 21; -37, p. 20; -85, p. 14.

Phare (Vue d'un) : 1800, p. 40.

Pharisien (Marthe et Madeleine chez le) : 1699, p. 18, 22; 1704, p. 32.

Phébus et Borée : 1738, p. 27.

Phèdre et Hippolyte (bas-relief) : 1781, p. 35.

Phèdre voulant se percer de l'épée d'Hippolyte : 1793, p. 16.

Philémon et Baucis : 1750, p. 15; -71, p. 29.

Philippe (Confiance d'Alexandre en son médecin) : 1747, p. 15; -73, p. 46; -79, p. 40.

Philippe II et sa maitresse : 1800, p. 79.

Philippe (Cabinet de Dom), duc de Parme et de Guastalla : 1763, p. 26.

—(Mariage de Dom), deuxième infant d'Espagne : 1741, p. 31.

Philis. — Voir *Daphnis.*

Philistins (Peste des) : 1777, p. 16; -79, p. 20.

Philoclète : 1789, p. 19.

— *à qui Ulysse enlève les flèches d'Hercule* : 1785, p. 31.

— *dans l'île de Lemnos* : 1785, p. 51 (statue); -89, p. 30; -91, p. 45; -98, p. 46.

Philomèle présentant à Térée la tête de son fils : 1791, p. 52.

Philopœmen (Mort de) : 1785, p. 49 (statue); 1800, p. 20.

—*fendant du bois* : 1779, p. 30.

— *retirant le javelot de sa blessure* : 1799, p. 71.

Philosophe (Un) : 1737, p. 24; -79, p. 42 (buste, terre cuite); -91, p. 35 (buste, marbre).

— *en contemplation* : 1755, p. 35.

— *en méditation* : 1753, p. 29; -55, p. 35.

— *(le) et la laitière* : 1791, p. 17.

— *le) et son élève dans son cabinet* : 1787, p. 45.

— *la main sur un livre, avec une jeune fille à son côté* : 1779, p. 41.

— *lisant* : 1753, p. 21.

— *(le) marié* : 1739, p. 23; -41, p. 32.

Philosophes (les) bachiques : 1750, p. 28.

Philosophie (la) : 1767, p. 15.

— *(la) découvrant la Vérité* : 1777, p. 10.

Phocion (statue) : 1791, p. 41.

— *(la Femme de)* : 1800, p. 59.

— *(Mort de)* : 1787, p. 46: -91, p. 32.

— *(Vie de)* : 1796, p. 89.

Phorbas trouvant Œdipe : 1761, p. 30.

Phrosine et Mélidor : 1798, p. 57.

Phryné devant l'Aréopage : 1800, p. 54.

Phryxus (le Mouton de) : 1748, p. 31; -87, p. 51.

Physicien (le Petit) : 1761, p. 33.

Physique (la) : 1775, p. 38 (bas-relief).

Picaut, rentoileur : 1745, p. 38; -46, p. 29.

Pièce d'écriture : 1796, p. 80.

Pied-de-bœuf (Enfants jouant au) : 1739, p. 14.

Piédestal à la gloire de Henri IV et de Louis XVI : 1783, p. 47.

Piémont (Vue des montagnes de) couvertes de neige : 1799, p. 64.

Pierres fines (Ouvrages en) : 1793, p. 97.

— *gravées* : 1799, p. 87.

— *gravées (Estampes d'après des)* : 1775, p. 43; -77, p. 51; -83, p. 57.

Pierrot (Enfant en) : 1771, p. 32.

Piété des Dames romaines : 1785, p. 14.

— *de Fabius Dorso pendant le siège du Capitole* : 1781, p. 14, 15.

— *filiale (la)* : 1763, p. 29; -91, p. 53; -95, p. 37, 64; -96, p. 42.

Pigeon qui couve : 1765, p. 21.

Pigeons (Deux) : 1763, p. 24.
Pillage de reitres : 1741, p. 27.
Pillot (Cabinet de M.) : 1796, p. 27.
Piquigny (Cabinet du duc de) : 1769, p. 23.
Pirogues de Tchoka et de l'île de Pâque : 1798, p. 85.
Piscine miraculeuse (la) ou la *Guérison du Paralytique* : 1759, p. 14. — Voir *Paralytique*.
Pise (la Tour de) (modèle) : 1799, p. 77.
Pisse-Vache (la Cascade de) : 1787, p. 40.
Pithopolis, femme du roi Pithes : 1673, p. 30.
Pitti (Tableau du palais) : 1796, p. 83.
Piverts (Un trophée de) : 1773, p. 28.
Place (Vue de la) Louis XV au moment du départ du ballon de Charles et Robert : 1785, p. 20, 21.
— *antique* : 1793, p. 74.
— *de la Révolution* : 1796, p. 79.
Places publiques (Vues de) : 1757, p. 30; -96, p. 63.
Plafond (Esquisse de) : 1704, p. 32; -71, p. 33; -79, p. 20; -95, p. 78; -96, p. 60.
— *de la nouvelle salle de spectacle de Bordeaux* : 1777, p. 30, 31, 32, 33.
— *d'une salle d'Opéra* : 1799, p. 78.
Plafonds : 1746, p. 29; -53, p. 27; -57, p. 14, 23, 24; -69, p. 12; -73, p. 27; -75, p. 25; -77, p. 16, 20, 22; -79, p. 20; -81, p. 23, 31; -83, p. 36, 42; -87, p. 55; -89, p. 50; -93, p. 34; 1800, p. 78.
Plaine (Paysage représentant une) : 1750, p. 13.
Plaisir (le) de l'été : 1745, p. 34.

Plaisir (le) entraînant la Jeunesse : 1795, p. 24.
Plaisirs de la maternité : 1789, p. 53; -96, p. 69.
— *des satyres* : 1773, p. 47.
Plan du champ de la Fédération : 1791, p. 37.
Plantes étrangères : 1783, p. 31; -93, p. 44, 101.
— *gravées* : 1795, p. 87.
Platon tenant son traité de l'immortalité de l'âme : 1799, p. 56.
Plessis (Tableau pour le collège du) : 1746, p. 13.
Pline l'Ancien (Mort de) : 1799, p. 44, 46.
Pline le Naturaliste : 1738, p. 29; -73, p. 31; -75, p. 13; -77, p. 13.
Plutarque : 1741, p. 14; -47, p. 15; -69, p. 25; -71, p. 13; -87, p. 31, 43, 47; -89, p. 39; -95, p. 29; 1800, p. 43.
Pluton : 1761, p. 30 (marbre); -75, p. 35 (plâtre).
— *et Orphée* : 1773, p. 14.
— *et Proserpine* : 1704, p. 11, 26, 27; -40, p. 29; -57, p. 15; -63, p. 15; -71, p. 36.
— *surpris par Proserpine avec Menthe, fille de Cocyte* : 1775, p. 35.
— *tenant Cerbère enchaîné* : 1759, p. 30.
Pluviers dorés et lapereau : 1783, p. 28.
Pô (le Passage du) : 1799, p. 65; 1800, p. 13, 83.
Poème de la Peinture (Estampe pour le) : 1771, p. 51.
Poésie (la) : 1738, p. 27; -43, p. 23; -50, p. 10 (plâtre); -67, p. 15; -96, p. 83.
— *(les Caractères de la)* : 1741, p. 24.
— *(la) amoureuse* : 1745, p. 17.
— *(la) héroïque et la poésie pastorale* : 1759, p. 16.

Poésie (la), la Musique et l'Architecture : 1771, p. 35.
— *(la) lyrique* : 1746, p. 15; -53, p. 34.
Pætus et Arria : 1785, p. 25, 26.
Poissons, à l'aquarelle : 1795, p. 52.
Poissy (Vue de) : 1745, p. 20.
— *(Vue de l'abbaye de)* : 1748, p. 18, 25.
Policrite envoyant un pain à ses frères : 1673, p. 30.
Polignac (Abbé de) : 1741, p. 22.
— (Cabinet du cardinal de) : 1739, p. 15.
Poliphème (Acis et) : 1753, p. 33 (plâtre); -65, p. 36.
— *et Galatée* : 1704, p. 14.
— *tuant Acis* : 1699, p. 20.
Poliphile présentée à Eleuthérilide : 1800, p. 79.
Poliphonte (Mort de) : 1783, p. 41.
Politesse (la) intéressée : 1773, p. 17.
Polixène (Adieux de) à Hécube : 1777, p. 37.
— *tuée par Pyrrhus* : 1793, p. 48.
Pollux (Castor et) : 1738, p. 24.
Pologne (Cabinet du roi de) : 1751, p. 28; -53, p. 29, 31; -55, p. 36, 39; -57, p. 33; -63, p. 12; -67, p. 13, 14, 33; -69, p. 13; -83, p. 42, 51.
— (Peintre du roi de) : 1750, p. 12; -53, p. 23; -59, p. 34; -83, p. 27.
— (Reine de) : 1747, p. 31; -71, p. 39.
Polonaise (Tête de femme ajustée à la) : 1769, p. 17.
Polymnie : 1775, p. 36 (esquisse); 1800, p. 51.
Pommyer (Cabinet de l'abbé) : 1763, p. 19; -69, p. 15; -77, p. 20.

Pomone (Portrait de femme en) : 1704, p. 30; -59, p. 12.
— *et Vertumne* : 1704, p. 28, 35 (groupe bronze), 39; -37, p. 29; -39, p. 21; -45, p. 23; -48, p. 21; -71, p. 51; -79, p. 30; -93, p. 108.
Pompadour (Cabinet de Mme de) : 1753, p. 24; -57, p. 28, 33.
— (Dédicace à Mme de) : 1750, p. 29.
Pompée (Colonne de) : 1799, p. 77.
— *(Tête de) présentée à César* : 1767, p. 14.
Pompes funèbres : 1742, p. 32; -50, p. 27; -53, p. 34; -99, p. 19.
Pondichéry (Tableau pour) : 1769, p. 30.
Pont (Ancien) : 1779, p. 23.
— *(le petit) de bois* : 1743, p. 32.
— *(Modèle de) biais* : 1793, p. 72.
— *(Modèle de) en fer entre l'île Saint-Louis et la Cité* : 1795, p. 88.
— *(Projet de)* : 1796, p. 78.
— *(Projet de) en bois sur la Seine* : 1793, p. 72.
— *(Projet de) triomphal en face du Champ-de-Mars* : 1795, p. 76.
— *(Restes d'un) triomphal* : 1796, p. 59.
— *antique sur le Tibre* : 1783, p. 25.
— *au-Change (Démolition du)* : 1795, p. 23.
— *au-Double (Paris ou du)* : 1781, p. 21.
— *construit entre des rochers* : 1800, p. 89.
— *d'une seule arche* : 1798, p. 79.
— *en fer coulé (plans et détails)* : 1800, p. 71.

Pont Louis XVI (médaille) : 1789, p. 54.
— *projeté entre l'Arsenal et le Jardin des Plantes* : 1795, p. 74, 75.
— *projeté entre l'île Saint-Louis et Notre-Dame* : 1795, p. 53.
— *ruiné* : 1783, p. 24; -93, p. 24, 35.
— *sur la rivière de Bapeaume* : 1793, p. 53.
Pont-Neuf (*Vues du*) : 1775, p. 16, 27; -77, p. 18; -81, p. 21; -87, p. 34; -93, p. 17, 18; 1800, p. 79.
— *Rouge* (*Vue du*) : 1781, p. 21.
— *Royal* (*Vues du*) : 1738, p. 12; -41, p. 21; -81, p. 22; -87, p. 34; -89, p. 16.
Pont-de-l'Arche (*la côte des deux Amants près de*) : 1793, p. 18.
Ponte-Mole (*Vues de*) : 1785, p. 34; -93, p. 23.
Ponte-Rotto (*Vue de*), à Rome : 1775, p. 31.
Popilius et Antiochus Epiphane : 1779, p. 12; -93, p. 110; -95, p. 19.
Porcelaines, fruits et légumes : 1765, p. 23.
Porcia, femme de Brutus, se blessant elle-même avec un rasoir : 1777, p. 11; -99, p. 42.
Porlier (Cabinet de M.) : 1740, p. 20; -41, p. 20.
Porsenna : 1673, p. 31; 1747, p. 15.
Port au bled (*Vue du*) : 1781, p. 21; -87, p. 34; 1800, p. 79.
Port (*Vue d'un*) *normand* : 1775, p. 23.
— *d'Italie* : 1791, p. 49.
— *de mer antique* : 1793, p. 24.
— *de mer au soleil couchant* : 1798, p. 19.
— *de mer avec vaisseaux en construction* : 1800, p. 25.

Port de mer où on lance un vaisseau : 1793, p. 28.
— *de mer par le brouillard* : 1796, p. 67.
— *de l'Orient* : 1793, p. 27.
— *de rivière* : 1783, p. 44.
Port-Saint-Marie (Tableau pour la Chartreuse de) : 1783, p. 21.
Port-Saint-Paul (*Vue du*) : 1787, p. 34; 1800, p. 79.
Port-Vendres (*Vues du nouveau*) : 1781, p. 27.
Porte-Paris (*Vue de l'ancienne*) *et du grand Châtelet* : 1798, p. 52.
Porte de jardin italien : 1798, p. 54.
Portici (Musée de) : 1763, p. 15.
Portiques ornés de statues : 1789, p. 16.
Ports à établir sur le canal de Paris : 1796, p. 78.
Ports de France (*les*) : 1755, p. 23, 24; -57, p. 19, 20; -59, p. 20, 21; -61, p. 20, 21, 22, 33; -63, p. 22, 37; -65, p. 19, 39; -67, p. 39; -81, p. 49; -93, p. 111; -98, p. 36; 1800, p. 40.
Ports de mer : 1738, p. 32; -40, p. 22; -42, p. 20; -43, p. 25; -45, p. 30; -46, p. 19, 26; -47, p. 24; -51, p. 28; -53, p. 28, 30; -71, p. 26; -79, p. 27; -85, p. 19; -89, p. 16, 38; -93, p. 13.
Porus (*Défaite de*) : 1673, p. 29; 1738, p. 19; -39, p. 12.
Poucet (*le petit*) *retrouvant son chemin* : 1798, p. 25.
Poule huppée veillant sur ses petits : 1767, p. 19.
Pourvoyeuse (*la*) : 1739, p. 14.
Pouzzole (*Vue des environs de*) : 1800, p. 54.
Poyanne (Cabinet du marquis de) : 1775, p. 14; -77, p. 21; -81, p. 12.

Pradine (Cabinet de l'abbé de), aumônier de la comtesse d'Artois : 1785, p. 32.

Praslin (Cabinet du duc de) : 1765, p. 25; -71, p. 22, 47; -73, p. 20; -75, p. 40.

Praslin (Vue du château de) : 1781, p. 28.

Précepteur (le) endormi : 1793, p. 46.

Prédicateur (le petit) : 1791, p. 41.

— *mangeant des cerises après avoir endormi son auditoire* : 1791, p. 22.

Préliminaires (les) de la paix : 1750, p. 25.

Premier (Cabinet de M. le) : 1739, p. 14, 21; -41, p. 17; -43, p. 17, 18; -50, p. 16.

Premier navigateur : 1791, p. 48.

— *pas de l'enfance* : 1793, p. 14; -96, p. 61.

— *sentiment de l'amour* (sculpture) : 1793, p. 67.

Première (Feu d'artifice pour le mariage de Madame) : 1741, p. 31.

Première image de la mort : 1796, p. 73.

— *leçon d'amitié fraternelle* : 1787, p. 58.

— *leçon d'amour* : 1796, p. 23.

Premiers temps du monde : 1796, p. 54.

Prés Saint-Gervais (Vue des) : 1796, p. 23, 50.

Présentation de Jésus au Temple. — Voir *Jésus.*

Presle (Cabinet de M. de) : 1757, p. 22; -63, p. 29.

Pressigny (Cabinet de M. de) : 1775, p. 14.

Prêtre catéchisant des jeunes filles : 1763, p. 30.

Prêtresse (Etude de) : 1783, p. 38.

— *brûlant de l'encens sur un trépied* : 1763, p. 15.

Prêtresse de la Liberté couronnant les époux : 1793, p. 69.

— *de Vesta* : 1745, p. 15.

— *faisant une couronne de fleurs* : 1755, p. 16.

— *tenant une corbeille de fleurs* : 1771, p. 50.

Priam (Famille de) après la mort d'Hector : 1795, p. 32; 1800, p. 31.

— *(Mort de)* : 1783, p. 39; -85, p. 30, 31.

— *partant pour réclamer le corps d'Hector* : 1783, p. 13, 41.

— *rapportant le corps d'Hector* : 1779, p. 15; -85, p. 11.

— *réclamant le corps d'Hector à Achille* : 1787, p. 13.

Prière à Vénus : 1769, p. 30.

Princesse (la) de Babylone : 1787, p. 58.

Printemps (le) : 1738, p. 31; -41, p. 27 (bas-relief); -42, p. 18; -47, p. 18; -51, p. 12; -77, p. 24; -81, p. 31 (plafond); -99, p. 43.

— *(le Génie du)* : 1771, p. 44 (sculpture); -73, p. 41 (sculpture).

— *(le) représenté par Zéphire et Flore* : 1704, p. 19; -83, p. 15.

Prise d'une ville : 1793, p. 10.

Prison (Intérieur de) : 1789, p. 41; -91, p. 25; -95, p. 24; 1800, p. 90.

— *(Projet de)* : 1796, p. 79.

— *(Scène de)* : 1798, p. 19.

— *(la), les supplices* : 1800, p. 21.

Prisonnier : 1793, p. 92; -95, p. 13.

— *tourmenté par ses remords* : 1785, p. 41.

Prix (le) ou la Récompense : 1748, p. 20.

— *des bonnes gens dans la terre de Canon* (médaille) : 1777, p. 50.

Prix d'encouragement : 1798, p. 61, 64.
— *du jury des arts* : 1795, p. 59.
Procession d'Isis : 1791, p. 38.
Procris (Céphale et) : 1704, p. 43 (groupe); -55, p. 32 (statue); -65, p. 24; -73, p. 26.
Progné et Philomèle présentant à Thésée la tête de son fils : 1793, p. 68.
Projection perspective de l'ombre de solides : 1799, p. 76; 1800, p. 24.
Projets de monuments en l'honneur des guerriers qui se sont distingués dans les combats : 1800, p. 76.
— *et plans de villes* : 1796, p. 77.
Promesse de fidélité : 1781, p. 13.
Prométhée : 1704, p. 27 (statue); -38, p. 31 (plâtre); -57, p. 14; -63, p. 35 (marbre); -75, p. 39 (plâtre).
— *(Hercule brisant les chaines de)* : 1755, p. 27.
Proserpine (Cyane montrant à Cérès la ceinture de) : 1704, p. 26.
— *(Ravissement de)* : 1699, p. 14, 22; 1704, p. 11 (groupe bronze), 23, 27; -40, p. 29 (terre cuite); -71, p. 36; -73, p. 47; -79, p. 50.
— *changeant la nymphe Menthe en fleur* : 1775, p. 26; -77, p. 28.
— *ornant de fleurs la statue de Cérès* : 1757, p. 15; -63, p 15.
Protecteurs des Muses (les) : 1745, p. 17.
Protogène dans Rhodes assiégée : 1793, p. 8.
Provence (Peintre du comte de) : 1773, p. 23.
Provence (Donation de la) à la

France (allégorie) : 1747, p. 34.
Provence (Sites et vues de) : 1793, p. 101; -96, p. 57.
Prudence (la) : 1737, p. 21; -39, p. 24 (plâtre); -40, p. 31; -69, p. 34 (statue), 36 (plâtre); -85, p. 28.
— *(la) éloignant l'Amour* : 1798, p. 12.
— *(la) endormie* : 1791, p. 46.
Prunes (Panier de) : 1771, p. 29; -73, p. 29; -79, p. 25, 28; -91, p. 28.
Prusse (Cabinet du roi de) : 1748, p. 30; -57, p. 13, 35; -61, p. 14; -69, p. 44.
— *(Peintre du roi de)* : 1761, p. 16; -67, p. 26; -87, p. 58; -89, p. 55.
Psaffemprung (Vue du pont de), sur la Reuss : 1798, p. 29.
Psammitichus buvant dans son casque : 1765, p. 31.
Psyché : 1791, p. 54 (marbre); -95, p. 34; -98, p. 5.
— *(Adieux de) à sa famille* : 1791, p. 19.
— *(Apothéose de)* : 1773, p. 27.
— *(Histoire de)* : 1747, p. 22.
— *(Honneurs rendus à)* : 1796, p. 25; -98, p. 21.
— *(Mariage de) et de l'Amour* : 1740, p. 25; -99, p. 84.
— *(Portrait de dame en)* : 1704, p. 29.
— *(Rêve de)* : 1796, p. 41.
— *(Scène du ballet de)* : 1795, p. 39.
— *(Toilette de)* : 1775, p. 22.
— *abandonnée* : 1741, p. 30; -43, p. 12; -85, p. 44; -93, p. 64 (statue).
— *conduite par le Zéphir dans le palais de l'Amour* : 1704, p. 26; -39, p. 16; -61, p. 15; -67, p. 15; -93, p. 25.
— *conduite au rocher* : 1793, p. 25.

Psyché et l'Amour. — Voir *Amour.*

— *et le pêcheur* : 1765, p. 26.

— *fustigée par les Furies* : 1795, p. 87.

— *montrant ses richesses à ses sœurs* : 1799, p. 31.

— *recevant de ses sœurs le poignard et la lampe* : 1799, p. 29.

— *reconnaissant l'Amour* : 1785, p. 31.

— *sauvée par les nymphes* : 1750, p. 20; -83, p. 41.

— *se jetant aux pieds de Vénus* : 1748, p. 15.

— *servie par les nymphes* : 1798, p. 38.

— *tenant la lampe et le poignard* : 1798, p. 74.

Ptolémée montrant sa bibliothèque : 1673, p. 31.

— *Philadelphe donnant la liberté aux Juifs* : 1699, p. 14; 1704, p. 12.

Puissance royale (la) tenant le livre des lois : 1785, p. 45.

Pujos (Cabinet de M.), peintre : 1777, p. 43.

Pultava (Bataille de) : 1800, p. 13.

Putiphar (la Femme de). — Voir *Joseph.*

Puy-de-Dôme (Vues du) : 1795, p. 32; -98, p. 32, 33.

Puységur (Cabinet du comte de) : 1777, p. 16.

Pygmalion amoureux de sa statue : 1743, p. 16, 17 (terre cuite); -45, p. 15, 21; -63, p. 33 (groupe, marbre); -73, p. 14; -75, p. 39 (plâtre); -77, p. 10; -85, p. 31, 46 (esquisse).

Pyrame et Thisbé : 1737, p. 25; -95, p. 59; -99, p. 32; 1800, p. 34, 40.

Pyramide (Une) et architecture : 1737, p. 15; -42, p. 21.

— *de Cestius* : 1775, p. 18; -93, p. 28.

— *de Gisch* : 1799, p. 19.

Pyrrhus : 1747, p. 6.

— *apercevant Philoctète dans son antre* : 1789, p. 30.

— *et Andromaque* : 1800, p. 35.

— *et Glaucias* : 1791, p. 12, 51.

— *immolant Polixène* : 1793, p. 48.

— *restauré sur son trône par Glaucias* : 1747, p. 15, 16; -73, p. 47; -75, p. 22.

— *tuant Priam* : 1783, p. 39; -85, p. 31.

Python (le serpent) : 1704, p. 13, 14; -41, p. 15.

Q

Quartier (le) des vivandiers : 1755, p. 35; -93, p. 29; -95, p. 57; 1800, p. 60.

Quatre Ages (le Poème des) : 1783, p. 49.

Quatre-Cantons (Vue du lac des) : 1800, p. 84.

Quatre-Nations (Vues du collège des) : 1773, p. 22; -81, p. 21; -95, p. 80.

Quatre Poétiques (Frontispice des) : 1771, p. 51.

Querculane (Une), nymphe des bois : 1800, p. 39.

Queue au lait (la) : 1796, p. 20.

Quiberon (Prise de) : 1800, p. 56.

Quinska (Cabinet de la princesse de) : 1789, p. 51.

Quinze-Vingts (Façade des) : 1753, p. 26.

Quos Ego (le) : 1751, p. 23; -53, p. 30; -79, p. 49; 1800, p. 42.

R

Raccommodement (le) faisant pendant à la Brouille : 1798, p. 82; 1800, p. 80.

Rachat de l'esclave (le) : 1777, p. 51.

Racine (Jean) : 1741, p. 13; -85, p. 43.

— (Dessins pour les œuvres de) : 1793, p. 37, 92; -96, p. 25; -99, p. 83; 1800, p. 35.

Racine (Apothéose de) : 1796, p. 84.

Rafraichissements (Des) : 1765, p. 17.

Raisins : 1704, p. 38; -53, p. 27; -55, p. 21; -79, p. 25; -91, p. 18; -99, p. 61.

— *(Corbeille de)* : 1765, p. 17; -87, p. 22.

— *(Moissine de)* : 1673, p. 35.

— *(Panier de)* : 1773, p. 29.

— *d'Alexandrie et muscats :* 1777, p. 36.

— *nommés Pizoutelle :* 1747, p. 25.

Raison (la) (allégorie) : 1742, p. 14.

— *(la) qui se laisse séduire par la Folie :* 1773, p. 41 (esquisse).

Ramoneurs rapportant leur recette : 1791, p. 25.

Raphaël (Maison de) : 1787, p. 24.

— (Œuvres de) : 1699, p. 12; 1765, p. 43; -99, p. 85.

Raphaël : (Mort de) : 1800, p. 37.

Rastadt (Assassinats de) : 1799, p. 14.

Rôtisseuse de navets : 1739, p. 14.

Ravaudeuse : 1771, p. 36.

Ravissement (le) : 1798, p. 26.

Rebec (Combat de) : 1781, p. 27.

Rébecca donnant à boire à Eliézer : 1737, p. 21.

— *recevant les présents d'A-braham :* 1699, p. 23; 1704, p. 29, 32; -40, p. 12.

Réception du Roi à l'Hôtel-de-Ville de Paris (médaille) : 1783, p. 56.

Récompense (la) villageoise : 1763, p. 36; -71, p. 47.

Réconciliation (bas-relief, plâtre) : 1789, p. 52.

— *d'amour divin :* 1789, p. 53.

Reconnaissance d'une dame envers une amie (groupe, marbre) : 1789, p. 47.

Récréation militaire : 1751, p. 28.

— *(la) utile :* 1771, p. 15.

Récureuse : 1738, p. 15; -40, p. 27.

Réflexions sur le plaisir : 1795, p. 43.

Refuge (le) : 1769, p. 42.

Regrets (les) inutiles : 1793, p. 33.

— *(les) mérités :* 1791, p. 41.

Régulus sortant de Rome pour se rendre à Carthage : 1779, p. 16; -93, p. 92; -98, p. 52; -99, p. 13.

Reims (Médaille pour la ville de) : 1765, p. 42.

Reims (Monument érigé au Roi par la ville de) : 1765, p. 41.

Relevée (la) : 1745, p. 19.

Religieuse (Tête de) : 1783, p. 56.

Religieux (Portrait de) des Petits-Augustins : 1745, p. 13; -85, p. 42.

Religion (la) : 1740, p. 27 (jeton); -42, p. 27 (groupe); -67, p. 14.

— *(Attributs de la)* : 1746, p. 31.

Religion (la) appuyée sur un globe portant les armes de France entre deux Génies (plâtre) : 1787, p. 49.

— *(la) et les Vertus théologales* : 1789, p. 46.

Rembrandt (Portrait du père de) : 1759, p. 32.

Remiremont (Portrait de l'abbesse de) : 1755, p. 23.

Remords (les) : 1742, p. 29.

Rémouleur (Un) : 1800, p. 87.

Renard dans un poulailler : 1769, p. 26.

— *(le) et la cigogne* : 1747, p. 21 ; -51, p. 21.

— *sur un faisan* : 1750, p. 16.

— *sur une perdrix* : 1745, p. 19.

— *tenant un coq* : 1748, p. 18 ; -53, p. 18.

Renarde avec ses petits : 1753, p. 17.

Renaud dans la forêt enchantée : 1777, p. 25.

— *et Armide* : 1699, p. 17 ; 1704, p. 23 ; -37, p. 25, 33 (bronze) ; -38, p. 12, 13 ; -40, p. 25 ; -41, p. 12 ; -42, p. 25 ; -47, p. 17 ; -65, p. 31 ; -67, p. 15 ; -71, p. 28 ; -75, p. 10 ; -79, p. 30 ; -83, p. 55 ; -85, p. 15, 16 ; -87, p. 16 ; -95, p. 43, 52, 68 (bas-relief) ; -96, p. 49 ; -98, p. 38.

Rencontre de cavalerie : 1798, p. 61.

— *(la) des deux villageoises* : 1765, p. 42.

Rendez-vous (le) des amants : 1796, p. 6, 47.

Rennes (Monument élevé à) sur la convalescence du Roi : 1755, p. 37.

Repos (le) : 1745, p. 21 ; -59, p. 24 ; -67, p. 33 ; -75, p. 20 ; -77, p. 12 ; -85, p. 55.

— *d'animaux* : 1783, p. 42.

— *d'un berger* : 1767, p. 38.

— *(le) du bon père* : 1777, p. 34.

— *de cavalerie* : 1745, p. 22.

Repos (le) de la peinture : 1796, p. 45.

— *de soldats* : 1769, p. 26.

Renommée (la) : 1791, p. 42 ; -95, p. 66 (plâtre, figure colossale).

— *avec deux génies* : 1798, p. 70.

— *planant sur le monde* : 1796, p. 71.

Renommées (formant frise) : 1798, p. 39 ; 1800, p. 43 (marbre).

Renouard (Cabinet de M.) : 1789, p. 25.

Renti (Combat de) : 1789, p. 11.

Repas villageois : 1777, p. 34.

Réponse (la) désirée : 1777, p. 12.

Représentant du peuple en costume : 1795, p. 61.

Républicain (Costume) de sansculotte : 1793, p. 109.

Républicain maintenant l'Union et l'Égalité : 1793, p. 61.

République (la) : 1793, p. 109 (miniature) ; -95, p. 72 (terre cuite).

— *(la) française* (allégorie) : 1799, p. 86.

Résurrection. — Voir *Jésus-Christ*.

— *du fils de la veuve de Naïm* : 1743, p. 31.

Rétablissement (le) de la marine : 1779, p. 29.

Retour à l'amitié : 1799, p. 46.

— *à la ferme* : 1775, p. 40.

— *à la vertu* : 1775, p. 29 ; -98, p. 27.

— *de la Vendée* : 1796, p. 37.

— *d'un détenu dans sa famille* : 1795, p. 31.

— *d'un hussard dans sa famille* : 1798, p. 65.

— *du guerrier* : 1789, p. 36.

— *du marché* : 1775, p. 20 ; -93, p. 9.

— *d'un volontaire* : 1795, p. 52.

Réunion-sur-Oise. — Voir
Guise.

Rêve (Un) : 1798, p. 29.

*Révolution (Vue de la place
de la)* : 1795, p. 44.

— *française (Gravure des
principaux événements de
la)* : 1793, p. 41, 42.

*Revue de la Maison du Roi
au Trou-d'Enfer* : 1771,
p. 46.

*Rheingravenschten (Environs
de)* : 1796, p. 26.

Rhin (Chute du) : 1779, p. 21;
-96, p. 21.

— *(le fleuve du) séparant les
eaux* : 1773, p. 44 (terre
cuite).

— *(Passage du)* : 1704, p. 24.

— *(Passage du) en l'an III* :
1799, p. 47.

Rhinocéros : 1738, p. 22; -50,
p. 17.

*Rhône (Vue du) de la Croix-
Rousse* : 1798, p. 28.

*Richemont (le Connétable de)
reprenant Paris* : 1787, p. 60.

*Richer, capitaine de corvette,
prenant à l'abordage une
frégate anglaise* : 1799, p. 22.

Richmond (Vue du pont de) :
1793, p. 39.

Rigoley de Juvigny (Cabinet
de M.) : 1785, p. 27.

Rivière (Portrait de Mme) :
1746, p. 6.

Robert (Cabinet de M.), peintre : 1783, p. 26.

—, chef de la maison de Bourbon : 1775, p. 10.

Robin (Histoire ancienne de
M.) : 1740, p. 29.

Robinson dans son île : 1796,
p. 28.

— *découvrant l'empreinte d'un
pied, pansant un chevreau* :
1799, p. 49.

Rochefort (Vue du port de) :
1763, p. 21, 22.

Rochers : 1746, p. 28; -47,
p. 29; -50, p. 13; -53, p. 27,
28; -65, p. 17; -98, p. 66.

Rocoux (Bataille de) : 1771,
p. 52.

Rodogune : 1791, p. 10, 29.

Roettiers (Cabinet de M.), orfèvre : 1753, p. 18; -61, p. 18.

Roger et Alcine : 1740, p. 14.

*Roland apprenant la fuite
d'Angélique* : 1737, p. 14.

— *furieux* : 1777, p. 52.

Roland (Cabinet du citoyen) :
1798, p. 64.

Rollin (Histoire romaine de) :
1747, p. 15; -85, p. 14; -87,
p. 15.

Romain (Jules), peintre : 1699,
p. 25; 1740, p. 24; -99, p. 85.

Rome (Campagne de) : 1771,
p. 23; -87, p. 42; -89, p. 21;
-93, p. 53, 111; -95, p. 27, 36.

— *(Colisée de)* : 1739, p. 15.

— *(Colonnes d'un temple de)* :
1743, p. 37.

— *(Fabriques de)*, avec figures : 1789, p. 38.

— *(Intérieur de la galerie d'un
palais à)* : 1793, p. 21.

— *(Monuments de l'ancienne)* :
1781, p. 25; -95, p. 46, 53.

— *(Port de)* : 1767, p. 24.

— *(Vues de)* : 1748, p. 15; -59,
p. 33; -67, p. 25; -69, p. 21,
22; -71, p. 23, 24, 31; -73,
p. 24, 25; -75, p. 18, 19, 31,
32; -77, p. 20, 21; -79, p. 31;
-83, p. 25; -85, p. 23; -87,
p. 13, 21, 25; -91, p. 30; -93,
p. 37; -95, p. 58; -98, p. 30;
1800, p. 23, 54.

— *(Vues des environs de)* :
1775, p. 32; -87, p. 13; -93,
p. 39; -95, p. 86; -96, p. 39.

— *antique et moderne* : 1791,
p. 35.

*Roméo et Juliette (Tombeaux
de l'opéra de)* : 1800, p. 30.

Romulus (Naissance de) : 1704,
p. 39.

— *(Temple de)* : 1775, p. 32.

Romulus et Remus découverts par Faustulus : 1777, p. 25; -81, p. 16.

Rondet (Cabinet de M.) : 1755, p. 21.

Roquefeuille (Cabinet du marquis de) : 1765, p. 20.

Rosa (Salvator), peintre : 1753, p. 28.

Roses (Bouquet de) : 1796, p. 70.

— *(Branche de)* : 1795, p. 52.

— *dans un gobelet* : 1793, p. 33; -98, p. 66.

Rosier (le) dangereux : 1796, p. 34.

— *(le) défendu* : 1800, p. 53.

Rosière (Couronnement d'une) : 1777, p. 33; -87, p. 42; -93, p. 108.

— *(Médaille de) pour la paroisse de Murvaux, près Verdun* : 1781, p. 52.

— *pleurant la mort de son fondateur* : 1793, p. 64 (statue).

Roslin (Cabinet du chevalier de) : 1785, p. 24.

Rossignol mort : 1795, p. 70 (terre cuite).

Rotonde (Intérieur de la), à Rome : 1771, p. 30; -93, p. 35, 72.

Rotrou (Cabinet de M.), de la Chambre des comptes : 1783, p. 46.

— (Notice sur) et ses œuvres : 1783, p. 46.

Rotterdam (Environs de) : 1795, p. 56; -96, p. 64; 1800, p. 60.

— *(Vue de l'entrée du port de)* : 1775, p. 23.

Roucher (la fille de) : 1799, p. 25.

Rouen (Vues de) : 1777, p. 19; -81, p. 39; -93, p. 111.

— *(Vues des environs de)* : 1747, p. 29; -77, p. 19; -83, p. 31; -93, p. 9, 53, 54.

— *(Vue du petit château et du port de)* : 1775, p. 23.

Rouen : 1773, p. 24; -85, p. 42; -87, p. 43; -89, p. 38.

— (Académie de) : 1753, p. 30; -73, p. 24; -85, p. 35, 45; -87, p. 39, 43, 58; -89, p. 25, 35, 38, 43, 44, 55, 57.

— (Allégorie sur le commerce de) : 1789, p. 39.

— (Cabinet de l'archevêque de) : 1775, p. 18.

— (Sculpture pour la cathédrale de) : 1775, p. 37.

— (Tableau pour la chambre criminelle du Parlement de) : 1767, p. 31.

— (Tableau pour l'église Saint-André de) : 1759, p. 23.

— (Tableau pour la juridiction consulaire de) : 1789, p. 39.

— (Tableau pour les Ursulines de) : 1789, p. 39.

— (Tableaux pour la Chambre de commerce de) : 1787, p. 43; -91, p. 48.

Rouillé (Démolition de l'hôtel de) : 1767, p. 19; -83, p. 23.

Roule (Ateliers de la ville au) : 1773, p. 42.

Rousseau (Sujets tirés de J.-B.) : 1743, p. 17.

— (Vignettes pour les Œuvres de) : 1743, p. 37.

Rousseau (Confessions de) : 1793, p. 18, 19, 29.

— (Illustrations pour les Œuvres de) : 1781, p. 50, 54, 55; -83, p. 38; -93, p. 37.

Rousseau (Jean-Jacques) (statue) : 1793, p. 66 .

— *(Sarcophage de) au Panthéon* : 1795, p. 23.

— *(Tombeau de)*, à Ermenonville : 1791, p. 35 (plâtre).

— *(Un repas de)* : 1793, p. 29.

— *écrivant sa lettre à l'archevêque de Paris* : 1795, p. 41.

— *et les Demoiselles à la campagne* : 1793, p. 18, 19.

Rousseau (Jean-Jacques) montrant le « Contrat social » (statue) : 1793, p. 70.
Route (Une grande) : 1799, p. 25; 1800, p. 27.
— *de Flandres* : 1773, p. 45.
Rouzeau (Combat de Philippe) avec un ours : 1799, p. 63.
Roxane (Mariage de) et d'Alexandre : 1745, p. 18.
Roye (Tableau pour le chapitre royal de) : 1771, p. 11, 12.
Rubens (Description de la galerie de) : 1750, p. 6.
Ruches (Modèles des différentes espèces de) : 1795, p. 84.
Rueffier (Cabinet de M.) : 1767, p. 21.
Ruines : 1737, p. 18, 30; -40, p. 31; -48, p. 24; -50, p. 34; -55, p. 34; -57, p. 27; -61, p. 23; -63, p. 25; -65, p. 17, 22; -67, p. 19, 24; -69, p. 21; -71, p. 17, 18, 23; -73, p. 22, 23, 28; -77, p. 20; -89, p. 16, 33; -91, p. 21, 22, 23, 28; -93, p. 23, 25, 35; -95, p. 24, 29, 53, 84; -96, p. 30, 33, 55, 59; -98, p. 12, 30; -99, p. 33, 40; 1800, p. 24, 34, 49.
— *avec une statue équestre* : 1779, p. 26.
— *de l'intérieur d'une basilique* : 1795, p. 86.
— *des plus beaux monuments de la Grèce* : 1759, p. 32.
— *de temple grec* : 1789, p. 16; -95, p. 24, 53; -96, p. 33.
— *d'un temple de Jupiter Stator* : 1791, p. 29.
— *gothiques* : 1796, p. 50.
— *romaines* : 1777, p. 52.
Russes (Sujets) : 1765, p. 28, 29; -67, p. 23; -69, p. 20; -71, p. 51.
Russie (Collection de l'impératrice de) : 1769, p. 15; -73, p. 30; -77, p. 47; -79, p. 45; -83, p. 51.
Russienne jouant de la guitare : 1769, p. 20.
Ryndeveld (Arnold) : 1738, p. 6.

S

Saba (la Reine de) et Salomon : 1743, p. 20; -50, p. 35; -53, p. 33.
Sabine (Campagnes de) : 1767, p. 25.
Sabines (Enlèvement des) : 1699, p. 23; 1763, p. 39; -73, p. 30; -79, p. 39; -81, p. 50.
— *séparant les Sabins et les Romains* : 1777, p. 16; -79, p. 39; -81, p. 36.
Sacre (Cérémonie du) de Louis XVI : 1781, p. 53.
— (*Médailles du*) : 1775, p. 43.
Sacrement de la Confirmation (bas-relief, terre cuite) : 1769, p. 37.
— *de la Pénitence* : 1781, p. 37.
Sacrements (les Sept) (bas-reliefs) : 1771, p. 44.
Sacrifice (Un) : 1673, p. 35 (miniature); 1795, p. 55.
— (*Horrible*) *des Autoriates à leurs dieux* : 1787, p. 36.
— *à la Liberté à Saint-Pierre de Rome* : 1793, p. 105.
— *des anciens* : 1783, p. 54.
Sagesse (la) (plâtre) : 1777, p. 46.
Sainsy (Cabinet de M. de) : 1777, p. 13.
Saint Ambroise (statue) : 1765, p. 34.
— *baptisant saint Augustin* : 1755, p. 13.

Saint Ambroise présentant à Dieu, pendant la messe, la lettre de l'empereur Théodose : 1765, p. 14.

Saint-André (Tableau pour l'église de) de Rouen : 1759, p. 23.

— des-Arts (Tableau pour l'église de) : 1789, p. 12.

Saint André (Martyre de) : 1759, p. 23; -61, p. 15; -71, p. 14.

— *embrassant la croix* : 1741, p. 14.

— *en action de grâces* : 1763, p. 36 (marbre).

Saint-Ange (Vues du château) : 1750, p. 31; -93, p. 15, 24; -96, p. 27; 1800, p. 34.

Saint-Antoine (Arc de triomphe de la porte) : 1673, p. 36.

Saint Antoine (Tentation de) : 1746, p. 26; -69, p. 39; -73, p. 34.

Saint Aubin délivrant les captifs : 1746, p. 24.

Saint Augustin (Religieuses soumises à la règle de) : 1769, p. 29, 42; -71, p. 34.

Saint Augustin : 1704, p. 15 (statue, terre cuite); -61, p. 31 (statue, marbre); -65, p. 37 (modèle).

— *(Apothéose de)* : 1765, p. 32.

— *(Baptême et prédication de)* : 1755, p. 13.

— *(Conversion de)* : 1704, p. 15.

— *(Sacre de)* : 1750, p. 14; -51, p. 13.

— *disputant contre les Donatistes* : 1753, p. 14.

— *écrivant ses Confessions* : 1765, p. 32.

Saint-Barthélemy (Eglise de) : 1781, p. 44; -85, p. 21; -89, p. 45.

Saint Barthélemy (Martyre de) : 1765, p. 37 (groupe); -73, p. 41 (marbre).

Saint-Barthélemy (la Nuit de la) : 1791, p. 26.

Saint-Benoît (le Curé de) : 1763, p. 39.

Saint Benoit : 1746, p. 14.

— *recevant le viatique* : 1761, p. 16.

Saint Bernard : 1781, p. 18.

— *traduisant le cantique des cantiques* : 1779, p. 39.

Saint Blaise, évêque : 1757, p. 23.

Saint Bruno : 1704, p. 16; -53, p. 33.

— *(Apothéose de)* : 1769, p. 36.

— *en méditation* : 1769, p. 36; -73, p. 39 (modèle).

Saint Camille : 1753, p. 33.

Saint Charles : 1704, p. 15.

Saint Charles-Borromée : 1737, p. 26; -39, p. 22; -46, p. 13; -53, p. 14, 15; -79, p. 38.

Saint Christophe : 1785, p. 47.

Saint-Clair (Vue de), près Caudebec : 1793, p. 53.

Saint Claude ressuscitant un enfant : 1737, p. 19; -47, p. 19.

Saint-Cloud (Plafond pour le château de) : 1769, p. 12.

Saint-Cloud (Avenue de) avec les envoyés de Tippo Saïb : 1791, p. 49.

— *(Cascade de)* : 1750, p. 21, 22.

— *(Vue de l'orangerie de)* : 1781, p. 54.

— *(Vue du parc de)* : 1800, p. 58.

— *(Vues de)* : 1738, p. 32; -77, p. 18.

Saint-Côme (Chirurgien de l'école royale de) : 1781, p. 23.

Saint Crépin et saint Crépinien : 1753, p. 31.

— *distribuant leurs biens aux pauvres* : 1765, p. 30.

Saint-Cyr (Tableaux pour l'église des dames de), près Versailles : 1767, p. 31.

Saint Cyr (Martyre de) et de sainte Julitte : 1767, p. 31.

Saint-Denis (Abbaye de) : 1740, p. 29; -50, p. 27.

— (Tableau pour l'église de), à Argenteuil : 1763, p. 30.

Saint Denis (Martyre de) : 1763, p. 30; -71, p. 14.

— *dans la prison, communié par Jésus-Christ* : 1704, p. 30.

— *prêchant dans les Gaules* : 1767, p. 13; -89, p. 12.

Saint-Denis (Vue de l'ile) : 1787, p. 35.

— *(Vue de la porte)* : 1791, p. 22.

Saint-Domingue (Vue de) : 1791, p. 34.

Saint Dominique prêchant devant le pape Honoré III : 1763, p. 17.

Saint-Esprit (Catalogue des chevaliers de l'ordre du) : 1761, p. 32.

— (Tableau pour le séminaire du), rue des Postes : 1785, p. 25.

Saint Etienne (Martyre de) : 1673, p. 33; -45, p. 22; -81, p. 17.

— *conduit en prison* : 1704, p. 32.

— *devant les docteurs* : 1745, p. 17.

Saint-Étienne (Vue de l'Eglise de), à Caen : 1799, p. 39.

Saint-Eustache (Vue du portail de) : 1767, p. 19.

Saint Eutrope (Martyre de) : 1737, p. 20.

Saint-Evremond (Vue de l'église de), à Creil : 1787, p. 41.

Saint-Fal (Vue du colombier de), en Champagne : 1771, p. 36.

Saint Ferréol (Martyre de), pour l'église de Marseille : 1748, p. 17.

Saint-Florentin (Cabinet du comte de) : 1763, p. 18; -69, p. 21, 36.

— (Dédicace au comte de) : 1753, p. 31.

Saint François d'Assise : 1704, p. 18; -40, p. 31; -51, p. 29; -57, p. 30 (esquisse); -87, p. 45; -89, p. 35.

— *devant un crucifix* : 1747, p. 26.

— *en extase* : 1699, p. 16.

— *en méditation* : 1745, p. 16; -47, p. 22.

— *prêchant devant le Soudan d'Egypte* : 1737, p. 12.

— *recevant les stigmates* : 1673, p. 34.

Saint François de Sales : 1765, p. 35 (statue); -89, p. 12.

— (Mort de) : 1767, p. 31.

Saint François Xavier (modèle, terre cuite) : 1738, p. 30.

Saint-Georges (Bataille de) sous Mantoue : 1799, p. 65.

Saint Germain d'Auxerre (statue) : 1757, p. 29.

— *bénissant sainte Geneviève* : 1765, p. 18.

— *donnant une médaille à sainte Geneviève* : 1761, p. 15; -71, p. 12.

— *et saint Vincent* : 1755, p. 16.

Saint-Germain (Vue d'une fabrique élevée à l'abbaye) : 1795, p. 17.

— *(Vue d'un magasin à salpêtre à l'abbaye)* : 1795, p. 46.

Saint-Germain (Foire) : 1750, p. 17.

Saint-Germain (Ruines de la foire) : 1763, p. 24; -81, p. 22.

Saint-Germain-en-Laye (Tableaux pour la chapelle de la Congrégation de) : 1775, p. 26.

Saint-Germain-en-Laye (Belvédère pour la montagne de) : 1795, p. 78.

Saint-Germain-en-Laye (*Portail de l'église de la Charité à*) : 1795, p. 78.
— (*Vues de*) : 1796, p. 50.
— (*Vues de la forêt de*) : 1742, p. 16; -45, p. 20; -48, p. 18, 25; -50, p. 16, 17; -51, p. 22; -96, p. 50.
Saint - Germain - l'Auxerrois (Peintures et sculptures pour l'église de) : 1757, p. 29; -83, p. 49, 50.
Saint - Germain - l'Auxerrois (*Vue des démolitions du cloître de*) : 1795, p. 23; -98, p. 24.
Saint Gervais et saint Protais (*Invention des corps de*) : 1750, p. 13.
Saint-Grégoire (Chapelle de), aux Invalides : 1767, p. 12; -75, p. 34.
Saint Grégoire, pape : 1767, p. 13; -75, p. 34.
— *donnant l'absoute au peuple :* 1738, p. 31 (terre cuite); -46, p. 17 (modèle).
Saint Guillaume, duc d'Aquitaine : 1699, p. 21.
Saint-Hippolyte (Tableau pour l'église de) : 1755, p. 19; -59, p. 16.
Saint-Hippolyte (*Environs de*), *dans les Cévennes :* 1735, p. 27.
— (*Vues des environs de*), *en Franche-Comté :* 1785, p. 39.
Saint Hippolyte (*Martyre de*) : 1755, p. 19.
— *dans sa prison :* 1759, p. 16.
Saint Ignace (*Apothéose de*) : 1743, p. 20.
Saint-Jacques (Tableau pour l'église de), à Compiègne : 1757, p. 23; -75, p. 12.
Saint Jacques (*la Vocation de*) *et de saint Jean :* 1699, p. 15.
— *conduit au supplice :* 1704, p. 13, 14.
— *et saint Philippe prêchant :*

1773, p. 40 (bas-relief); -75, p. 36 (bas-relief).
Saint-James (Dessus de porte du salon de M. de) : 1781, p. 19.
Saint Jean-Baptiste (plâtre) : 1783, p. 50.
— (*Décollation de*) : 1748, p. 16; -61, p. 14.
— *baptisant le Christ :* 1737, p. 12, 20; -45, p. 16; -81, p. 46 (bas-relief, plâtre).
— *la Vierge et l'Enfant Jésus :* 1704, p. 13, 14; -41, p. 21; -43, p. 22; -69, p. 14, 40.
—, *Moïse et Jésus* (groupe, bronze) : 1699, p. 13.
— *prêchant dans le désert :* 1742, p. 12; -46, p. 13; -48, p. 16; -50, p. 24; -81, p. 36; -83, p. 19; -99, p. 84.
Saint Jean [*l'Evangéliste*] : 1699, p. 17; 1777, p. 16; -81, p. 18.
— (*Vocation de*) *et de saint Jacques :* 1699, p. 15.
— *au pied de la Croix :* 1779, p. 19.
— *au tombeau du Christ :* 1742, p. 36; -43, p. 39.
— *communiant la Vierge :* 1699, p. 20; -1704, p. 30.
— *et sainte Elisabeth :* 1771, p. 14.
— *dans l'île de Pathmos :* 1773, p. 34.
Saint - Jean (*Ruines de la porte*), *à Rome :* 1800, p. 54.
— *et Saint-Paul* (*Vue extérieure de l'église de*), *en* Italie : 1793, p. 26.
Saint Jean de la Croix : 1785, p. 32.
Saint-Jean de Malte (*Intérieur de l'église de*) : 1763, p. 26.
Saint-Jean du Mont (Eglise de), à Bologne : 1796, p. 83.
Saint-Jean-de-Maurienne (*Vue de*) : 1796, p. 31.
Saint Joachim : 1773, p. 35.

Saint Jérôme : 1699, p. 17; 1738, p. 31 (terre cuite); -41, p. 26; -45, p. 20 (plâtre); -53, p. 31; -55, p. 16; -65, p. 15; -71, p. 28; -77, p. 15, 36; -81, p. 56; -93, p. 111; -95, p. 31.

Saint Joseph : 1746, p. 26; -50, p. 12.

— *(Mort de)* : 1795, p. 49.

— *(Songe de)* : 1761, p. 13.

Saint Labre : 1791, p. 15.

Saint-Leu (Cabinet de M.) : 1795, p. 60.

Saint-Leu (Coupes géométrales du chœur de) : 1773, p. 30.

Saint Louis (Apothéose de) : 1765, p. 14; -79, p. 15.

— *(Entrevue de) et d'Innocent IV* : 1773, p. 13.

— *(Fermeté de)* : 1789, p. 34.

— *(Thibault offrant à) une corbeille de fleurs* : 1775, p. 10.

— *abordant en Egypte* : 1787, p. 38.

— *âgé de douze ans présenté pour être sacré* : 1773, p. 15.

— *attaqué de la peste remet ses instructions à son fils* : 1773, p. 30.

— *descendant à Tunis* : 1791, p. 13.

— *en adoration* : 1791, p. 45.

— *épouse Marguerite de Provence* : 1773, p. 26.

— *lavant les pieds aux pauvres* : 1773, p. 32.

— *meurt à Tunis* : 1773, p. 15, 16.

— *pansant les malades* : 1787, p. 39.

— *reçoit les ambassadeurs du Vieux de la Montagne* : 1773, p. 26.

— *remettant la régence à Blanche de Castille* : 1773, p. 12.

— *rendant la justice à Vincennes* : 1773, p. 17; -85, p. 14; -91, p. 11.

Saint Louis tenant la couronne d'épines : 1747, p. 26; -73, p. 11.

Saint-Louis (Eglise) du Louvre : 1745, p. 14, 23; -61, p. 13; -69, p. 32.

— (Fête de la) : 1673, p. 11, 13; -99, p. 6.

— (Ile) : 1781, p. 21.

— (Paroisse), à Versailles : 1743, p. 22; -55, p. 14; -61, p. 13, 15, 16, 18, 31; -65, p. 15, 35; -67, p. 13.

— (Projet pour la réunion des îles) et de Louvier : 1796, p. 79.

— (Salle), au Palais de Justice : 1775, p. 18.

Saint Luc : 1699, p. 15.

Saint-Malo (Vue du port de) : 1798, p. 36.

Saint Martin : 1753, p. 15.

— *(Sacre de), à Tours* : 1793, p. 52.

Saint-Martin (Vue de la porte) : 1791, p. 22.

Saint-Martin (Tableau pour l'abbaye de) : 1743, p. 38.

Saint Mathieu écrivant son Evangile : 1748, p. 16.

Saint Maur guérissant un enfant (sculpture) : 1740, p. 28, 29.

Saint-Maur (Tableau pour la chapelle des Dames de la rue) : 1740, p. 12.

Saint Maurice (Martyre de) et de ses compagnons : 1747, p. 28, 29.

Saint Maximin : 1753, p. 32.

Saint - Merry (Peintures et sculptures pour l'église de) : 1753, p. 15; -57, p. 35.

— (Réparation de la profanation commise dans l'église de) en 1722 : 1759, p. 27.

Saint Michel (Combat de) : 1771, p. 13.

— *terrassant le diable* : 1740, p. 17; -73, p. 34.

Saint Michel vainqueur des anges rebelles : 1767, p. 15.

Saint-Michel (Un inventaire du pont) : 1757, p. 14.

— *(Vue de)*, près de Saint-Jean de Maurienne : 1795, p. 27 ; -98, p. 29.

Saint Nicolas : 1751, p. 29.

— *apaisant la tempête :* 1745, p. 14 ; -47, p. 22.

Saint-Nicolas (le Port de) : 1781, p. 21.

Saint - Nicolas - des - Champs (Statues pour l'église de) : 1787, p. 54 ; -89, p. 51.

— du - Chardonnet (Tableau pour l'église de) : 1755, p. 27.

Saint-Non (Cabinet de l'abbé de) : 1765, p. 32.

Saint Odilon recevant les adieux de sainte Adélaïde (bas-relief) : 1738, p. 31.

Saint-Ouen (Vue de) : 1777, p. 18.

Saint - Patrice (Vue de), à Bayeux : 1799, p. 39.

Saint Paul : 1704, p. 39 (buste) ; -38, p. 30 (terre cuite) ; -39, p. 25 (terre cuite) ; -45, p. 29 (pastel).

— *(Conversion de) :* 1765, p. 15 ; -67, p. 28 ; -81, p. 17.

— *enlevé au ciel :* 1673, p. 33.

— *en prison :* 1699, p. 15.

— *et saint Pierre :* 1775, p. 12.

— *hermite :* 1737, p. 22.

— *prêchant :* 1771, p. 37 ; -79, p. 41.

Saint-Paul (Vue du port) : 1781, p. 21.

Saint Pellerin ou *Peregrin prêchant l'évangile à Auxerre :* 1745, p. 16.

Saint-Pétersbourg (Tableaux envoyés de) : 1798, p. 41.

Saint-Pétersbourg (Pêche aux environs de) : 1765, p. 28.

— *(Portrait de la directrice de l'Académie des sciences de) :* 1783, p. 52.

Saint-Pétersbourg (Vue d'une partie de) : 1765, p. 27.

— *(Vue du port et de la citadelle de) :* 1777, p. 47.

Saint Philippe (Martyre de) : 1738, p. 30 (bas-relief).

— *baptisant l'eunuque de la reine de Candace :* 1742, p. 13.

— *et saint Jacques prêchant :* 1773, p. 40 (bas-relief) ; -75, p. 36 (bas-relief).

Saint-Pierre (Autel sous le baldaquin de) : 1795, p. 75.

— *(Chaire et intérieur de) :* 1771, p. 31.

— *(Coupole de) :* 1779, p. 26.

— *(Croix ardente de) :* 1793, p. 105.

— *(Intérieur de la colonnade de) :* 1769, p. 22 ; -73, p. 25.

— *(Intérieur de) :* 1793, p. 35, 73 ; -95, p. 79.

— *(Place de) :* 1785, p. 23 ; -93, p. 48, 73.

— *(Vue de) :* 1796, p. 27.

Saint Pierre : 1673, p. 31 ; -99, p. 23 ; 1704, p. 13, 20, 34, 39 ; -45, p. 25 ; -46, p. 13 ; -53, p. 32 ; -55, p. 12 ; -57, p. 32 ; -93, p. 43, 67 (terre cuite).

— *(la Barque de) :* 1699, p. 16.

— *(la Belle-mère de) guérie par le Christ :* 1737, p. 27.

— *(Martyre de) :* 1704, p. 31 ; -79, p. 38.

— *(Pêche miraculeuse de) :* 1704, p. 46 ; -59, p. 14.

— *(Reniement de) :* 1699, p. 15 ; 1791, p. 32.

— *(Repentir de) :* 1751, p. 25 ; -65, p. 15.

— *délivré de prison :* 1761, p. 16 ; -89, p. 13 ; -91, p. 36 ; -96, p. 82.

— *en prison :* 1704, p. 30.

— *et saint Paul :* 1775, p. 12.

— *et saint Paul au Kamtschatka :* 1798, p. 84.

— *guérissant les malades :*

1738, p. 23; -42, p. 14; -45, p. 22; -46, p. 16; -73, p. 36.

Saint Pierre recevant les clefs : 1753, p. 14.

Saint-Pierre-du-Martroi (Tableau pour l'église de), à Orléans : 1738, p. 23.

Saint - Pierre - du - Mont (la *Transfiguration* de), à Rome : 1796, p. 82.

Saint-Pierre in Montorio (*Vue de l'escalier de*) : 1795, p. 58.

Saint-Priest (*Audience donnée au chevalier de*) : 1771, p. 18, 19.

Saint Protais (*Martyre de*) : 1793, p. 108. — Voir *Saint Gervais*.

Saint-Rémy (*Arc de triomphe et monument de*) : 1785, p. 22.

— (*Village de*) : 1740, p. 22.

Saint Rémy chargé d'instruire Clovis : 1742, p. 27.

Saint-Roch (Plafond de la chapelle de la Communion à) : 1757, p. 14.

— (Statues pour l'église de) : 1740, p. 30; -57, p. 28; -65, p. 35, 37.

— (Tableau pour l'église de) : 1767, p. 13.

Saint-Roch (*Dessin de la chaire de*) : 1759, p. 29.

— (*Portrait d'un curé de*) : 1787, p. 53.

— (*Vue de la chapelle de la Vierge de*) : 1771, p. 18.

— (*Vue de l'église*) : 1789, p. 41.

Saint Roch (*Guérison miraculeuse de*) : 1761, p. 16.

— (*Messe dite dans une chapelle dédiée à*) : 1789, p. 38.

— *guérissant les malades* : 1761, p. 18.

— *intercédant pour les pestiférés* : 1781, p. 56.

Saint - Sauveur (*Démolition de*), rue Saint-Denis : 1777, p. 19.

Saint Sébastien : 1739, p. 12; -50, p. 13; -55, p. 22; -71, p. 26; -77, p. 38; -79, p. 41, 46 (marbre); -93, p. 92.

— *à qui des anges apportent une couronne* : 1795, p. 38.

Saint Siméon (*le cantique de*) : 1759, p. 12.

Saint-Simon (Cabinet du comte de) : 1781, p. 37.

— (Claudius de), évêque : 1745, p. 7.

Saint - Sulpice (*Portrait du curé de*) : 1759, p. 29.

— (*Vue du portail de*) : 1741, p. 21; -73, p. 22; -81, p. 22.

Saint - Sulpice (Tableaux et statues pour l'église de) : 1751, p. 14, 22, 24, 26; -59, p. 20; -77, p. 47; -81, p. 46.

— (Tableaux pour le séminaire de) : 1745, p. 16; -48, p. 15.

Saint Thibault offrant à saint Louis une corbeille de fleurs : 1775, p. 10.

Saint Thomas (*Incrédulité de*) : 1775, p. 21.

— (*Martyre de*), archevêque de Cantorbéry : 1748, p. 19.

Saint-Thomas d'Aquin inspiré par le Saint-Esprit : 1763, p. 17.

Saint-Thomas de Villeneuve (*les Bonnes œuvres des Filles de*) : 1737, p. 17.

Saint-Valery (*Projet de port pour*) : 1796, p. 78.

Saint-Victor (Peintures à l'abbaye de) : 1781, p. 34.

Saint-Victor (*Portrait d'un chanoine de*) : 1783, p. 36.

Saint Victor (*Martyre de*) : 1761, p. 15.

Saint Vincent : 1783, p. 49. — Voir *Saint Germain*.

Saint Vincent de Paule : 1739, p. 16; -61, p. 14; -87, p. 52 (statue); -98, p. 77 (statue).

Sainte Adélaïde faisant ses adieux à saint Odilon (bas-relief) : 1738, p. 31.

Sainte Angèle présente les Ursulines à sainte Ursule : 1769, p. 29; -71, p. 34.

Sainte Anne et la Vierge : 1751, p. 25; -61, p. 16; -73, p. 35.

Sainte Catherine : 1704, p. 40; -55, p. 27; -67, p. 42.

— (Dispute de) d'Alexandrie : 1779, p. 38; -89, p. 20.

— (Mariage de) : 1777, p. 17.

— de Sienne : 1791, p. 49.

Sainte Cécile : 1673, p. 34; -99, p. 16, 18; 1704, p. 18, 31, 40, 44; -89, p. 24; -96, p. 83, 84.

Sainte Clotilde priant auprès du tombeau de saint Martin : 1753, p. 15.

Sainte Concorde (Martyre de) : 1755, p. 19.

Sainte-Croix (Médaille de la première pierre de), d'Orléans : 1769, p. 41.

— (Tableau pour l'église), à Lyon : 1743, p. 37.

Sainte Elisabeth : 1741, p. 30 (bas-relief); -50, p. 15; -55, p. 27.

— (Visitation de la Vierge à) : 1753, p. 24.

— et saint Jean : 1771, p. 14.

Sainte-Famille : 1699, p. 15, 17; 1704, p. 32; -37, p. 13; -39, p. 15; -40, p. 31; -41, p. 30; -43, p. 38; -47, p. 33; -48, p. 21; -53, p. 21; -55, p. 39; -61, p. 14; -65, p. 26; -67, p. 31; -71, p. 12; -73, p. 19, 45; -75, p. 19, 20; -79, p. 13; -81, p. 13, 39; -87, p. 38; -89, p. 39, 56; -91, p. 14, 33, 53; -93, p. 33, 42; -95, p. 16; -96, p. 51, 84; 1800, p. 79.

Sainte Félicité exhortant son fils au martyre : 1791, p. 52.

Sainte-Geneviève (Buste pour la bibliothèque de) : 1789, p. 43.

Sainte-Geneviève (Intérieur de l'église de) : 1761, p. 23.

— (Portrait d'un abbé de) : 1737, p. 16; -50, p. 28; -85, p. 35.

— (Pose de la première pierre de la nouvelle église de) : 1765, p. 22.

Sainte Geneviève : 1699, p. 16; 1704, p. 15.

— guérissant les Ardents : 1767, p. 20.

— recevant la bénédiction de saint Germain : 1765, p. 18.

— recevant une médaille de saint Germain : 1761, p. 15; -71, p. 12.

Sainte Hélène (statue) : 1771, p. 43.

Sainte Julitte (Martyre de) : 1767, p. 31.

Sainte-Marie-Majeure (Vue de la place de) : 1771, p. 31.

Sainte Marthe : 1753, p. 32.

Sainte Silvie (statue) : 1775, p. 34.

Sainte Thérèse : 1746, p. 24 (statue); -85, p. 32; -87, p. 30; -89, p. 31.

— (Mort de) : 1739, p. 26.

Sainte Ursule : 1769, p. 29; -71, p. 34.

Sainte Victoire : 1737, p. 33 (bas-relief); -43, p. 36.

Sainte - Walburge (Tableau pour l'église de), à Bruges : 1783, p. 21.

Saints-Innocents (Vue de l'église des) : 1787, p. 18, 20.

Saisons (les Quatre) : 1737, p. 22; -38, p. 31; -41, p. 27 (bas-reliefs); -42, p. 18; -45, p. 34, 38; -46, p. 29; -51, p. 28 (bas-reliefs); -53, p. 15, 33; -69, p. 36 (bas-reliefs); -83, p. 28, 54; -93, p. 62 (bas-reliefs); -98, p. 77 (pendule); -99, p. 55.

Saisons (les) et les Eléments : 1757, p. 24.

Saladier rempli de pommes : 1773, p. 29.

Salle d'Assemblée nationale (plan) : 1791, p. 39.

— *d'assemblée pour les Cinq-Cents* (projet) : 1796, p. 77.

— *d'opéra* (modèle) : 1793, p. 74.

Sallenches (Vue de la vallée de) : 1800, p. 26.

Salles du Muséum au-dessous de la galerie d'Apollon : 1796, p. 78.

Salluste (Dessins pour une édition de) : 1796, p. 57; -98, p. 56.

Salm - Kirbourg (Hôtel du prince de) : 1783, p. 54.

Salmacis (la Nymphe) : 1773, p. 15.

— *et Hermaphrodite :* 1793, p. 109; -96, p. 22, 52.

Salomon (Dédicace du temple de) : 1743, p. 14.

— *(Jugement de) :* 1699, p. 19, 22; 1704, p. 21; -37, p. 28; -42, p. 19; -93, p. 99.

— *(Temple de) :* 1771, p. 31.

— *et la reine de Saba :* 1743, p. 20; -50, p. 35.

— *sacrifiant aux idoles :* 1779, p. 39.

Salon (Buste de Suffren pour) : 1785, p. 50.

Salon (Projet de division du) en deux étages : 1795, p. 75.

Salon d'eau et colonnade : 1746, p. 22.

Salpêtrière (Conduite des filles de joie à la) : 1757, p. 14.

— *(Une) :* 1767, p. 32.

Salut (le), les devoirs de l'hospitalité : 1800, p. 21.

Salvator Rosa, peintre : 1763, p. 31.

Samaritain (le Bon) : 1704, p. 44; -37, p. 13; -47, p. 19; -65, p. 26; -73, p. 31; -93, p. 107.

Samaritaine (la) : 1699, p. 15, 23; 1704, p. 23; -46, p. 13; -81, p. 23; -91, p. 32; -95, p. 85.

Sampieri (Palais), à Bologne : 1796, p. 83.

Samson (Prédiction de la naissance de) : 1791, p. 49.

— *et Dalila :* 1673, p. 30.

— *rompant ses fers :* 1795, p. 71 (statue).

Samuel (l'Ombre de) : 1750, p. 22.

Sancerre (le Maréchal de) : 1777, p. 13.

San Bartholomeo (Vue de la Chartreuse de) : 1795, p. 27.

San Cosimato (Vue de la cascade de) : 1791, p. 52; -96, p. 89.

Sangaride (la Nymphe) : 1775, p. 29.

San Grégoria (Vue d'Italie près) : 1793, p. 33.

Sanglier (le) forcé : 1741, p. 29.

San Scholastico (Vue de), près Subiaco : 1798, p. 29.

Santé (la) : 1750, p. 13, 14.

Santwliet (Vue de) : 1748, p. 26.

Saphire (Mort de) : 1793, p. 56.

Sapho : 1791, p. 46; -95, p. 25, 39, 85.

— *(Mort de) :* 1791, p. 11; -95, p. 57.

— *à Leucade :* 1800, p. 25.

— *chantant et jouant de la lyre :* 1673, p. 35; 1787, p. 12.

— *et Anacréon :* 1796, p. 37.

— *et Phaon :* 1795, p. 68; -96, p. 76 (terre cuite).

Sara (les Anges annonçant à) la naissance d'un fils : 1763, p. 14.

— *présentant Agar à Abraham :* 1781, p. 13, 28; -95, p. 23.

Sardaigne (Pompe funèbre de la reine de) : 1742, p. 32.

Sarpédon mort : 1781, p. 32.

Sarraʒins (Défaite des) : 1745, p. 35.

Satory (Vue du bois de) : 1781, p. 39.

Saturnales romaines (les) : 1783, p. 28.

Saturne : 1673, p. 26; -99, p. 12; 1704, p. 19.

Satyre (Tête de) : 1771, p. 40.

— *enfant tenant un hibou entre ses bras* (marbre) : 1773, p. 44.

— *(le) et le passant* : 1791, p. 15.

— *faisant danser des enfants :* 1795, p. 55.

— *jouant avec un enfant :* 1771, p. 37.

— *pressant des raisins* : 1793, p. 71.

— *rencontrant des nymphes :* 1777, p. 29.

Satyres : 1761, p. 16.

— *(Femmes faisant danser de petits)* : 1783, p. 33.

— *(les) et les Dryades* : 1773, p. 45; -93, p. 62.

Saut par la fenêtre (le) : 1798, p. 32.

Sauveur du monde (le) : 1785, p. 56.

Savalette (Cabinet de M.), fermier général : 1748, p. 18.

Saverne (Vues de) : 1787, p. 57.

Savoyard (Tête de petit) : 1795, p. 59.

— *montrant la lanterne magique* : 1757, p. 32.

— *pleurant la mort de sa marmotte* : 1799, p. 38.

Savoyarde (Une) : 1746, p. 31; -47, p. 31; -48, p. 16; -53, p. 21; -57, p. 15.

Savoyards (Portraits d'hommes en) : 1759, p. 22.

Savoyardes (Deux) : 1753, p. 16.

Saxe-Gotha (Médaille à la mémoire du prince de) : 1773, p. 49.

Saxe-Gotha (Statue pour le duc de) : 1777, p. 45.

Saxe-Gotha (Modèle de chapelle sépulchrale en mémoire de Louise - Dorothée, duchesse de) : 1775, p. 38.

Saxe - Teschen (Entrée du prince et de la princesse de) à Bruxelles (bas-relief allégorique) : 1781, p. 40.

Saxonnes (Servantes) : 1769, p. 17.

Scamandre (le Fleuve) : 1743, p. 31.

— *(le) desséché par Vulcain :* 1765, p. 15; -73, p. 44 (plâtre).

Sceau de l'Académie de peinture : 1777, p. 50; -79, p. 50.

Sceaux (Vue des environs de) : 1796, p. 50.

Schelburn (Cabinet de milord) : 1775, p. 10, 13.

Scène antique : 1796, p. 29.

— *de prison* : 1798, p. 42.

— *familière* : 1791, p. 12, 13, 19, 22, 25, 27, 49, 50, 52, 53; -93, p. 11, 13, 14, 29; -95, p. 28, 31, 34; -96, p. 89; -98, p. 25, 36; -99, p. 20, 25, 90; 1800, p. 73.

— *imitée de la philosophie du bonheur* : 1800, p. 51.

— *pastorale* : 1787, p. 22.

— *rustique* : 1793, p. 9.

Scevola (Mucius) et Porsenna : 1747, p. 6, 15; -95, p. 67.

Schervaloff (Cabinet du comte de) : 1767, p. 35.

Scheveningue (Vue de) : 1748, p. 26.

Science (la) : 1750, p. 30 (statue).

Sciences (Attributs des) : 1765, p. 17.

Scilurus, roi des Scythes, donnant à rompre à ses enfants

un faisceau de flèches : 1767, p. 13 ; -69, p. 13.

Scipion (Continence de) : 1750, p. 13 ; -69, p. 41 ; -89, p. 10 ; 1800, p. 73.

— (Histoire de) (tapisserie) : 1699, p. 25.

— reçoit d'Antiochus son fils prisonnier : 1787, p. 14.

Sculpteur dans son atelier : 1747, p. 22.

Sculpture (la) : 1738, p. 26 ; -42, p. 35 ; -43, p. 22 ; -55, p. 13 ; -57, p. 23 ; -59, p. 16 ; -61, p. 31 ; -63, p. 20 ; -67, p. 11 ; -71, p. 15 ; -75, p. 20 (émail) ; -77, p. 23 (émail).

Secret (le) : 1737, p. 21 ; -85, p. 45.

Séduction (la) : 1799, p. 36 ; 1800, p. 54.

Séez (Tableau pour la chapelle du palais épiscopal de) : 1787, p. 16.

Segeste (Vue du temple et du théâtre de) : 1781, p. 36.

Ségur (Cabinet du marquis de) : 1777, p. 20 ; -79, p. 13, 17, 22 ; -83, p. 44.

Seigneur (le Grand) et sa maitresse : 1737, p. 13.

— (le) indulgent et le braconnier : 1779, p. 35.

Sévère reprochant à Caracalla d'avoir voulu l'assassiner : 1769, p. 27 ; -95, p. 37.

Seine (la) : 1740, p. 28 (statue) ; -46, p. 30 (médaille) ; -50, p. 34.

— (Bords de la) : 1793, p. 11.

— (Projet pour détruire les écueils de la) : 1796, p. 78.

Selle (Collection de M. de), trésorier de la marine : 1769, p. 19.

Sémélé visitée par Jupiter : 1704, p. 20.

Sénac (Cabinet de M. de) : 1773, p. 27.

Sénac (Médaille frappée pour M. Gabriel) : 1771, p. 48.

Sénèque (Mort de) : 1750, p. 21 ; -53, p. 35 ; -57, p. 35 ; -89, p. 29 ; -91, p. 52 ; -93, p. 56 ; -95, p. 17.

Senlis (Tableaux pour la cathédrale de) : 1789, p. 12, 20.

Sens (Sculptures et tombeaux pour la cathédrale de) : 1742, p. 34 ; -69, p. 43 ; -77, p. 39.

Sensibilité (la) : 1789, p. 53 (marbre).

Sensitive (la) : 1796, p. 25.

Sentiment (le) de l'Amour et de la Nature cédant à la nécessité : 1767, p. 21.

Sept Montagnes (les) sur les bords du Rhin : 1796, p. 79.

Septime-Sévère (Arc de) : 1781, p. 29.

— reprochant à son fils d'avoir voulu l'assassiner : 1793, p. 28.

Sérail (Femmes dans le) : 1759, p. 13.

— (Vue du) : 1798, p. 84.

Seran (Collection du marquis de) : 1769, p. 21 ; -77, p. 16, 20 ; -81, p. 12.

Sérénade (le Donneur de) : 1765, p. 41.

Serin : 1793, p. 102.

Serinette (Enfant avec une) : 1738, p. 27.

Seringue (Jeune garçon avec une) : 1739, p. 13.

Serins (Des) dont un sort de sa cage : 1767, p. 19.

Serment (le) de l'Amour : 1769, p. 30 ; -98, p. 77.

— (le) du Jeu de Paume : 1791, p. 17 ; -93, p. 40.

Serpent caché sous les fleurs : 1796, p. 69.

Serrurier (Forge de) : 1793, p. 49.

Servante récurant la vaisselle : 1737, p. 30.

Servantes revenant du mar-
ché : 1737, p. 3o.
Servius Tullius (Mort de) :
1763, p. 16; -98, p. 38.
Sèvres (Fronton pour la ma-
nufacture de) : 1755, p. 32
(bas-relief); -61, p. 31 (sculp-
ture).
— (Vue de l'étang de la Ronce
à) : 1787, p. 22.
— (Vue du pont de) : 1738,
p. 32.
Sicile (Voyage pittoresque de
la) : 1781, p. 36.
Sicile (Vues de la) : 1781,
p. 34, 35, 36.
Sidobe (Cabinet de M.), médecin du roi : 1742, p. 26.
Siège (Un) : 1759, p. 19.
Sièges de villes : 1699, p. 22.
Sienne (Vue de) : 1798, p. 3o.
Siffleur (le) de linottes : 1745,
p. 35.
Silas (Saint Paul en prison
avec) : 1699, p. 15.
Silence (le) : 1704, p. 45; -91,
p. 13.
Silène : 1738, p. 19; -47, p. 6,
18.
— (Gaité de) : 1791, p. 40.
— (Marche de) : 1777, p. 52.
— (Triomphe de) : 1765, p. 41.
— et la nymphe Eglé : 1704,
p. 28; -38, p. 14; -43, p. 19;
-69, p. 30; -71, p. 11; 73,
p. 35.
Siméon fils (Cabinet de M.) :
1799, p. 3o.
Siméon prononçant le « Nunc
Dimittis » : 1771, p. 28.
Simon (le Festin chez) : 1704,
p. 45; -47, p. 19; -81, p. 13.
Simplicité (la) : 1759, p. 24.
Sincérité (la) : 1773, p. 39.
Singe : 1673, p. 34; 1737, p. 22.
— (le) antiquaire : 1743, p. 38.
— (le) de la Philosophie : 1740,
p. 21.
— (le) et le chat : 1751, p. 21.

Singe faisant sa toilette : 1798,
p. 31.
— peignant : 1740, p. 21; -43,
p. 38.
Singes (Catalan faisant danser des) : 1793, p. 49.
Site romantique : 1800, p. 14.
Slodtz l'aîné : 1750, p. 29.
Slodtz de Saint-Paul : 1750,
p. 29.
Société des Amis des Arts :
1795, p. 57; -98, p. 76, 81;
1800, p. 89.
— de la réunion des Beaux-
Arts : 1795, p. 57; -96, p. 24,
37, 49; -98, p. 47; -99, p. 32.
Socrate (Mort de) : 1753, p. 20;
-61, p. 17; -77, p. 43; -85,
p. 51; -87, p. 28, 33; -89,
p. 27, 28; -91, p. 27, 34, 49;
-96, p. 52; -98, p. 85.
— détachant Alcibiade des
charmes de la volupté : 1785,
p. 41; -91, p. 51; -93, p. 20.
— donnant des leçons à Alcibiade : 1777, p. 36.
— et Alcibiade chez Aspasie :
1798, p. 51.
— enseignant la sagesse : 1789,
p. 52.
Soins maternels : 1793, p. 11.
Soir (le) : 1741, p. 29; -53,
p. 20; -63, p. 31; -67, p. 27;
-69, p. 23, 40; -71, p. 35, 49;
-73, p. 28; -77, p. 22; -87,
p. 41; -95, p. 20; 1800, p. 14.
Soissons (Tableau pour une
église de) : 1767, p. 15.
Soldat blessé : 1791, p. 35 (plâtre).
— en repos : 1791, p. 41 (plâtre).
— lucanien : 1704, p. 35.
— renversé : 1771, p. 37.
— vaincu : 1789, p. 53 (statue).
Soldats (Sujets de) : 1745,
p. 23; -79, p. 41.
— à la porte d'une hôtellerie :
1796, p. 31.

Soleil (Coucher du) chez Thétis : 1796, p. 55.
— (*Tête du*) (médaillon en bas-relief) : 1781, p. 46.
— (*Un*) : 1745, p. 30.
— (*Vue du temple du*), à Rome : 1775, p. 32.
— *couchant* : 1738, p. 21; -39, p. 15; -40, p. 19, 22, 23, 26; -41, p. 24; -42, p. 21, 23, 25; -43, p. 25; -46, p. 22; -47, p. 24, 27; -50, p. 24; -51, p. 26; -53, p. 28; -57, p. 21; -61, p. 19; -63, p. 31; -65, p. 20, 27; -69, p. 23; -71, p. 16, 24, 25, 26; -75, p. 13, 17, 18; -77, p. 17, 18; -79, p. 22; -83, p. 31; -85, p. 19.
— *levant* : 1738, p. 21; -42, p. 25; -46, p. 22; -51, p. 26; -53, p. 26, 28; -57, p. 21; -73, p. 27; -75, p. 17; -81, p. 24; -83, p. 22; -85, p. 40; -98, p. 14, 26, 59; -99, p. 16, 26, 58; 1800, p. 27.
Soliman II fait déshabiller en sa présence des esclaves européennes : 1767, p. 28.
Solitude (la) : 1773, p. 27; -75, p. 20; -81, p. 47 (modèle, terre).
— (*la*) *laborieuse* : 1777, p. 12.
Solon soutenant ses lois : 1699, p. 14; 1704, p. 12.
Sommeil (le) : 1747, p. 19; -69, p. 33 (bas-relief); -71, p. 28.
— (*le*) *accompagné du Silence* : 1704, p. 45.
— (*le*) *dangereux* : 1771, p. 33.
— *de la beauté* : 1795, p. 87.
— (*le*) *imprévu* : 1793, p. 71 (terre cuite).
Sonnette (la) ou je vous rappelle à l'ordre : 1793, p. 39.
Sophie et Emile (terre cuite) : 1795, p. 67.
Sophonisbe recevant le poison envoyé par Massinissa : 1787, p. 36.
Sophonisbe, tragédie : 1787, p. 58.

Sora (Vue de) : 1771, p. 24; -93, p. 99.
Soubise (Cabinet du prince de) : 1751, p. 28.
Souchet (Cabinet de M.), de Lyon : 1771, p. 17.
Souffleur (le) : 1745, p. 34.
Soufflot (Cabinet de M.), architecte : 1757, p. 22; -83, p. 36.
Souper (le Petit) du Grand Seigneur : 1795, p. 84.
Source (la) abondante : 1771, p. 47.
Sourdis (Tombeau du marquis de) : 1775, p. 37.
Sourds et muets prenant une leçon : 1796, p. 50.
Souris (Cabinet de M.) : 1787, p. 40; -89, p. 36, 38.
Souzi (Cabinet de M. de) : 1785, p. 39.
Sparte (Courage des femmes de) : 1787, p. 31.
— (*Vue de*) : 1796, p. 28.
Spartiate donnant des armes à son fils : 1800, p. 17.
Sphinx (Modèles de) : 1753, p. 31.
Spinola (Dessins du salon du marquis) : 1773, p. 31.
Sposalite (la) : 1699, p. 18.
Stanislas, roi de Pologne et duc de Lorraine. — Voir Pologne (Cabinet du roi de).
Stanislas (Tombeau de) : 1769, p. 34; -71, p. 38.
Statue de la place des Victoires : 1783, p. 23.
— *équestre de Louis XV, descendue sur son piédestal* : 1763, p. 24, 25.
Statues antiques : 1800, p. 84.
Sterne et Juliette : 1796, p. 57.
Stockholm (Académie de) : 1781, p. 21; -83, p. 19, 22; -85, p. 16, 19; -87, p. 19; -89, p. 15.
Stockholm (Entrée du Roi

à) *le 19 août 1772* : 1781,
p. 20.

Stonypoint (Bataille de) : 1781,
p. 52.

Stratonice et Antiochus. —
Voir *Antiochus.*

— *chantant devant Mithridate :*
1779, p. 13.

Stroganoff (Cabinet du comte) :
1773, p. 20, 22, 25.

Stromboly (Vue du volcan) :
1781, p. 34.

Subiaco (Vue des environs de) :
1785, p. 34; -87, p. 30; -96,
p. 31.

Suède (Cabinet du roi et de
la reine de) : 1753, p. 21; -73,
p. 18.

— (Cour de) : 1747, p. 23; -48,
p. 21.

— (Peintre du roi de) : 1787,
p. 30.

— (Reine de) : 1757, p. 33.

— (Roi de) : 1750, p. 26; -71,
p. 16.

Suisse (Vues de) : 1779, p. 31;
-83, p. 42; -85, p. 39; -87,
p. 40; -89, p. 36, 38; -93,
p. 9, 29; -96, p. 63; -98,
p. 29, 59; -99, p. 51.

Suisses (Costumes des) : 1799,
p. 59.

— *(Médaille de l'alliance des)* :
1777, p. 50.

— *(Uniforme des gardes)* :
1740, p. 31.

Sujets champêtres : 1737, p. 18,
19, 21; -38, p. 28; -45, p. 38;
-98, p. 77; 1800, p. 44.

Sully (Médaillon de) : 1783,
p. 48.

— *blessé rencontrant Henri IV* : 1785, p. 26; -87, p. 17;
-89, p. 38.

— *donnant de l'argent à Henri IV* : 1777, p. 28.

— *et Henri IV :* 1779, p. 39;
-83, p. 37.

*Sultan (Audience donnée par
le) à M. de Saint-Priest,*
ambassadeur : 1771, p. 18,
19, 20.

Sultane : 1765, p. 31; -71,
p. 50.

— *(Portrait de Dame en)* :
1743, p. 24.

— *(Toilette d'une)* : 1775,
p. 11, 42.

— *appuyée sur un nègre :*
1740, p. 19.

— *favorite servie par des eunuques* : 1773, p. 15; -75,
p. 11.

— *se couvrant la gorge :* 1793,
p. 23.

— *travaillant en tapisserie,
prenant du café :* 1755, p. 14.

Suresnes (Cabaret des environs de) : 1748, p. 24.

Surprise (la) : 1793, p. 33; -96,
p. 56.

— *(la) du bain :* 1759, p. 31.

Suzanne (la Chaste) : 1765,
p. 12; -67, p. 15; -89, p. 19;
-91, p. 16, 27; -93, p. 42; -95,
p. 37.

— *accusée par les vieillards :*
1699, p. 19; 1789, p. 45.

— *condamnée à mort :* 1704,
p. 22.

— *et les vieillards :* 1704, p. 41;
-50, p. 13, 35; -63, p. 16; -65,
p. 12; -96, p. 43.

— *justifiée :* 1779, p. 36; -89,
p. 12; -93, p. 17.

Suze (Arc antique de) : 1798,
p. 13.

Sybille : 1793, p. 43; -98, p. 41.

— *(Temple de la), à Tivoli :*
1775, p. 32; -98, p. 54.

— *de Cumes et Apollon.* —
Voir *Apollon.*

Sylvestre (Cabinet de M.),
maître à dessiner du Roi :
1759, p. 17, 25; -61, p. 18;
-63, p. 19; -69, p. 15; -73,
p. 18.

Sylvie fuyant le loup blessé :
1779, p. 50.

Sylvie guérissant Philis : 1779, p. 5o.

Syracuse (Vues de) : 1775, p. 32.

Syrie (Voyage pittoresque de) : 1796, p. 85; -98, p. 84.

Syrinx et Pan : 1746, p. 19; -57, p. 22; -79, p. 13.

T

Tabagie : 1791, p. 14; -95, p. 13.

Tableau (Imitation de) flamand : 1796, p. 25.

— d'autel : 1787, p. 16.

— de genre : 1796, p. 53; -99, p. 48.

— émaillé sur porcelaine : 1753, p. 27.

— imitant une maquette en plâtre : 1793, p. 110.

Tableaux à la plume : 1796, p. 81, 88.

— en cheveux : 1796, p. 82.

Tableaux de famille : 1787, p. 32; -95, p. 13, 36; -96, p. 42, 55, 6o, 65; -99, p. 14; 1800, p. 87.

Tables garnies de différents objets : 1781, p. 40; -83, p. 32; -87, p. 22; -99, p. 40.

Tamise (Bords de la) : 1796, p. 54.

Tancrède (Combat de) et de Clorinde : 1796, p. 36.

— *et Herminie :* 1757, p. 22; -65, p. 31; -93, p. 45; -96, p. 85.

— *tuant Clorinde :* 1704, p. 29.

Tannerie (Intérieur de) : 1791, p. 26.

Tantale (Repas de) : 1767, p. 29.

Tarentelle (la) : 1799, p. 58.

Tarpéia (la Vestale) : 1767, p. 37.

Tarquin fait assassiner Servius Tullius : 1763, p. 16; -98, p. 37.

Tarquins (les) visitant Lucrèce : 1789, p. 5o.

Tartares (Paysans) : 1765, p. 28, 29.

Tasse (Sujets tirés du) : 1777, p. 25; -79, p. 5o; -98, p. 57.

Taurea (Fermeté de Jubellius) : 1779, p. 19.

Taureau : 1773, p. 45; -87, p. 22; 1800, p. 41.

Tavannes (Cabinet du comte de) : 1785, p. 21.

Tavannes (le Vicomte de) reçoit le collier de Henri II : 1789, p. 11.

Tcoka (Pirogue de) : 1798, p. 85.

Télémaque : 1741, p. 13; -71, p. 33; -73, p. 46; -75, p. 40; -77, p. 44, 52; -93, p. 62 (terre cuite).

— *(Education de)* : 1793, p. 108.

— *(Minerve se faisant connaitre à)* : 1751, p. 3o (terre cuite).

— *(Retour de) à Ithaque :* 1767, p. 15.

— *abordant dans l'ile de Calypso :* 1775, p. 43; -77, p. 16.

— *au temple de Vénus à Chypre :* 1748, p. 14.

— *caressant l'Amour sous la figure d'un enfant :* 1739, p. 12; -46, p. 15; -69, p. 14.

— *dans l'ile de Calypso :* 1781, p. 19; -93, p. 40.

— *et Eucharis :* 1737, p. 21; -46, p. 13; -69, p. 14.

— *et Thermosiris, prêtre d'Apollon :* 1771, p. 13.

— *parmi les bergers d'Egypte :* 1783, p. 19.

— *présentant à Antiope la tête du sanglier :* 1793, p. 55.

— *prisonnier, conduit devant*

Alceste, roi de Sicile : 1777, p. 27; -79, p. 33.

Télémaque quittant Eucharis : 1800, p. 50.

— *racontant ses aventures à Calypso* : 1743, p. 13; -46, p. 12; -48, p. 14; -61, p. 18; -73, p. 48; -75, p. 19; -79, p. 43.

— *regarde les habits préparés par les nymphes de Calypso* : 1783, p. 19; -89, p. 11.

— *séparé de Mentor par Sésostris* : 1798, p. 36.

Télèphe s'arrachant une flèche de la cuisse : 1789, p. 51.

Télescope (Enfant regardant dans un) : 1799, p. 17.

Télespou, père d'Agatis, blessé en combattant : 1777, p. 43.

Tempête : 1739, p. 22; -53, p. 28; -55, p. 25; -63, p. 22; -65, p. 20, 40; -67, p. 27; -69, p. 22, 23; -71, p. 26; -73, p. 47; -75, p. 13; -77, p. 17; -85, p. 19; -87, p. 19; -89, p. 14; -91, p. 46; -93, p. 23, 35, 43; -95, p. 20, 54; -96, p. 39, 47, 67, 69; -98, p. 65; 1800, p. 40, 53.

— *allégorique* : 1793, p. 29.

Temple (Un) : 1741, p. 20; -93, p. 73.

— *(Entrée d'un)* : 1779, p. 28.

— *à l'Egalité* (modèle) : 1799, p. 76.

— *à l'Etre suprême* (plan) : 1795, p. 76.

— *à l'Immortalité* (projet) : 1799, p. 78.

— *à la Liberté* : 1795, p. 65, 76, 81.

— *circulaire servant de pigeonnier* : 1789, p. 16.

— *d'Apollon et des Muses* : 1793, p. 73; -95, p. 81.

— *de la Concorde* : 1775, p. 18.

— *de Jupiter* : 1775, p. 18.

— *de Mémoire* : 1746, p. 28.

Temple de Minerva Medica : 1781, p. 29.

— *de Neptune* (intérieur) : 1795, p. 78.

— *de la Paix*, à Rome : 1793, p. 63, 74; -96, p. 27.

— *de la Sibille* : 1781, p. 29.

— *de Vesta* : 1781, p. 29.

— *de la Victoire, dédié à la gloire de Bonaparte* : 1799, p. 76.

— *décadaire* (modèle) : 1799, p. 76.

—, *obélisque et cascade* : 1793, p. 25, 26.

— *protestant* (modèle) : 1799, p. 75.

Temps (le) arrachant les ailes à l'Amour : 1673, p. 30.

— *(le) brisant les armes de l'Amour* : 1795, p. 38.

— *(le) découvrant la Vérité* : 1699, p. 13 (groupe); 1741, p. 31 (groupe allégorique).

— *(le) découvre les Vertus, la Sagesse, etc.* (allégorie) : 1779, p. 14, 15.

— *(le) enlevant la Vérité* : 1747, p. 34.

— *(le) et la Philosophie érigeant une statue à J.-J. Rousseau* (cire) : 1793, p. 66.

— *(le) portant un globe* (pendule) : 1799, p. 71.

— *(le) tenant un bouclier* (statue assise) : 1800, p. 71.

Tendre mère : 1785, p. 52.

— *ressouvenir* : 1763, p. 29.

Tendresse (la) (marbre) : 1789, p. 47.

— *maternelle* : 1795, p. 67 (statue); -98, p. 24.

Teniers (David), peintre : 1748, p. 6.

Teniers (David) faisant dire la bonne aventure à sa femme : 1751, p. 27.

Tercières (Portrait de M. de) : 1746, p. 6.

Téré et Philomèle : 1791, p. 20.

Térence (Dessins pour illustrer) : 1771, p. 46, 51.

Termosiris et Télémaque : 1771, p. 13.

Terpsicore : 1745, p. 17; -75, p. 36 (esquisse); -77, p. 44 (modèle).

— *(Triomphe de)* : 1771, p. 44 (bas-relief).

Terrain montueux entouré de bois : 1798, p. 16.

Terray (Cabinet de l'abbé) : 1777, p. 20.

Terre (la) : 1699, p. 22; 1737, p. 27 (buste); -42, p. 27 (terre cuite); -45, p. 27.

Terreur (la) et ses attributs (plafond) : 1673, p. 26, 35.

Tersato (Vue de la montagne de) : 1755, p. 36.

Tessin (Cabinet du comte de) : 1740, p. 15; -41, p. 21, 29.

Testament (le) déchiré : 1789, p. 54.

Tête couronnée de roses : 1789, p. 27; -91, p. 28.

— *d'expression :* 1793, p. 106; -95, p. 25, 57; -96, p. 30; 1800, p. 23, 36.

— *de fantaisie :* 1743, p. 16; -79, p. 28.

— *de femme :* 1755, p. 37 (gravée sur agathe onyx); -63, p. 17; -67, p. 42; -69, p. 16 (en Polonaise); -71, p. 40 (terre cuite); -75, p. 39 (plâtre bronzé); -79, p. 46 (buste); -81, p. 54; -83, p. 52 (marbre); -89, p. 19; -91, p. 23 (plâtre), 42, 46, 50; -93, p. 61 (plâtre), 108; -95, p. 16, 57; -96, p. 22; -99, p. 86 (agathe); 1800, p. 31 (gouache).

— *d'homme dans le goût antique :* 1759, p. 32 (bague; -93, p. 63 (marbre).

— *de jeune fille :* 1765, p. 21, 25; -69, p. 25; -71, p. 41 (marbre); -79, p. 34; -87,

p. 51 (plâtre); -91, p. 29; -96, p. 54.

— *de jeune homme :* 1771, p. 45 (ronde bosse); -83, p. 41; -95, p. 16; 1800, p. 73 (plâtre).

— *de paysanne :* 1769, p. 25.

— *de petite fille :* 1757, p. 27; -63, p. 29.

— *de petit garçon :* 1757, p. 27; -63, p. 29.

— *de poète :* 1767, p. 26.

— *de roi* (terre cuite) : 1791, p. 39.

— *de Satyre :* 1800, p. 73.

— *de Vestale couronnée de fleurs :* 1737, p. 32.

— *de vieille femme :* 1791, p. 26, 28, 50; -96, p. 88.

Têtes : 1704, p. 38; -43, p. 20; -47, p. 22; -50, p. 19; -55, p. 15; -59, p. 23, 25; -61, p. 26; -65, p. 33; -67, p. 34, 42; -69, p. 16; -73, p. 18; -77, p. 38, 51; -83, p. 40; -87, p. 53, 57; -91, p. 16; -93, p. 20, 37, 38; -96, p. 35, 40, 62.

— *ajustées dans le genre historique :* 1785, p. 32.

— *au pastel :* 1743, p. 29; -45, p. 29; -50, p. 25; -59, p. 24 (sur bois); -65, p. 18, 25; -71, p. 15, 35; -73, p. 18; -77, p. 17, 30; -79, p. 21; -91, p. 16; -95, p. 16.

— *d'animaux :* 1769, p. 27; -91, p. 38; -98, p. 40.

— *d'après nature :* 1743, p. 37; -55, p. 30.

— *d'empereur :* 1763, p. 30.

— *d'enfants :* 1765, p. 34 (marbre); -67, p. 31; -69, p. 28; -87, p. 30; -89, p. 32; -91, p. 26, 29, 34; -95, p. 57.

— *d'étude :* 1769, p. 30; -73, p. 43; -75, p. 12, 19, 27, 30, 43; -77, p. 34, 36, 37, 45 (terre cuite); -79, p. 27; -81, p. 26; -83, p. 30, 31; -85, p. 35, 43,

51; -87, p. 32, 39; -89, p. 53;
-93, p. 23, 34 (terre cuite),
58, 99, 104, 106, 108; -95,
p. 42, 43, 49, 54, 85; -96,
p. 18, 22, 27, 46; -98, p. 21,
37, 44; -99, p. 46, 72, 90;
1800, p. 18.
— *de vieillard* : 1737, p. 32;
-38, p. 30 (terre cuite); -45,
p. 29; -48, p. 21; -50, p. 14;
-55, p. 16; -57, p. 32; -61,
p. 31; -63, p. 17; -65, p. 31;
-67, p. 29, 32; -69, p. 25, 30;
-71, p. 49; -73, p. 32; -75, p. 9;
-77, p. 38; -79, p. 41; -81,
p. 54, 56; -83, p. 37, 40, 41; -85,
p. 32; -91, p. 25, 29, 40, 45
(marbre); -93, p. 49 (terre
cuite), 61, 100, 106; -95,
p. 16; -96, p. 88; -98, p. 17,
20; -99, p. 89; 1800, p. 71
(plâtre).
Teverone (Bords du) : 1791,
p. 52.
Thaïs ou la pénitente : 1787,
p. 56.
Thalie : 1745, p. 17; -75, p. 35
(modèle plâtre).
— *(Dame représentée en)* :
1759, p. 12; -95, p. 21.
— *chassée par la Peinture* (allégorie) : 1738, p. 28.
*Thé à l'anglaise, avec la cour
du prince de Conti* : 1777,
p. 28.
Théatins (Quai des) : 1741,
p. 21.
*Théâtre (Vue du) de Taormi-
na* : 1775, p. 31.
— *(Vue de l'avant-scène du)
des Arts* : 1798, p. 79.
Théâtre de la rue de Richelieu : 1793, p. 66.
— français (Bustes pour le) :
1783, p. 46; -85, p. 44; -87,
p. 48. — Voir Comédie-
Française.
— français (Dessins du) : 1789,
p. 18.

Théocrite (Sujets tirés des
Idylles de) : 1795, p. 30.
Théologie (la) : 1796, p. 83.
*Théophraste (les Caractères
de)* : 1737, p. 22.
Théorie (la) et la Pratique
(bas-relief) : 1775, p. 36.
Thérébentine (Peinture à la) :
1755, p. 21.
Thermidor (le Neuf) : 1798,
p. 46; -99, p. 50.
*Thésée découvrant les armes
cachées par son père* : 1769,
p. 25; -91, p. 14; -93, p. 25.
— *déplorant la mort de son
fils* : 1789, p. 29; -93, p. 68.
— *reconnu par Egée à son
épée* : 1793, p. 68.
— *revenant à Tréẓène* : 1799,
p. 20.
— *vainqueur du taureau de
Marathon* : 1745, p. 16, 17.
Thèses : 1673, p. 33; 1747, p. 20.
Thésigny (Cabinet de M. de) :
1779, p. 26.
*Thétis (Apollon se couchant
dans le sein de)* : 1699, p. 16.
— *(Noces de) et de Pélée* :
1737, p. 26, 28; -53, p. 16.
— *(Triomphe de)* : 1704, p. 11
(bas-relief), 37.
— *confiant Achille à Chiron* :
1779, p. 31.
— *et Achille* : 1753, p. 16.
— *visitant le tombeau d'A-
chille* : 1745, p. 27.
Thiers (Cabinet du baron de) :
1742, p. 31; -55, p. 17; -57,
p. 32; -59, p. 31; -73, p. 48.
Thisbé (Pyrame et) : 1737,
p. 25.
Thomire, fabricant de bron-
zes : 1796, p. 73; -98, p. 77.
Thon (la Pêche du) : 1781, p. 36.
Thomesse ou Thonnesse (Citoyen) : 1796, p. 5, 6, 32.
Thun (Vue du lac de) : 1799,
p. 28.
Tibère présentant au Sénat le

fils de Germanicus : 1793, p. 37.

Tibre (Clélie passant le). — Voir *Clélie*.

— *(Maxence tombant dans le)* : 1745, p. 34.

— *(Joûte sur le)* : 1750, p. 31.

Tigre combattant un cheval rayé : 1738, p. 22.

— *dans sa loge agacé par des dogues* : 1739, p. 13.

— *de la ménagerie du Roi* : 1741. p. 16; -43, p. 19.

— *mâle et femelle* : 1741, p. 16.

— *sortant d'une antre* : 1747, p. 21.

Tigres attaquant des chevaux : 1753, p. 18.

Timoclée devant Alexandre : 1800, p. 73.

Timoléon immolant son frère : 1793, p. 109; -96, p. 40.

— *recevant les étrangers* : 1796, p. 66.

Timophane (Mort de) : 1796, p. 40.

Tippo-Saïb (Arrivée des ambassadeurs de) : 1791, p. 50.

Tirésias devenant aveugle : 1775, p. 11.

Tireur d'épine (terre cuite) : 1789, p. 42.

Titien, peintre : 1673, p. 32.

Titon et l'Aurore : 1753, p. 25; -63, p. 16; -65, p. 41; -83, p. 41; 1800, p. 42.

Titus (Arc de) : 1783, p. 25; -96, p. 27.

— *(Palais de)* : 1773, p. 24.

— *(Thermes de)* : 1775, p. 32.

— *(Tombeau de)* : 1787, p. 21.

Tivoli (Cascatelles et temple de la Sibylle à) : 1769, p. 22; -75, p. 25, 32; -85, p. 33; -87, p. 24; -91, p. 16, 53; -93, p. 105; -95, p. 26, 51; -96, p. 56, 89; -98, p. 13, 54; 1800, p. 23.

— *(Ecuries de Mécène à)* : 1789, p. 21; -95, p. 26.

Tivoli (Environs de) : 1773, p. 25; -77, p. 21.

— *(Grotte de Neptune à)* : 1785, p. 34.

— *(Marché à la porte de)* : 1745, p. 22.

— *(Pont de)* : 1771, p. 23.

— *(Portiques d'une rue de)* : 1787, p. 13.

— *(Villa d'Este à)* : 1765, p. 32.

— *(Vues de)* : 1779, p. 31, 53; -89, p. 25; -93, p. 15, 47; -95, p. 15, 27; -96, p. 25.

Tobie (l'Ange Raphaël disparaissant au milieu de la famille de) : 1789, p. 12; -91, p. 14.

— *(Départ de)* : 1777, p. 17.

— *(Mariage de)* : 1793, p. 111.

— *(Retour de)* : 1787, p. 42; -89, p. 40; -91, p. 22.

— *et l'Ange* : 1791, p. 52; -95, p. 85.

— *faisant enterrer les morts* : 1777, p. 17.

— *recouvrant la vue* : 1699, p. 19, 21; 1704, p. 21, 26.

Toilette d'une mariée, costume antique : 1779, p. 12.

Toison d'or (Etablissement de l'ordre de la) : 1781, p. 54.

— *(Jason conquérant la)* : 1739, p. 15.

Tolbiac (Bataille de) : 1742, p. 27.

Tombeau (l'Amitié pleurant sur un) : 1767, p. 37 (modèle); -73, p. 38 (terre cuite).

— *(Projet de) du comte de Harcourt* : 1771, p. 43.

— *(Projet de) d'un seigneur russe* : 1789, p. 42.

— *(Projet de) pour être érigé en l'honneur des officiers morts pendant la guerre d'Amérique* : 1785, p. 47.

— *(Vue du) de la famille Plautia* : 1789, p. 25.

— *(le) de la bien-aimée* : 1795, p. 34.

Tombeau de la princesse Galitzin : 1763, p. 34.
— *de M. de Brou, garde des sceaux* (marbre) : 1771, p. 39.
— *des princes Galitzin* : 1773, p. 42 (marbre); -77, p. 46 (esquisses).
— *de Stanislas, roi de Pologne* : 1769, p. 34; -71, p. 38 (marbre).
— *du cardinal Fleury* : 1743, p. 19, 25, 26, 27, 29, 30, 31, 33, 34, 35, 36; -45, p. 23.
— *du Dauphin et de la Dauphine* : 1769, p. 43, 44 (modèle); -77, p. 39, 40.
— *du marquis d'Argens* : 1775, p. 35 (marbre).
— *du marquis de Sourdis* : 1775, p. 37.
— *d'un général* (marbre) : 1777, p. 42.
Tombeaux (Projets de) : 1746, p. 28; -48, p. 29 (plâtre); -50, p. 33 (terre cuite); -55, p. 32; -57, p. 35; -59, p. 28, 29; -61, p. 30; -63, p. 34; -65, p. 17, 36, 38; -67, p. 36 (terre cuite); -73, p. 38, 44; -99, p. 68; 1800, p. 73.
— *(Vue des) du voyage pittoresque de Syrie* : 1799, p. 83.
— *antiques* : 1742, p. 20; -45, p. 26; -91, p. 21; -95, p. 24.
Tomyris faisant plonger la tête de Cyrus dans un vase de sang : 1751, p. 20.
Toni (la Cascade de) : 1791, p. 45.
Tonnerre (Tableau pour l'église des Bénédictins de) : 1771, p. 32.
Torchères : 1779, p. 47; -91, p. 34, 35.
Torpille (cire) : 1793, p. 101.
Torrent dans l'Oberland bernois : 1799, p. 89.
Toscane (*Vue de l'ancien palais des ducs de*) : 1773, p. 24.
Toton (Jeu du) : 1738, p. 25.

Toulon (Incendie du port de) : 1796, p. 67.
— (*Port neuf ou arsenal de*) : 1755, p. 24.
— (*Port vieux de*) : 1757, p. 19.
— (*Vue de la ville et du port de*) : 1757, p. 20.
— (*Vue de*) *au moment de l'embarquement pour l'expédition d'Egypte* : 1800, p. 18.
Toulongeon (Cabinet du comte de) : 1783, p. 26.
Toulouse (Académie de) : 1785, p. 11, 44; -87, p. 11, 12, 25, 47, 51; -89, p. 10, 21, 29, 42, 47.
— (Cabinet de l'archevêque de) : 1767, p. 5, 18.
Toulouse (Monument à ériger au général Dupuy à) : 1800, p. 77.
— (*Prisonniers délivrés par les commerçants de*) (médaille) : 1775, p. 43; -77, p. 50.
— (*Retour du Parlement de*) (médaille) : 1777, p. 50.
Tour élevée sur les restes d'un ancien tombeau : 1785, p. 34.
— *Magne, à Nimes* : 1787, p. 20.
Tournay (les Etats de) (jeton) : 1750, p. 27.
— (*Siège de*) : 1755, p. 19, 20; 71, p. 52.
Tournehem. — Voir Le Normand de Tournehem.
Tournelle (Vue de Paris prise de la) : 1741, p. 22.
Tournois turc : 1799, p. 19.
Tours (Jetons des notaires de) : 1771, p. 49.
Tours de carte (les) : 1739, p. 14; -45, p. 37.
Tragédie (la) : 1748, p. 20 (terre cuite); -77, p. 44 (plâtre); -93, p. 38.
Traineau russe : 1765, p. 29.
Traisnel (Christ pour le cou-

vent de la Madeleine de) : 1745, p. 33.

Traité (Gravure pour le) des causes révolutionnaires : 1793, p. 43.

Trajan (la Justice de) : 1765, p. 13.

— *donnant des audiences publiques* : 1699, p. 14; 1704, p. 12.

Transfiguration (la) : 1781, p. 34; -96, p. 82.

Travaux d'encouragement : 1799, p. 50, 54, 64, 73, 79, 81; 1800, p. 17, 39, 64, 72, 88.

Trenck (Emprisonnement du baron) : 1791, p. 27.

Trépied (le) des sages : 1793, p. 69.

Trésor royal (medaille) : 1739, p. 25.

Trèves (Cabinet de l'Electeur de) : 1787, p. 18; -91, p. 51.

— (Chaire de la chapelle de l'Electeur de) : 1789, p. 46.

— (Esquisse de plafond pour l'Electeur de) : 1795, p. 78.

Trianon (Nouveau pavillon de) : 1769, p. 13; -71, p. 15; -73, p. 12; -75, p. 26.

— (Plafond pour la salle de comédie de) : 1779, p. 20.

— (Tableau pour la chapelle du nouveau) : 1775, p. 10.

— (Tableaux pour) : 1699, p. 15.

— (Tableaux pour la salle à manger de) : 1773, p. 32.

Trianon (la Reine et ses enfants se promenant dans les jardins de) : 1785, p. 33.

Tribu indienne (la) : 1799, p. 86.

Tribunal de paix (modèle) : 1779, p. 81.

Tribut de César (le) : 1781, p. 13.

Tricoteuse (la) : 1798, p. 58.

— *(la) endormie* : 1759, p. 25.

— *(la) hollandaise* : 1757, p. 34.

Trinité (la Sainte) : 1757, p. 30; -63, p. 28.

Triomphe (Un) : 1800, p. 43.

— *d'Amphitrite.* — Voir *Amphitrite.*

— *de la Liberté* : 1791, p. 33 (bas-relief); -93, p. 50; -95, p. 53 (bas-relief); -98, p. 82.

— *de la Peinture* : 1769, p. 39.

— *de la Religion* : 1741, p. 31; -75, p. 25; -83, p. 41.

— *de la Révolution française* : 1791, p. 20.

— *du peuple français ou le Dix-Août* : 1799, p. 36.

Triptolème (Cérès et) : 1769, p. 13.

Tristesse (la) (buste) : 1791, p. 35.

Tritons : 1738, p. 29; -39, p. 23; -42, p. 25; -43, p. 13; -65, p. 36.

Trocqueurs (les) : 1738, p. 22.

Trompe-l'œil : 1800, p. 15.

Trophée de chasse : 1738, p. 24, 29.

— *indien* : 1796, p. 62.

— *pastoral et bachique* : 1751, p. 29; -77, p. 21.

Trophées d'armes : 1673, p. 36; -99, p. 14; 1743, p. 37; -65, p. 17; 1800, p. 71.

Trouard (Cabinet de M.), architecte : 1759, p. 17.

Trouille (le Citoyen), représentant du peuple : 1798, p. 80.

Troyes (Bustes pour l'hôtel-de-ville de) : 1757, p. 29; -59, p. 28; -61, p. 29; -63, p. 34; -65, p. 34.

Trublet (Cabinet de l'abbé) : 1759, p. 17.

Trudaine (Cabinet de M. de) : 1748, p. 18; -87, p. 28.

Tuileries (les) : 1704, p. 10.

Tuileries (Plans pour le château, le jardin et le quartier des) : 1793, p. 73, 74, 97; -95, p. 73.

Tuileries (Entrée de l'ambas-

sadeur turc aux) : 1746, p. 18.

Tuileries (Vue du château des) : 1750, p. 34.

— *(Vue du jardin des)* : 1779, p. 34; -99, p. 51.

— *(Vue des palestres des)* : 1799, p. 99.

— *(les) prises par les Sans-Culottes* : 1793, p. 54.

Tulle (Tableau pour le Séminaire de) : 1740, p. 12.

Tullie faisant passer son char sur le corps de son père : 1779, p. 44; -87, p. 58; -89, p. 55.

Turc (Costume) : 1759, p. 13.

— *(Un)* : 1704, p. 40.

— *à cheval* : 1799, p. 19.

— *fumant au bord de la mer* : 1757, p. 20.

Turc regardant pêcher : 1759, p. 31.

Turenne (Cabinet du prince de) : 1761, p. 25, 29.

Turenne couvrant la France de son bouclier (terre cuite) : 1791, p. 34.

— *enfant, passant la nuit sur les remparts* : 1761, p. 29, 30.

Turin (Environs de) : 1798, p. 12; 1800, p. 64.

Turnus (Mort de) : 1798, p. 82.

Tuteur et sa pupille : 1793, p. 52.

Tutia (la Vestale) accusée d'inceste, porte un crible plein d'eau du Tibre au temple de Vesta : 1785, p. 38.

Tyrannie (la) renversée : 1795, p. 63.

U

Ubalde et le chevalier Danois : 1785, p. 12.

Ugolin enfermé dans la tour avec ses enfants : 1800, p. 87.

Ulysse (Combat d') et d'Ajax (bas-relief) : 1785, p. 51.

— *(Retour d') et de Télémaque auprès de Pénélope)* : 1767, p. 15.

— *découvrant Astyanax* : 1704, p. 16; -63, p. 26; -83, p. 20.

— *entraînant Polixène* : 1777, p. 38.

— *et Circé* : 1787, p. 15.

— *et Nausicaa* : 1777, p. 25; -81, p. 17; -89, p. 28; -91, p. 13, 32, 47; -93, p. 68, 103; -95, p. 31; -98, p. 55.

— *fait enlever les cadavres des prétendants* : 1791, p. 11.

— *reconnaissant Achille.* — Voir *Achille.*

— *reconnaissant Télémaque et Minerve* : 1798, p. 62.

Ulysse se jetant aux pieds du roi des Phéaciens : 1791, p. 11.

— *se sauvant de la caverne de Polyphème* : 1765, p. 36.

— *sortant de Sparte avec Pénélope* : 1789, p. 25. — Voir *Pénélope.*

Union (l') : 1795, p. 88.

— *des Arts* (plafond) : 1753, p. 27.

— *des Arts et de la Vérité* (allégorie) : 1793, p. 104.

— *de la Peinture et de la Sculpture* : 1769, p. 14.

— *(l') paisible* : 1777, p. 12.

Uranie (la Muse) : 1757, p. 32; 1800, p. 67.

— *et Apollon* : 1798, p. 49.

Urbain VIII (Tombeau d') : 1789, p. 18.

Urgelle (la Fée) : 1787, p. 58.

Urne accompagnée d'enfants portant une mappemonde

avec *Pégase* (devant de cheminée) : 1738, p. 21.
Urne de porcelaine : 1757, p. 18.
— *funéraire, ornée de quatre bas-reliefs représentant huit Vertus* : 1761, p. 32.
Ursulines (Tableaux pour l'église des) de Lyon : 1769, p. 29; -71, p. 34.
Ursulines de Saint-Germain-en-Laye : 1750, p. 22.
Usages (les) des peuples d'Orient : 1746, p. 28.
Ustensiles de ménage : 1800, p. 44.
Usurier (Un) et deux voleurs : 1746, p. 23.
Utrecht (Paix d') : 1741, p. 22, 23, 24.

V

Vache (Etude de) : 1777, p. 18; -83, p. 32.
— *avec son veau* : 1783, p. 42.
— *du Tyrol* : 1793, p. 107.
Vaches (Tableaux avec des) : 1743, p. 18.
— *dans l'eau* : 1798, p. 40.
— *et moutons* : 1740, p. 16; -43, p. 18; -51, p. 22; -83, p. 24.
Vadé (les Citrons de Javotte de) : 1763, p. 13.
— (Sujet tiré de la Pipe cassée de) : 1757, p. 14.
Vainqueur à la course de chars, ramenant sa compagne avec lui : 1800, p. 65.
Vaisseau incendié en pleine mer : 1795, p. 58.
Vaisseaux français et espagnols : 1793, p. 98.
Vaize (Cabinet de M. de) : 1742, p. 16.
Valais (Vue du) : 1798, p. 64.
Valbonne (Tableaux pour la Chartreuse de) : 1781, p. 37; -83, p. 37; -85, p. 37.
Valentinois (Cabinet du comte de) : 1785, p. 49.
Valère, époux de sainte Cécile : 1699, p. 18.
—, *évêque d'Hippone et saint Augustin* : 1750, p. 14; -55, p. 13.
Valère-Maxime (Sujets tirés de) : 1751, p. 23; -77, p. 12; -79, p. 11, 18, 19.
Valérie [Véturie] suppliant Coriolan : 1747, p. 15.
Vallin (Cabinet de la comtesse de) : 1783, p. 19.
Valmantone (Vue de) : 1796, p. 5, 31.
Van der Neer, peintre : 1748, p. 26.
Vandières (M. de), directeur des Bâtimens : 1751, p. 6; -53, p. 9, 15, 29. — Voir Marigny.
Van Dyck (Antoine), peintre : 1699, p. 7; 1704, p. 20; -50, p. 28; -59, p. 34; -73, p. 46; -77, p. 30; -81, p. 53; -83, p. 57; -85, p. 53.
Van Falens, peintre : 1740, p. 29; -41, p. 29; -42, p. 31.
Vanneaux : 1761, p. 17.
Van Outryve (Cabinet de l'abbé) : 1779, p. 41.
Varennes (Vue des environs de) : 1800, p. 58.
Vase (moulage) : 1761, p. 29; -91, p. 26.
— *agathe onyx* : 1747, p. 28; -50, p. 23; -77, p. 36.
— *à parfums* : 1747, p. 21.
— *avec du gibier* : 1748, p. 29.
— *avec jacinthes de Hollande* : 1745, p. 19.
— *d'albâtre rempli de fleurs* :

1783, p. 27, 30; -93, p. 102;
-95, p. 60, 61; -96, p. 70.

Vase de bronze : 1699, p. 12,
13; 1704, p. 10; -85, p. 25.

— *de cristal* : 1777, p. 23; -89,
p. 18; -93, p. 17; -96, p. 59,
70.

— *décoré de figures étrusques* :
1800, p. 86.

— *de fleurs* : 1743, p. 28; -46,
p. 23; -55, p. 21; -65, p. 16;
-69, p. 27; -71, p. 22; -73,
p. 27; -81, p. 32; -85, p. 24;
-89, p. 16, 33; -91, p. 33
(cire), 48, 49; -93, p. 17, 28,
36 (bas-relief, bois), 58 (terre
cuite), 60 (bas-relief); -99,
p. 52, 53.

— *de lapis* : 1750, p. 23; -55,
p. 22; -77, p. 23; -79, p. 27;
-83, p. 30.

— *de marbre* : 1704, p. 11; -46,
p. 17; -63, p. 35; -79, p. 36;
-81, p. 33.

— *d'or* : 1740, p. 21; -47, p. 25;
-50, p. 23.

— *d'or avec une guenon qui
renverse une corbeille de
fruits* : 1750, p. 22, 23.

— *de porcelaine de Chine* :
1777, p. 23.

— *de porcelaine de Vincennes* :
1755, p. 21.

— *de porphire* : 1783, p. 30;
-85, p. 25.

— *en terre cuite* : 1779, p. 47;
-93, p. 58, 66.

— *en terre de porcelaine* :
1761, p. 29.

— *et fruits* : 1767, p. 22.

— *orné d'une Bacchanale* :
1791, p. 36.

— *orné d'un bas-relief d'enfants jouant* : 1765, p. 38;
-73, p. 44.

— *orné de figures* : 1791, p. 38.

— *sculpté en bas-relief, rempli
de fleurs et fruits* : 1781,
p. 32.

— *vert d'Egypte* : 1747, p. 28.

Vassa de Saint-Hubert (Cabinet de M.) : 1773, p. 34.

Vatelet (Cabinet de M.), rece-
veur général des finances :
1742, p. 17. — Voir Watelet.

Vauclair (Tableaux pour l'abbaye de) : 1781, p. 18.

Vaucluse (*Vues de la fontaine
de*) : 1785, p. 22; -93, p. 53.

— (*Vue du village de*) : 1793,
p. 48.

Vaudreuil (Cabinet du comte
de) : 1783, p. 25, 34, 44; -85,
p. 17, 29.

Vaugien (*Vue du château de*) :
1740, p. 22.

Veau d'or (*Adoration du*) :
1699, p. 22, 23.

Véchel (*Vue du village de*) :
1795, p. 48.

Veillée (*Une*) : 1769, p. 39.

— *des femmes bourguignonnes* :
1769, p. 12.

Véméranges (Cabinet de M.
de) : 1785, p. 34.

Vence (Cabinet du comte de) :
1750, p. 28, 29; -53, p. 29;
-55, p. 35; -57, p. 16, 34; -59,
p. 32, 34.

Vendange : 1769, p. 40; -83,
p. 19; -89, p. 51; -99, p. 25.

Vendanges (*les*) *d'Athènes* :
1737, p. 32.

Vendangeur et vendangeuse :
1757, p. 26.

Vendre (*Vue du port de*) :
1798, p. 33.

Vengeur (*Fin héroïque du*) :
1795, p. 58, 59.

Venise (*Vue de*) : 1798, p. 30.

Vente (*la*) *de la pêche* : 1745,
p. 35.

— *de tableaux* : 1796, p. 66.

Vénus : 1704, p. 42; -48, p. 30
(marbre); -69, p. 44 (marbre);
-71, p. 27; -77, p. 51; -81,
p. 51.

— (*la Ceinture de*) *dérobée
par l'Amour et les Grâces* :
1699, p. 21; 1795, p. 46.

Vénus (la Duchesse du Maine
en) : 1704, p. 31.
— (*Naissance de*) : 1699, p. 23;
1737, p. 12, 29; -40, p. 14;
-42, p. 28; -43, p. 15; -50,
p. 28; -69, p. 24; -96, p. 71.
— (*Offrande à*) : 1763, p. 15;
-65, p. 41; -96, p. 19.
— (*Pâris présentant la pomme
à*) : 1757, p. 30 (marbre).
— (*Prière à*) : 1769, p. 30.
— (*Repos de*) : 1742, p. 15.
— (*Ruines du temple circulaire de*) : 1787, p. 21.
— (*Sacrifice à*) : 1796, p. 19.
— (*Temple de*) : 1789, p. 16.
— (*Toilette de*) : 1738, p. 16;
-42, p. 15; -43, p. 15; -79,
p. 31.
— (*Triomphe de*) : 1699, p. 12,
16; 1750, p. 28.
— *ailée jouant de la harpe* :
1761, p. 25.
— *à la coquille* (statue) : 1793,
p. 62.
— *amenant l'Amour chez Calypso pour surprendre Té-
lémaque* : 1793, p. 36.
— *Anadyomène* : 1793, p. 39.
— *attachant des pigeons à son
char* : 1757, p. 15.
— *au bain* : 1738, p. 16; -42,
p. 15, 16; -50, p. 14; -98,
p. 70 (terre cuite).
— *au sein de sa famille* : 1791,
p. 24.
— *avec Bacchus et Cérès* :
1704, p. 19, 45.
— *blessée par Diomède* : 1761,
p. 24, 25; -75, p. 10; -93,
p. 47; -95, p. 18; 1800, p. 42.
— *caressant l'Amour* : 1787,
p. 56.
— *changeant Adonis en anémone* : 1769, p. 25.
— *couronnant Anacréon* : 1779,
p. 15.
— *demandant à Vulcain des
armes pour Enée* : 1757, p. 6;
-69, p. 35; -77, p. 42 (statue).

Vénus *dérobant l'arc de l'A-
mour* : 1773, p. 41 (statue).
— *désarmant l'Amour* : 1738,
p. 25; -91, p. 13; -95, p. 41;
-99, p. 81.
— *donnant à téter à l'Amour* :
1742, p. 29.
— *donnant des armes à Enée* :
1699, p. 21; 1704, p. 26; -46,
p. 15.
— *donnant sa ceinture à Junon* : 1748, p. 20; -77, p. 25;
-83, p. 33; -96, p. 85.
— *donnant une leçon de sagesse* : 1800, p. 58.
— *dormant* : 1757, p. 31 (statue); -63, p. 18; -98, p. 46.
— *embrassant l'Amour* : 1738,
p. 24; -91, p. 13.
— *et Adonis* : 1704, p. 26, 27,
41; -38, p. 13; -42, p. 15; -45,
p. 30; -65, p. 32; -67, p. 30;
-85, p. 32; -96, p. 19, 34; -98,
p. 47; 1800, p. 52.
— *et l'Amour* : 1704, p. 22;
-39, p. 12; -40, p. 25; -41,
p. 28; -43, p. 24, 25; -53,
p. 20; -71, p. 13, 14, 40 (esquisse en terre); -79, p. 13;
-89, p. 23. — Voir *Amour*.
— *et Énée* : 1763, p. 37; -71,
p. 42.
— *et Mars* : 1699, p. 20; 1704,
p. 32; -39, p. 18; -65, p. 18;
-69, p. 13; -71, p. 12; -75,
p. 41; -87, p. 29; -95, p. 52.
— Voir *Mars*.
— *et Mercure* : 1742, p. 35;
-47, p. 22.
— *et Neptune* : 1751, p. 12.
— *et Psyché* : 1748, p. 15.
— *et Télémaque* : 1746, p. 13,
15; -48, p. 14.
— *et Vulcain* : 1699, p. 18;
1704, p. 16, 27, 28, 38; -46,
p. 15; -47, p. 27; -59, p. 15;
-77, p. 42.
— *exauçant la prière de Pygmalion* : 1745, p. 15; -73,
p. 14; -77, p. 10.

Vénus habillée par les Grâces : 1765, p. 43.
— *instruisant l'Amour avec Mercure* : 1738, p. 25.
— *jouant avec l'Amour* : 1800, p. 73.
— *liant les ailes de l'Amour* : 1783, p. 33.
— *nouant le bandeau de l'Amour* : 1773, p. 14.
— *présentant l'Amour à Calypso* : 1789, p. 20.
— *préservant de la corruption le corps d'Hector* : 1759, p. 23.
— *recevant la pomme des mains de l'Amour* (statue) : 1787, p. 47.
— *secourant Hélène* : 1793, p. 31; 1800, p. 22.
— *se peignant* : 1800, p. 79.
— *sortant du bain* : 1781, p. 33; -98, p. 74 (plâtre).
— *sortant des ondes* : 1799, p. 66.
— *sur les eaux* : 1699, p. 16; 1704, p. 28; -37, p. 27; -43, p. 16; -45, p. 38; -46, p. 19; -53, p. 34; -55, p. 16; -61, p. 34; -73, p. 31.
— *sur une coquille* (terre cuite) : 1757, p. 31.
Verdun (Tableau pour la cathédrale de) : 1775, p. 10.
Vergennes (Cabinet du comte de) : 1779, p. 24.
Vergne (Cabinet de M.) : 1753, p. 19.
Vérité (la) : 1743, p. 17 (terre cuite); -69, p. 24; -79, p. 35.
— *(la) amenant la Liberté* : 1793, p. 22.
— *(la) découverte par le Temps* : 1699, p. 13 (groupe); 1741, p. 31 (groupe).
— *(la) et la Sagesse dissipant les ténèbres qui couvrent la terre* : 1799, p. 55.
— *(la) se débarrassant de son voile* : 1795, p. 71 (plâtre).

Vernet (Cabinet de M.) : 1785, p. 30.
Veroli (Vue du chemin de) : 1799, p. 64.
Veronèse (Paul), peintre : 1737, p. 29.
Versailles (Ménagerie de) : 1747, p. 21.
— (Missel de la chapelle de) : 1775, p. 40.
— (Peintures et sculptures pour) : 1673, p. 36; -99, p. 13, 14, 15; 1704, p. 12; -37, p. 26; -63, p. 21; -71, p. 52.
— (Peintures pour le couvent de la feue Reine à) : 1781, p. 19.
— (Peintures pour les églises de Montreuil et de Saint-Cyr près) : 1767, p. 31; -71, p. 43, 44; -75, p. 12.
— (Sculptures pour la chapelle de) : 1737, p. 33; -38, p. 30; -39, p. 22, 26; -43, p. 36.
— (Tableau pour le salon d'Hercule à) : 1789, p. 11.
— (Tableaux pour la bibliothèque du Dauphin à) : 1763, p. 22.
— (Tableaux pour l'église paroissiale et l'église de Saint-Louis de) : 1739, p. 16; -55, p. 14; -61, p. 13, 15, 16, 18, 31; -65, p. 15, 35; -67, p. 13.
Versailles (Bal masqué dans la Grande Galerie de) : 1750, p. 27, 30.
— *(Fête projetée pour la naissance du Dauphin dans l'orangerie et sur la pièce des Suisses à)* : 1783, p. 50.
— *(Feu d'artifice tiré à)* : 1741, p. 31; -93, p. 31.
— *(Groupe pour le bassin du Dragon à)* : 1737, p. 26.
— *(Groupe pour la colonnade de)* : 1699, p. 14; 1704, p. 11.
— *(Illuminations des écuries de)* : 1750, p. 30.

Versailles (Mariage dans la chapelle de) : 1750, p. 30.
— (*Vue des jardins de*) : 1777, p. 20.
— (*Vue du château de*), du côté de l'Orangerie : 1785, p. 20.
Vertu (la) (statue) : 1793, p. 70.
— (*la*) *chancelante* : 1785, p. 56.
— (*la*) *donnant la Paix à la terre* (terre cuite) : 1793, p. 69.
— (*la*) *héroïque :* 1704, p. 40.
— *invincible de la Révolution* (statue) : 1793, p. 69.
— (*la*) *victorieuse des vices :* 1673, p. 34; 1743, p. 17.
Vertumne et Pomone : 1704, p. 28, 30, 35 (groupe), 39; -37, p. 29; -39, p. 21; -45, p. 23; -48, p. 21; -71, p. 51; -79, p. 30; -93, p. 108; -98, p. 49; -99, p. 49.
Vertus (les trois) théologales : 1746, p. 25.
Very (Cabinet du marquis de): 1775, p. 11; -77, p. 10, 15, 34; -79, p. 13, 20, 26; -81, ₊ p. 13.
Vesta (Prêtresse dans le temple de) : 1745, p. 15; -46, p. 14.
— (*Ruines du temple de*) : 1753, p. 27.
Vestale : 1750, p. 14; -59, p. 14; -77, p. 46 (statue), 47 (bas-relief); -85, p. 19; -87, p. 51 (statue); -89, p. 49 (statue); -91, p. 38 (sculpture), 39 (terre cuite); -93, p. 67 (statue), 99; -95, p. 34, 69 (terre); -99, p. 72 (terre cuite).
— (*la*) *Aurélie :* 1787, p. 40.
— (*la*) *Tarpéia* (statue) : 1767, p. 37.
— (*Madame Greuze en*) : 1761, p. 26.
— (*Réception d'une*) : 1779, p. 40.
— (*Supplice d'une*): 1779, p. 33.

Vestale (Tête de) couronnée de fleurs : 1737, p. 32 (terre cuite); -55, p. 16; -79, p. 27; -81, p. 47 (marbre); -83, p. 39; -91, p. 34 (marbre).
— *condamnée à être ensevelie :* 1791, p. 36.
— *formant une couronne de fleurs :* 1769, p. 29.
— *tenant un vase ardent :* 1741, p. 30.
Vestales entretenant le feu sacré : 1751, p. 25; -57, p. 30; -98, p. 73.
— *faisant un sacrifice dans le temple :* 1777, p. 15.
Vestibule (Intérieur d'un) : 1775, p. 16.
Vésuve (Eruption du) : 1793, p. 54.
— (*Vues du*) : 1745, p. 27; -75, p. 31, 32; -81, p. 29; -99, p. 28.
Veuve (Jeune) : 1738, p. 13.
— *d'une année :* 1799, p. 88.
— *d'une journée :* 1799, p. 88.
— (*la*) *et son curé :* 1787, p. 56.
Veuves (les Deux) d'un Indien : 1783, p. 14.
Viali (Collection de M.) : 1757, p. 21.
Vicovare (Vue des environs de) : 1789, p. 25.
Victimaire (Un) (statue) : 1783, p. 53.
Victimes lyonnaises : 1796, p. 18.
Victoire (Cabinet de Mme) de France : 1779, p. 19.
Victoire (la) (statue) : 1800, p. 72.
— (*la*) *et la Paix :* 1799, p. 68 (bas-relief); 1800, p. 43.
Vie (les Deux extrémités de la) : 1795, p. 19.
— (*la*) *pastorale :* 1783, p. 38.
Vieillard amené par ses enfants dans le temple d'Egia : 1789, p. 53.

Vieillard aveugle jouant de la vielle : 1798, p. 46.

— *ayant les mains appuyées sur une béquille :* 1783, p. 36.

— *disant la bonne aventure à deux jeunes filles :* 1787, p. 30.

— *lisant :* 1740, p. 17; -81, p. 15.

— *secouru par une famille charitable :* 1796, p. 38.

— *tenant une cruche et une pipe :* 1773, p. 21.

— *vendant des Amours de plâtre à des jeunes filles :* 1799, p. 48.

— *(le) voyageur :* 1783, p. 16.

Vieille faisant des remontrances à sa fille : 1775, p. 42.

— *portant un billet :* 1699, p. 23.

— *s'appuyant sur une table :* 1795, p. 16.

Vieillesse (la) : 1745, p. 34, 35.

Vierge : 1673, p. 31 (bas-relief), 33; -99, p. 16; 1704, p. 44; -37, p. 29; -42, p. 23; -43, p. 36 (statue terre cuite); -46, p. 15, 19, 21; -48, p. 30 (statue marbre); -55, p. 30 (terre cuite); -59, p. 34; -65, p. 15; -75, p. 35 (plâtre); -79, p. 20; -85, p. 37, 45 (terre cuite); -87, p. 54 (statue); -91, p. 37.

— *(Assomption de la).* — Voir *Assomption.*

— *(Conception de la)* (statue) : 1759, p. 29 .

— *(Éducation de la) :* 1773, p. 14, 34; -75, p. 12.

— *(Mariage de la) :* 1699, p. 18, 20; 1763, p. 17.

— *(Mort de la) :* 1789, p. 29.

— *(Nativité de la) :* 1704, p. 30; -45, p. 16; -69, p. 30; -79, p. 41; -85, p. 32.

— *(Présentation de la) au Temple :* 1740, p. 12; -55, p. 14.

Vierge (Purification de la) : 1759, p. 12.

— *(Repos de la) :* 1743, p. 22; -46, p. 28; -57, p. 15; -61, p. 18; -69, p. 37; -77, p. 48; -99, p. 84.

— *(Tête de la) :* 1755, p. 17; -89, p. 51.

— *(Une) faisant fumer de l'encens sur un autel :* 1793, p. 93.

— *(Vie de la),* en huit tableaux : 1767, p. 21.

— *à la chaise :* 1796, p. 83.

— *au sac :* 1796, p. 83.

— *aux anges :* 1769, p. 14.

— *avec l'Enfant Jésus :* 1704, p. 13, 37; -37, p. 14; -38, p. 23, 31 (terre cuite); -39, p. 18, 25 (terre); -41, p. 14, 21, 29 (plâtre); -45, p. 25, 33 (plâtre); -46, p. 24; -47, p. 20; -50, p. 12, 14; -51, p. 31; -53, p. 14, 30; -59, p. 30 (terre cuite); -63, p. 14, 17, 35 (marbre); -67, p. 41; -69, p. 14, 40; -75, p. 37 (talc); -93, p. 43; -95, p. 38; -98, p. 17. — Voir *Jésus.*

— *avec l'Enfant sur un trône entouré de saints :* 1753, p. 31.

— *avec les saintes femmes au pied de la croix :* 1769, p. 30.

— *en pleurs :* 1750, p. 32.

— *(la) et le Christ :* 1699, p. 15, 22; 1704, p. 14.

— *(la) et plusieurs saints :* 1704, p. 29.

— *(la) et sainte Anne :* 1751, p. 25; -61, p. 16.

— *offrant du fruit à Jésus :* 1757, p. 22.

— *offrant à Dieu le repentir des Filles pénitentes :* 1769, p. 42.

— *préparant les aliments de Jésus :* 1763, p. 16.

— *présentant son cœur percé du glaive :* 1747, p. 25.

Vierge promenant Jésus sur un mouton : 1773, p. 14; -79, p. 19.

— *prosternée devant la croix :* 1704, p. 32.

— *servie par les anges* : 1753, p. 32.

— *sous la figure de la seconde Ève :* 1742, p. 30, 31 (plâtre).

— *tenant son fils mort :* 1704, p. 38; -43, p. 39.

— *visitant sainte Élisabeth. —* Voir *Visitation (la).*

Vieux (Un) et une jeune femme : 1745, p. 23.

Vigilance (la) : 1699, p. 20 (statue); 1745, p. 27; -71, p. 42 (statue); -95, p. 42.

— *(la) domestique :* 1773, p. 17.

Vigne-Madame (Vue de la), à Rome : 1767, p. 25.

Vignettes : 1755, p. 38; -61, p. 32; -79, p. 53; -83, p. 49; -85, p. 54; -93, p. 37, 38; -96, p. 86.

Vignié (Cabinet de M. de) : 1796, p. 29.

Vilere (Cabinet de M.). — Voir Villers.

Village (Intérieur de) : 1800, p. 26.

Villars (Prix fondé par le duc de) : 1769, p. 41.

Ville-d'Avray (Vues de) : 1798, p. 58.

Villemorien (Cabinet de M. de) : 1775, p. 31.

Villers (Cabinet de M.) : 1783, p. 43; -85, p. 39; -87, p. 42; -89, p. 38.

Villers-Paul (Vues de) : 1800, p. 29.

Villette (Cabinet de M. de) : 1753, p. 28; -55, p. 38; -57, p. 21; -65, p. 20.

Villier (Cabinet de M. de) : 1789, p. 25.

Vin (l'Amour du) : 1741, p. 15, 26; -42, p. 35.

Vincennes (Porcelaine de) : 1753, p. 27; -55, p. 21.

Vincent, professeur à l'Ecole vétérinaire : 1789, p. 44.

Vinci (Léonard de) mourant dans les bras de François Ier : 1781, p. 31, 32.

Vintimille (Charles-Gaspard-Guillaume de), archevêque de Paris : 1746, p. 25.

Virgile (Sujets tirés des œuvres de) : 1737, p. 23; -42, p. 33; -43, p. 32, 38; -46, p. 15; -67, p. 37; -69, p. 30; -83, p. 40; -99, p. 87; 1800, p. 42.

Virgile (Mort de) : 1800, p. 37.

— *lisant l'Enéide à Auguste* : 1787, p. 29; -96, p. 16, 52.

Virginie (Buste de La Fayette pour les Etats de la) : 1787, p. 51.

Virginie (Mort de) : 1759, p. 26; -83, p. 16; -93, p. 48; -95, p. 46; -96, p. 43.

— *(Naufrage de)*, à l'Ile-de-France : 1789, p. 14.

— *devant Appius* : 1795, p. 40.

Virginius tuant sa fille : 1741, p. 31; -83, p. 16; -98, p. 82.

Visitation de la Vierge : 1741, p. 30; -46, p. 14; -50, p. 12, 15; -53, p. 24; -69, p. 25; -81, p. 12, 31.

Visitation (Tableau pour les Dames de la) de la rue Saint-Jacques : 1781, p. 31.

Vissitier (Cabinet de Mme) : 1777, p. 23.

Viterbe (Vue des environs de) : 1787, p. 30.

Vitry (Vue d'une carrière près) : 1748, p. 18.

Vivandières : 1745, p. 27; -93, p. 12; -96, p. 65.

Vœu de la France (le) (pierre gravée) : 1753, p. 26.

Voitures turques à Constantinople : 1799, p. 19.

Voleurs (Scène de) : 1800, p. 27.

Voleurs attaquant des voyageurs : 1765, p. 27.
— jouant une fille aux cartes : 1787, p. 55.
Voltaire : 1781, p. 5; -87, p. 47; 1800, p. 20.
— (Dessins pour les œuvres de) : 1783, p. 41, 59; -85, p. 54, 55; -87, p. 58; 1800, p. 13.
— (Maison de), rue de Richelieu : 1785, p. 43.
Voltaire (Modèle de monument à la mémoire de) : 1793, p. 58.
— (Triomphe de) : 1791, p. 27.
— porté au Panthéon : 1793, p. 39; -96, p. 84, 85.
Vosges (Vue des) : 1796, p. 28.
Vouges (Cabinet de M. de) : 1785, p. 27.
Voûte (Vue de l'intérieur d'une grande) sur la Seine : 1800, p. 22.
Voyage pittoresque de l'Empire ottoman : 1800, p. 26.
— sentimental (le) de Sterne : 1796, p. 57.
Voyageur (le) de campagne : 1773, p. 17.
— donnant l'avoine à son cheval : 1796, p. 60.
— sauvé d'un danger par la Vierge : 1777, p. 10, 11.
— se reposant (bas-relief) : 1783, p. 51.
Voyageurs : 1796, p. 32.
— abandonnés par leurs guides dans les catacombes : 1789, p. 52; -96, p. 33.
Voyageurs attendant un bac : 1775, p. 14.
— siciliens : 1781, p. 36.
Voyageuses : 1783, p. 24.
Voyer (Cabinet du marquis de) : 1765, p. 36.
— (Modèle d'un escalier chez le marquis de) : 1773, p. 30.
Voyer d'Argenson (Cabinet de M. de) : 1753, p. 30.
Vrai bonheur (le) : 1795, p. 34.
Vraie tendresse (la) couronnée : 1783, p. 41.
Vues d'architecture : 1800, p. 84.
— d'Italie : 1742, p. 22; -46, p. 29; 47, p. 19; -55, p. 34; -71, p. 24; -73, p. 25; -91, p. 14, 29, 31, 47, 51, 52; -93, p. 10, 13, 23, 24, 25, 26, 33, 49, 101, 107; -95, p. 14, 17, 22, 26, 27, 33, 59, 62, 86; -96, p. 21, 28, 33, 36, 55, 68, 87, 89; -98, p. 15, 18; -99, p. 54, 83; 1800, p. 13, 63.
Vulcain : 1704, p. 16; -41, p. 30 (plâtre); -65, p. 15, 31; -73, p. 44; -79, p. 43 (terre cuite); -83, p. 31.
— (les Forges de) : 1747, p. 20; -57, p. 13; -61, p. 34.
— et Vénus. — Voir Vénus.
— présentant les armes qu'il a forgées : 1777, p. 42 (plâtre); -81, p. 43 (statue).
— surprenant Mars et Vénus : 1699, p. 20; -1769, p. 13.

W

Wallenstadt (Vue du lac de) : 1800, p. 84.
Washington (le Général) : 1785, p. 46; -91, p. 41.
Watelet (Cabinet de M.) : 1759, p. 27; -73, p. 25, 39; -75, p. 37.
Werne (Cabinet de M.) : 1767, p. 27.
Wille (Cabinet de M.), graveur : 1759, p. 25.
Wischer (Pierre), peintre : 1757, p. 5.

X, Y, Z

Xerxès (Artémise combattant sur les vaisseaux de) : 1699, p. 17.

Yolas rajeuni par Hébé : 1750, p. 15.
Yorck-Town (Prise d') : 1783, p. 21.
Young méditant au milieu des tombeaux : 1796, p. 29.
Ypres (Siège d') : 1755, p. 20; -71, p. 52.

Zaïre (le Kain jouant Orosmane dans) : 1795, p. 43.
Zèle (le) foudroyant l'Idolâ-trie (groupe en terre) : 1745, p. 31.
Zéphir enlevant Psyché : 1739, p. 16; 1800, p. 57.
— *et Flore.* — Voir *Flore* et ajouter : 1749, p. 24; -81, p. 31; -99, p. 84.
— *(Un) jetant des fleurs* : 1799, p. 40.
Zeuxis choisissant pour modèles les plus belles filles de Crotone : 1789, p. 13; -91, p. 28; -98, p. 51.
— *peignant Glycère* : 1779, p. 54.